汉武帝与霍山

政协霍山县委员会 主编

时代出版传媒股份有限公司
安徽教育出版社

图书在版编目(CIP)数据

汉武帝与霍山 / 政协霍山县委员会主编. —合肥：安徽教育出版社，2023.12

ISBN 978-7-5748-0118-9

Ⅰ.①汉… Ⅱ.①政… Ⅲ.①霍山县-地方史 Ⅳ.①K295.44

中国国家版本馆CIP数据核字(2023)第214576号

汉武帝与霍山
HANWUDI YU HUOSHAN

项目策划：政协霍山县委员会
项目统筹：金正玉　陈厚俊　汤祖祥　宋守德
　　　　　张贤俊　潘寅婧
责任编辑：文　乾
装帧设计：张鑫坤
技术编辑：陈善军

出版发行：安徽教育出版社
地　　址：合肥市经开区繁华大道西路398号　邮编：230601
网　　址：http://www.ahep.com.cn
营销电话：(0551)63683012,63683013
排　　版：安徽时代华印出版服务有限责任公司
印　　刷：安徽新华印刷股份有限公司

开　　本：710毫米×1010毫米　1/16
印　　张：22.5
字　　数：300千字
版　　次：2023年12月第1版
印　　次：2023年12月第1次印刷
定　　价：79.00元

(如发现印装质量问题，影响阅读，请与本社营销部联系调换)

《汉武帝与霍山》编辑委员会

顾　　问：车敦安　倪永培
名誉主任：张守锐　罗　文
主　　任：张润之
副 主 任：陈　永　余龙松　李传江　郝晓武　高　毅
　　　　　郭群英　方庆林　叶登江　李　辉　金正玉
成　　员：陈厚俊　汤祖祥　宋守德　陈月祥　陈万青
　　　　　张贤俊　何家发　王云霞　王启文　唐久发
　　　　　沈梦璧　刘道平　潘寅婧　吴振华　尹以海
执行编辑：陈厚俊　张贤俊

序

车敦安

巍巍大别山,最美是霍山。霍山不仅山美、水美,而且有着丰厚的文化底蕴,相信每位读过《汉武帝与霍山》的读者,都会对此有深切的认同。该书编者做了一件非常有意义的事:首先是比较系统地挖掘整理了霍山古史,其中不乏近年来史学界研究的最新成果;其次是取材广泛宏大,该书在收集整理文史资料上下了大功夫,内容丰富,图文并茂,有些史实资料十分珍贵;再次是治学严谨,文章中采用了大量经过考证的经典史料和考古成果,尊重历史、敬畏历史的治学精神跃然纸上,无疑使该书具有权威性和传播性。全书从汉武帝南巡登礼祭祀霍山南岳的重要历史事件展开,为我们展示了霍山辉煌的历史和灿烂的人文。

我的故乡霍山县位于大别山北麓,这里不仅是一方红色沃土,而且有着许多神奇的故事。本书为我们梳理了汉武帝元封五年(前106年)进行南巡、登礼祭祀霍山南岳的历史过程,以及在此基础上产生的丰富文化遗产,这为推动当地优秀传统文化的创造性转化、创新性发展提供了重要的资源。书中还为我们阐述了南岳的历史渊源。古代霍山的地理位置十分特殊，地控江淮，区分荆（州）扬（州），扼吴楚要冲，镇华夏大交[1]，早在秦汉时期就有一条交通要道穿境而过。霍山自古便是人们崇祀的南岳，隋朝之前，霍山、衡山、南岳就是同义词，故而成为汉武帝巡狩登礼之地。该书还为我们深入梳理了霍山古老的历史。早在4100多年前的夏朝，霍山就建有城邑，商代有部落居住，春秋时为楚之灊邑，汉初设置灊县，东晋南北朝时期设霍州，曾三次为衡山王国的封地。霍山物华天宝、人杰地灵，在历史长河中人才辈出、群星璀璨。随着历史的演进，这片山河不断孕育出霍山人鲜明的精神品质。

《汉武帝与霍山》成书，并邀我写一篇序文，我既感荣幸也很乐意。我知道编辑一部有质量的史书实属不易。霍山县政协克服困难，广泛征集、认真编辑出版了这部十分难得的文史著作，其不失为一部珍贵的研究汉武帝与霍山的力作。书中收集的权威著作、学者考证、当代文赋和历史遗文，学理考究，文字精致，认真阅读下来，会受到一次很好的历史文化熏陶，对霍山的崇敬感也油然而生。"历史是最好的教科书"，相信这部书能为人们了解和研究霍山历史起到推动作用，并能够发挥其"存史、资政、团结、育人"的独特功能；也相信其能够进一步丰富霍山历史文化滋养，推动中华优秀传统文化传承和发展，不断提升霍山文化的影响力、凝聚力和传播力。该书的出版发行，更重要的意义是帮助我们激活历史记忆，明白自己从何而来，该向何方而去，增强文化自信、历史自信。

《汉武帝与霍山》成书出版，得益于安徽省政协主席唐良智同志的创意和关心。2022年春暖花开时节，我陪同唐良智同志到霍山考察调研，了解到汉武帝巡狩霍山的历史后，他随即嘱咐要重视对历史文化遗

---

[1] 古文献中"大交"指南方。

产、地名故事、民间传说等的挖掘整理，大力弘扬当地优秀传统文化。书稿形成后，他又亲自安排听取汇报，指示省政协有关部门给予多方面帮助，对书稿质量进行把关。他为该书付出了很多心血，让大家都深受感动和激励。在这里，我也代表家乡父老向他表示深深的谢意。

习近平同志在河北正定工作时指出："一个热爱中华大地的人，他一定会爱她的每一条溪流，每一寸土地，每一页光辉的历史。"我十分愿意向广大读者推介这部书，愿为美好霍山的现代化建设鼓与呼，愿为家乡的文化事业贡献绵薄之力。

祝愿霍山的明天更美好！是为序。

2023 年 9 月 12 日于合肥

作者曾任
安徽省委宣传部常务副部长、省新闻出版广电局局长
安徽省政协秘书长，高级编辑

目录

前言 ※ 1

古岳渊源

四岳、五岳的演变与古史地域扩张问题 ※ 辛德勇 3

汉武帝所祀南岳考 ※ 崔思棣 41

南岳考实 ※ 姚治中 51

汉武登礼南岳考辨 ※ 金崇尧 69

霍山：古衡山古南岳也 ※ 陈月祥 81

霍山之于南岳的历史渊源 ※ 叶茂盛 91

衡山辨 ※ 熊应隆 99

古岳纵横

汉武帝南巡霍山及其文化遗产　　※ 陈厚俊　　103

西汉六安国史实钩沉　　※ 马育良　　139

浅谈研究霍山历史几个问题　　※ 金崇尧　　157

辉煌的上古霍山　　※ 陈月祥　　167

汉武帝巡狩南岳到霍山　　※ 叶茂盛　　177

霍山重要考古发现　　※ 怀才高　　187

《读史方舆纪要》霍山县　　※ 顾祖禹　　197

古岳史话

源远流长的迎驾贡酒　　※ 王慧　　203

霍山：汉武帝所到之地的前世今生　　※ 汪德国　　213

老城沧桑　　※ 金崇尧　　239

何尚之：元嘉时期的名相　　※ 姚治中　　247

西汉衡山王刘赐　　※ 陈厚俊　　253

古岳新声

复览山 ※ 谢明 267

南岳山：我心中的一朵莲 ※ 张颖 271

寻踪灊台寺 ※ 汪德国 277

武陟山 ※ 喻本荣 283

咏汉武巡狩霍山八首 ※ 汪昌陆 289

咏古南岳霍山五首 ※ 李贤龙 291

古岳遗韵

题嵩山逸人元丹丘山居（并序） ※ 李白 295

东坡八首 ※ 苏轼 297

望晥山马上作 ※ 王安石 301

霍山赋（并序） ※ 皮日休 302

登霍岳 ※ 冯梦龙 304

题王处士草堂壁画衡霍诸山 ※ 刘长卿 305

南岳山 ※ 张孙振 306

灊台寺 ※ 张孙振 307

霍山八景诗 ※ 丁钺 308

题霍山顶凌霄树 ※ 杨懋魁 311

南岳 ※ 杨守鲁 312

游南岳 ※ 王继宗 312

霍山高 ※ 马世俊 313

望岳 ※ 赖允元 314

春日游灊台 ※ 赖允元 315

灊台感怀 ※ 赖允元 316

又次韵二律 ※ 赵寿朋 317

南岳联句十首 ※ 鲍倚云 程在嵘 318

灊台纪胜 ※ 李居一 322

灊台偶憩 ※ 吴学山 323

清明雨中溾水泛舟　※　程在嵘　324

秋日送王化卿之霍山　※　左光斗　326

听叶亟斋谈霍之胜，书此为寻幽之约　※　张庚　327

南岳山歌　※　潘际云　328

调寄百字令：南岳　※　彭虎文　330

登南岳　※　程正台　331

指封山　※　汪洪　333

复览山　※　尤松　333

南岳　※　程正国　334

复览山　※　戴正源　334

南岳记　※　吴兰　335

枕流亭记　※　徐致觉　337

后记　339

前言

巍巍大别山，主峰在霍山；悠悠文明史，神奇出霍山！霍山像一颗明珠镶嵌在大别山古老神秘的"霍山弧"中。或许是霍山的山川形胜吸引了汉武帝的目光，或许是南岳的庄严神奇留住了汉武帝的脚步，汉武帝刘彻南巡登礼祭祀霍山南岳，使得霍山的历史更加厚重、人文更加绵长，使得这颗明珠饱经沧桑却更加光彩夺目。

霍山自古为敬天礼岳名胜地。北京大学历史学教授辛德勇在最新的研究《四岳、五岳的演变与古史地域扩张问题》中指出："灊县的霍山，亦即所谓衡山，应是'自古以来'就'号曰南岳'，或者更准确地说，是唯有这座山才真正是早期的南岳衡山。"霍山为古南岳的观点现已成为史学界的共识。隋文帝开皇九年（589年）才把南岳的封号迁移到湖南的衡山。南岳不仅是名山，而且与古代政治格局和地理文明紧密相连。正因为有古南岳的底蕴，霍山人自古便深受华夏礼仪和天人合一、敬天顺民、追求幸福等思想文化的熏陶，积淀出霍山丰富的历史文化，孕育出霍山人鲜明的精神品质。

霍山自古为华夏文明发祥地。据史料记载，自夏朝时皋陶之子仲甄受封于霍山并在此建立英城，距今已有4100多年历史。霍山常为古代分茅锡土之地，上古为英氏封地；汉初先后三次设为衡山国；南朝时期曾设立霍州，州治就在霍山老城，管辖郡县，可谓兴盛一时。正因如此，霍山自古便是华夏文明发祥地之一。

霍山自古为历史文化交融地。大禹划分九州，霍山（古衡山）为划分豫州、扬州、荆州的重要标识。上古时期，霍山为"三苗"文化、东夷文化、华夏文化的融合之地；春秋战国时期，霍山为吴、楚文化交流之地；西汉时期，特别是汉武帝南巡登礼祭祀南岳霍山以后，霍山汉时文化异常繁荣兴盛，县博物馆馆藏的3000多件出土文物中，就有1000多件是汉代的。就连颇负盛名的迎驾贡酒，也是因汉武帝南巡霍山而得名。正因为各个时期的不同文化在这里不断碰撞、融合、演绎和发展，霍山的文化遗产才能如此丰富多彩。

习近平总书记强调："让更多文物和文化遗产活起来，营造传承中华文明的浓厚社会氛围。" 纵览华夏文明史，汉武帝南巡登礼祭祀南岳霍山，无疑是浓墨重彩的一页。为了讲好霍山历史故事，保护和传承好历史文化遗产，提升霍山历史文化的影响力，霍山县政协组织力量，深入挖掘和研究霍山历史，编纂了《汉武帝与霍山》一书。该书围绕这一重要历史事件，多方采撷古籍记述、学者考证、地方史志、历史遗迹、民间传说等方面的内容，努力揭开霍山历史尘封已久的神奇面纱，展现霍山历史文化的灿烂辉煌。

文为时而著，古为今而用。在全面推进中国式现代化建设的新征程中，文化既是重要内容、重要标志，又是重要支撑、重要力量。我们应当充分利用好霍山历史文化研究成果，展示霍山在中华文明及徽风皖韵中的重要地位，为霍山增添魅力，增强民众对霍山文化的认同感、自豪感、归属感，充分体现霍山历史文化的精神价值。

源远者流长，根深者叶茂。 霍山古老的历史文化为我们提供了丰富的精神养料。我们应该善于弘扬这些优秀传统文化，做好高质量文化供给大文章，不断提升霍山文化影响力，增加霍山历史厚重感，更好地发挥以史育人作用；深入挖掘霍山历史上忠于国家、热爱家乡，包容并蓄、守正创新，尊贤重教、敬畏自然，艰苦奋斗、甘愿奉献等文化元素，更好地发挥文化铸魂作用。

知史以明鉴，察古以知今。 历史文化遗产是历史记忆的瑰宝。我们应加强对霍山历史文化遗产的保护，留住文化根脉，守住民族之魂，让宝贵的历史文化遗产绽放新的光芒；用好历史文化遗产这个不可替代的特色资源，推进文化产业融合发展，激发霍山历史文化遗产的生命力；通过深入研究霍山历史文化遗产的渊源、脉络和特色，汲取智慧和力量，做新时代中华文化的继承者、创新者、传播者，努力建设中华民族现代文明。

一滴水也能反映出太阳的光辉。希望《汉武帝与霍山》能为您走进霍山、了解霍山、感受霍山、研究霍山提供一个富有趣味的窗口。

古岳渊源

四岳、五岳的演变
与古史地域扩张问题

辛德勇

古史中的地域扩张,是顾颉刚在开创古史辨学派、运用疑古方法研究上古历史之初即已提出的重要学术见解。

顾氏对这一观点最早的系统表述,见于他在1923年发表的《答刘胡两先生书》中。在这篇学术论战的答辩文章中,顾颉刚全面阐述了他在"推翻非信史方"所树立的"诸项标准",其中第二项即是有关古史地域范围的"标准",也就是他所秉持的古史研究地域观。同时,这也是他考察古史一项极为重要的学术切入点。

阳光下的古南岳

不过,顾氏当时的提法,乃是"打破地域向来一统的观念":我们读了《史记》上黄帝的"东至于海","西至于空桐","南至于江","北逐荤粥",以为中国的疆域的四至已在此时规定了;又读了《禹贡》《尧典》等篇,地域一统的观念更确定了。不知道《禹贡》的九州,《尧典》的四罪,《史记》的黄帝四至,乃是战国时七国的疆域,而《尧典》的羲和四宅以交趾入版图,更是秦汉以后的疆域。中国的统一始于秦,中国人民的希望统一始于战国,若战国以前则只有种族观念,并无一统观念。看龟甲文中的地名都是小地名而无邦国种族的名目,可见商朝天下自限于"邦畿千里"之内。周有天下,用了封建制以镇压四国——四方之国,已比商朝进了一步,然而始终未曾没收了蛮貊的土地人民以为统一寰宇之计。我们看,楚国的若敖、蚡冒还是西周末东迁楚的人,楚国地方还在今河南、湖北,但他们竟是"筚路蓝缕以启山林"。郑国是西周末年封的,地在今河南新郑,但竟是"艾杀此地,斩之蓬蒿藜藋而共

文峰夕照

处之"。那时的土地荒芜如此,哪里是一统时的样子。自从楚国疆域日大,始立县制;晋国继起立县,又有郡;到战国时,郡县制度普及;到秦并六国而始一统。若说黄帝以来就是如此,这步骤就乱了。所以我们对于古史,应当以各时代的地域为限,不能把战国的七国和秦的四十郡看作古代早就定局的地域。[1]

1934年,顾颉刚复又在《禹贡》半月刊上发表《古史中地域的扩张》一文,进一步专门展开论述他对古史地域扩张的具体看法,并且明确使用"古史中地域的扩张"来概括这一学说。[2]

顾颉刚的古史地域扩张学说,实际上包括两个层面的内涵:第一个层面是,在实际的上古历史当中,秦汉以前诸中原政权实际控制的地域,从所谓夏朝时期,延续到秦代,乃是由小到大,一次次递增,逐渐向外拓展扩张,并非自古以来即有犹如秦汉时期那样的一统地域;二是在有关古史的传世文献记述当中,由于"一班学者不愿意始皇专美于后,于是他们装饰始皇以前的帝王,使他们的疆域各个和始皇同样的广大,或者还超过了他",也就是古史纸面上的地域,因背离实际地理状况而呈现出的虚幻"扩张"。[3]

古史辨学派秉持的学术主张和所遵循的研究路径,从来都是面向未来开放的,从其最初问世时起,就一直是伴随着质疑和驳难而不断修正、改进自己的观点,使之逐渐趋向完善。这样的学术讨论,本来就是

---

[1] 顾颉刚:《答刘、胡两先生书》,《读书杂志》第11期,1923年。又收入顾颉刚:《古史辨》第一册,北京:朴社,1926年,第99—100页。
[2] 顾颉刚:《古史中地域的扩张》,《禹贡》第1卷第2期,1934年。又收入唐晓峰等:《历史地理学读本》,北京:北京大学出版社,2006年,第1—6页。
[3] 顾颉刚:《古史中地域的扩张》,《禹贡》第1卷第2期,1934年。又收入唐晓峰等:《历史地理学读本》,北京:北京大学出版社,2006年,第1—6页。

顾颉刚在提出古史"层累"学说时所热切期望的事情。不过，在学术界对顾颉刚古史学说的批评当中，颇有一些说法，似乎未能很好地对应顾氏本来的观点，特别是其学术主张中最核心的实质内容，甚至有些批评所针对的目标或对象，恐怕已经与顾氏的本意相去悬远，可以说几乎到了风马牛不相及的程度。譬如时下为人诟病不已的所谓"东周以上无史说"，应当就是这样。

古史辨学派学术观点的核心，是"层累地造成的古史观"，而古史地域扩张学说，则是这一学说当中一项十分重要的基本内容，批评者自然不会忽略放过。

在古史地域扩张学说的批评者当中，饶宗颐是很有代表性的一位学者。饶氏撰有《古史重建与地域扩张问题》一文，专门阐述了他对这一问题的看法。[1] 饶宗颐对古史地域扩张学说的批判，实际上是他对古史辨学派学术取向总体评判的一个重要组成部分，即如饶氏所归纳的那样，顾颉刚开创的古史辨学派，对待古史，是"把时间尽量拉后，空间尽量缩小"。这样的表述，显然过于简单，似乎不尽符合顾颉刚的本意。关于"时间"，在这里姑且置而不论。不过，顾颉刚关于古史地域扩张的"空间"观念，则明显并不适宜使用"缩小空间"这样的提法来概括。

如上所述，我们需要讨论的问题，实质上只是真实的古代历史发展进程中是否曾存在这样一种由小到大的地域扩展规律，以及传世古史记载中神尧圣禹所统辖治理的"疆域"是否真实可信。

自从西周以来，历经春秋战国，直至秦汉时期，中原政权疆域变迁

---

[1] 饶宗颐：《古史重建与地域扩张问题》，《九州》第2辑，北京：商务印书馆，1999年，第21—28页。

云涌挂龙尖

的史实早已清楚表明：古史地域扩张的观点，至少在这一时期之内，恐怕难以置疑。饶宗颐和其他反对这一观点的学者，也并没有能够针对这一时期的情况提出异议。

饶氏在否定古史地域扩张学说时所举述的主要依据，是殷商时期及其以前一些偏远周边地域所发现的与中原地区文化特征相同的遗迹和遗物。然而，不同区域间文物形态亦即所谓物质文化的相似性，实际上只能在一定程度上说明同一文化在这些区域间的联系与传播，并不能证明具有某种相同或相近物质文化的区域，就一定要处于同一政权组织的统治之下，而顾颉刚所说的"古史地域"，却正是这样一种被中原政权直接且紧密地控制着的区域。

因此，在我看来，饶宗颐这篇文章，并不能动摇顾颉刚的古史地域扩张学说，要想撼动顾氏这一学说，还需要做出更多具体的论证。

顾颉刚在《"四岳"与"五岳"》这篇文章中，通过对四岳与五岳演变过程的研究，为古史地域扩张学说提供了一项具体例证。[1] 在这篇文章中，顾颉刚在经过一系列具体的归纳分析后指出："四岳者，姜姓之族之原居地，及齐人、戎人东迁而徙其名于中原；是为两周时事，为民族史及地理志上之问题。五岳者，大一统后因四岳之名而扩充之，且平均分配之，视为帝王巡狩所至之地；是为汉武、宣时事，为政治史及宗教史上之问题。"[2] 又曰："'岳'之名起于汧之岳……其后部族移徙，'岳'名遂广被于他山，故泰山为岳，霍山为岳，太室亦为岳。《尧典》作者袭其分化之义，遂取《国语》'四岳'之专名变而为四岳之通名，以分配之于四方，遂为最高级之地方行政长官。岳既为四则可分配之于四方，犹一年之分配于四时。然既有东、南、西、北，则不容无中，四时且有'土王'，况四方之名固由中央来乎，故'五岳'之说起而与'四岳'相矛盾，曩日用为专名之四岳亦渐隐焉。"[3]

南岳与汧河

---

[1] 顾颉刚:《"四岳"与"五岳"》,《史林杂识初编》,北京:中华书局,1963年,第34—45页。

[2] 顾颉刚:《"四岳"与"五岳"》,《史林杂识初编》,北京:中华书局,1963年,第45页。

[3] 顾颉刚:《"四岳"与"五岳"》,《史林杂识初编》,北京:中华书局,1963年,第41页。

上面所说"四岳"到"五岳"的具体演变过程,有很多细节,似乎还需要再事斟酌,至少还可以在相当程度上予以深化。不过若是抛开这些细节不谈,单纯就山岳本身的意义而言,如果把这些岳山一一落实到具体的地点,我们就可以看出,由"四岳"向"五岳"的演变,正很好地体现了古史地域扩张的演进过程。

按照中国古代相承已久的观念,传世文献中关于所谓"四岳"最早的记载,应是见于《尚

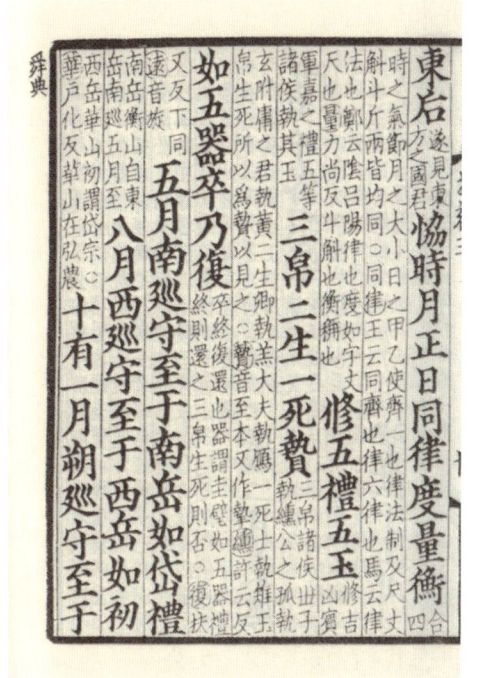

台北故宫博物院影印南宋庆元间建安魏县尉宅刊《尚书》(局部)

书·尧典》:"正月上日,(舜)受终于文祖。在璇玑玉衡,以齐七政。肆类于上帝,禋于六宗,望于山川,徧于群神。辑五瑞,既月乃日,觐四岳群牧,班瑞于群后。岁二月,东巡守,至于岱宗,柴,望秩于山川,肆觐东后〔郑康成曰:岱宗者,东岳名也〕。协时月正日,同律度量衡,修五礼、五玉、三帛、二生、一死贽,如五器。卒乃复。五月,南巡守,至于南岳,如岱礼。八月,西巡守,至于西岳,如初。十有一月,朔巡狩,至于北岳,如西礼。归,格于艺祖,用特。五载一巡狩,群后四朝。"[1]

这里谈到帝舜每隔五岁便于二、五、八、十一这四仲之月依次巡行东、南、西、北四岳,至于这四岳具体是指哪四座山岳,《尚书》原文

---

[1] 孙星衍:《尚书今古文注疏》卷一,北京:中华书局,1986年,第35—50页。

并没有记载。

司马迁在《史记·封禅书》中在照抄《尚书·尧典》的原文后，随文解释说："至于岱宗。岱宗，泰山也……巡狩至南岳。南岳，衡山也……巡狩至西岳。西岳，华山也……巡狩至北岳。北岳，恒山也。"[1]

唐开元时人张守节引述贞观年间撰著的《括地志》，给这"泰山""衡山""华山""恒山"落实了具体的地点——这就是现在世人普遍知晓的四岳，即山东的泰山、湖南的衡山、陕西的华山和山西的恒山。

不过张守节所指实的这四座具体山峰未必符合司马迁的本意。事实上，直到司马迁生活的西汉中期，还可以看到与此具有明显差异的另外一种情况。《尔雅·释山》篇末记述五岳山名云："泰山为东岳，华山为西岳，霍山为南岳，恒山为北岳，嵩高为中岳。"[2]

我们看这"霍山为南岳"的说法，就与太史公"南岳，衡山也"的解释明显不同。

那么，《尔雅》这一说法反映的是司马迁撰著《史记》的汉武帝时期的情况吗？请看《史记·封禅书》如下记载："天子既已封泰山……其来年冬……其明年……其明年……其明年冬，上巡南郡，至江陵而东。登礼潜之天柱山。号曰南岳。"[3]

东汉人应劭释之曰："潜县属庐江。南岳，霍山也。"[4] 依此，则天柱山、霍山为同一座山峰，而这座山峰在汉武帝时期曾被称作"南岳"，故晋人郭璞注《尔雅》，便在"霍山为南岳"句下释云："即天柱山，潜水所出。"封泰山这一年是元封元年，其第四个来年或者明年

---

[1] 司马迁：《史记》卷二八，北京：中华书局，2014年，第1632页。
[2] 郭璞注：《尔雅》，北京：北京图书馆出版社，2002年，第13b页。
[3] 司马迁：《史记》卷二八，北京：中华书局，2014年，第1681页。
[4] 司马迁：《史记》卷一二，北京：中华书局，2014年，第608页。

应是元封五年。核诸《汉书·武帝纪》，则可以确认，此事确实发生在元封五年这一年。[1]

光绪二十二年杨氏鄂城菊湾刊本《禹贡本义》指明，霍山又名衡山，和湖南境内后世通行的南岳同名。《尚书·禹贡》记云："导嶓冢，至于荆山；内方，至于大别；岷山之阳，至于衡山，过九江，至于敷浅原。"[2] 关于这座衡山的所在，清人杨守敬有如下考证：

《禹贡本义》（局部）

余因博考先秦古书，而知霍山实名衡山，请立五证以明之。

《战国策·魏策》吴起曰："昔者三苗之居，左有彭蠡之波，右有洞庭之水，文山在其南〔此文山不可考。鲍氏以岷山当之，非是〕，而衡山在其北。"若是湘南之衡山，安得在彭蠡洞庭之北？其为灊县之霍山无疑。其证一。

《史记·秦始皇本纪》载始皇自彭城西南渡淮水，"之衡山〔《正义》引《括地志》以岣嵝山释之，大谬〕、南郡，浮江，至湘山祠"。是渡淮先至衡山，而后浮江，则此衡山为霍山何疑？其证二。

《史记·高祖本纪》："吴芮为衡山王，都邾〔《汉书·项羽传》

---

[1] 班固：《汉书》卷六，北京：中华书局，1962年，第196页。
[2] 孙星衍：《尚书今古文注疏》卷三，北京：中华书局，1986年，第185页。

云涌黑虎尖

同〕。"邾县在汉属江夏郡,《汉书·地理志》"六安国"下注曰"故楚,高帝元年别为衡山国",即指吴芮也。考吴芮初封时仅有邾、蓼、安丰、安风、阳泉五县,后高祖徙之,始有长沙、章郡等县〔详见刘文淇《楚汉疆域记》〕,而其初封即称衡山王,岂非以霍山在其境内也? 其证三。

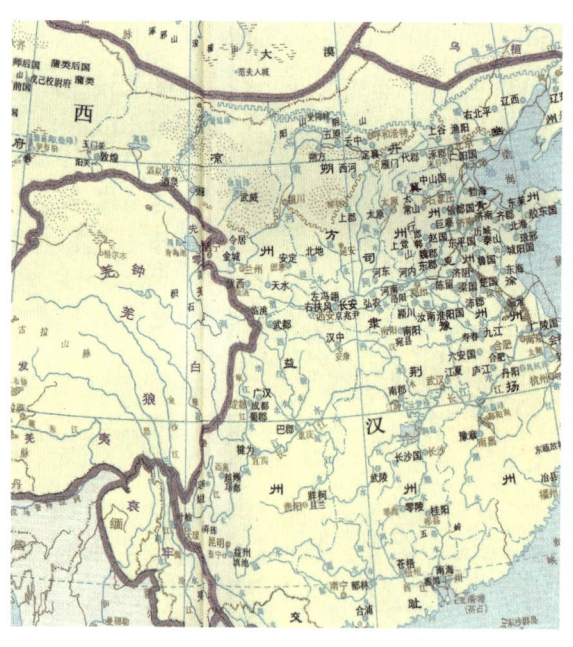

西汉郡国形势图(谭其骧主编 中国地图出版社 1982 年出版)

《风俗通》:"衡山一名霍山,言万物霍然大也。"解者谓应氏指湘南之衡山,一名霍〔段氏《说文》宗之〕。按《尔雅》"大山,宫。小山,霍",今天柱山中峰小,四围有大山绕之,若湘南之衡山,则中峰独高,而前后左右皆在其下。是天柱可名为霍山，峋嵝不可名为霍山，知应劭所指是即天柱而言。其证四。

《山海经·中次八经》："又东南五十里曰衡山。"郭氏无注。案此经自荆山至琴鼓，今虽不尽可考，而女几山见《水经注》，涃水见《汉志》，大抵皆江北之山，其不得渡江而南可知。其证五。

有此五证，则《禹贡》"导山"部分从霍山过九江，至于敷浅原，其道理较为径直，不烦解说矣。惜乎郭氏但以《尔雅》为古而未尝以《禹贡》证之也。[1]

《毛诗正义》局部

简而言之一句话，**霍山就是衡山，被汉武帝作为南岳的衡山就是霍山，也就是西汉庐江郡灊县境内的天柱山。**

问题是这座在汉武帝时期被"号曰南岳"的灊县衡山，也就是所谓的霍山或天柱山，同湘南那座南岳衡山之间到底是一种什么样的关系呢？换句话来讲，也就是作为四岳之一的南岳，它到底是灊县的衡山，还是湘南的衡山呢？

关于这个问题，长久以来，流行一种说法，乃谓晋人郭璞在注释《尔雅》时提出过一种"汉武挪移南岳说"，即云在汉武帝时把湘南衡山的

---

[1] 杨守敬:《禹贡本义》（清光绪二十二年杨氏鄂城菊湾刊本）之"衡山"条，第29b–31a页。

南岳北移到了灊县霍山，或者更准确地说，是把本来设置在湘南衡山的南岳祭祀挪到了北方灊县的霍山。清代讨论四岳和五岳问题的学者，大多信以为真，并据此大发议论。[1]

可是，这一说法并未见诸传世郭注《尔雅》，而是首见于唐太宗至高宗时期修成的《五经正义》。其说同时出现在《诗经·大雅·崧高》《书·舜典》（按：所谓《舜典》乃从《尧典》析分而出）和《左传》昭公四年三处的《正义》中，内容基本相同，而以《毛诗正义》的文字更显周详。[2]

时下治经学者颇为强调赵宋国子监单刻诸经义疏文字的精准，故下面即以南宋国子监单刻《毛诗正义》为例，来看一看其真实状况。[3]

在《诗·大雅·崧高》"崧高维岳，骏极于天。维岳降神，生甫及申"句下，有毛氏传云："崧，高貌。山大而高曰崧。岳，四岳也。东岳岱，南岳衡，西岳华，北岳恒。""维申及甫，维周之翰。四国于蕃，四方于宣。"唐孔颖达等疏之曰："传言四岳之名，东岳岱，南岳衡。《尔雅》及诸经传多云泰山为东岳，霍山为南岳者，皆山有二名也。《风俗通》云：'泰山，山之尊，一曰岱宗。岱，始也；宗，长也。万物之始，阴阳交代，故为五岳长。王者受命，恒封禅之。衡山一名霍，言万物霍然大也。华，变也，万物成变由于西方也。恒，常也，万物伏北方有常也。崧，高也，言

---

[1] 臧庸：《五岳释》，《拜经堂集》卷一（1930年宗氏石印本），第23a—25a页；段玉裁：《读尔雅释山论南岳》，《经韵楼集》卷四，上海：上海古籍出版社，2008年，第86—87页；洪颐煊：《霍山为南岳解》，《筠轩文钞》卷四（清嘉庆十一年刻本），第16a—17a页；陆心源：《五岳辨》，《仪顾堂集》卷一（清光绪刻本），第10a—12b页；杨守敬：《衡山考》，《晦明轩稿》，武汉：湖北人民出版社，1997年，第1149页。
[2] 孔颖达等：《尚书注疏》卷三，台北：艺文印书馆，2007年，第39—40页；孔颖达等：《春秋左传注疏》卷四二，台北：艺文印书馆，2007年，第727页。
[3] 按邢昺等：《尔雅疏》，台北：艺文印书馆，2007年，第118页疏释《尔雅·释山》这一问题，即迻录《毛诗正义》此文。

东流河

高大也。'是解衡之与霍、泰之与岱,皆一山而有二名也。"

若然,《尔雅》云"江南衡",《地理志》云衡山在长沙湘南县;张揖《广雅》云天柱谓之霍山,《地理志》云天柱在庐江灊县,则在江北矣。而云衡、霍一山二名者,本衡山一名霍山,汉武帝移岳神于天柱,又名天柱亦为霍,故汉魏以来,衡、霍别耳。

郭璞《尔雅注》云霍山今在庐江灊县西南,别名天柱山。汉武帝以衡山辽旷,移其神于此。今其土俗人皆呼之为南岳。

南岳本自以两山为名,非从近也。而学者多以霍山不得为南岳,又言从汉武帝始乃名之如此。言为武帝在《尔雅》前乎?斯不然矣。窃以璞言为然。何则孙炎以霍山为误,当作衡山?按《书传·虞夏传》及《白虎通》《风俗通》《广雅》并云霍山为南岳,岂诸文皆误?明是衡山一名霍也。[1]

上面的段落划分,出自敝人私意,意在更好地剖析这段义疏的层次。

---

[1] 孔颖达等:《毛诗正义》卷三三,东京:东方文化学院,1936年,第12a—12b页。

日本东方文化学院影印宋刻单行本《毛诗正义》第一段，意在说明衡山与霍山，本是"一山而有二名"，衡山就是霍山，霍山也是衡山，《尔雅》及诸经传多云霍山为南岳，就是出自这一原因。请注意，这是孔颖达等论述这一问题的大前提，下面的相关论述，都是在这一前提下展开的。第二段，既然衡山与霍山是"一山而有二名"，那么，《尔雅》和《汉书·地理志》记载的湘南衡山同《广雅》和《汉书·地理志》记载的灊县霍山又应该做何解释呢？某些以为衡山与霍山为一山二名的人，认为这是因为汉武帝把对南岳之神的祭祀从又名霍山的湘南衡山北移到了灊县的天柱山，同时又把这个天柱山名作霍山。于是，在汉魏时期以后，人们才把衡山和霍山看作是两座不同的山峰。

引起麻烦的是第三段的内容。顺着上面第二层的语义下来，我理解，这一段话是用《尔雅》《汉书·地理志》和《广雅》这些汉魏时期以后的文献，来进一步疏解湘南衡山与灊县霍山的关系。

在上引《毛诗正义》当中，我们看到孔颖达等人只是引述了郭璞《尔雅注》这一种著述。清代所有论及这一问题的学者，几乎无一例外，都是把"郭璞《尔雅注》云霍山今在庐江灊县西南，别名天柱山。汉武帝以衡山辽旷，移其神于此"这一整段话当成了郭璞《尔雅注》的内容。

可顺着往下读《毛诗正义》的第四段内容，只要稍加思索，应该就不难发现，孔颖达等人对这段内容的解析，显然不是这样。具体分析第四段的内容，可以看出，孔颖达等人是分四点集中解释"霍山为南岳"一事。

第一点，"南岳本自以两山为名，非从近也"，乃谓古人所说南岳一直有两座山，而这绝不是从像汉武帝这样晚近的时期才开始有的说法，可谓"自古以来"如此。

第二点,"而学者多以霍山不得为南岳,又言从汉武帝始乃名之如此。言为武帝在《尔雅》前乎?斯不然矣"这段话,是讲世间学者普遍以为不能把灊县的霍山称作南岳,同时这些人还以为从汉武帝时期开始灊县霍山才有南岳一称,这样的看法是不对的——因为《尔雅》中就有"霍山为南岳"的记载,而《尔雅》的成书年代在汉武帝之前。

接下来,孔颖达等人在其第三点中明确写道:"窃以璞言为然。"也就是说,他们认同郭璞《尔雅注》的诠释,而所谓郭璞《尔雅注》的诠释,当然首先是郭璞以为《尔雅》"霍山为南岳"的"霍山"就是指灊县西南别名天柱山那个"霍山"。

到目前为止,我们看到《毛诗正义》叙述的逻辑都是顺畅的,这当然是一个精神正常且思路清晰的人非常正常的写法。

可是,若是像清代学者普遍理解的那样,把"汉武帝以衡山辽旷,移其神于此"云云也视作郭璞《尔雅注》的内容,那么就同孔颖达等人前面的说法相互抵牾了——因为孔颖达等人在前面刚刚讲到,他们认为"南岳本自以两山为名",所以对从汉武帝

神龙手瀑布

时期开始灊县霍山才有南岳一称的说法是不予认同的,而"汉武帝以衡山辽旷,移其神于此"云云正是这一说法的直接依据和具体来源,孔颖达等人所说"窃以璞言为然"的"璞言"怎么可能会包括这段与他们的观点截然相反的记述?

下面再来看其第四点内容,即这一段剩下来的那些话:"何则孙炎以霍山为误,当作衡山?按《书传·虞夏传》及《白虎通》《风俗通》《广雅》并云霍山为南岳,岂诸文皆误?明是衡山一名霍也。"这是说孔颖达等人认为曹魏人孙炎硬要把这个"霍山"改订为"衡山"是没有道理的。为说明这一点,他们举述《尚书大传·虞夏传》和《白虎通》《风俗通》《广雅》等书的例证,强调指出这些书一直记载这座灊县"霍山"从来就被称作南岳,而且这样的称谓形式在汉武帝之前就已经存在(如《尚书大传》)。即在孔颖达等人看来,正因为如此,才会有汉武帝改

高桥湾夜景

在天柱山祭祀南岳之事，以进一步发挥第二点所说的早在进入汉武帝时代之前就已经有了灊县霍山为南岳的说法。这样，整个论述，就回到了前面第一段开宗明义提出的大前提：这些情况表明"衡山"确实又名"霍山"。（按《白虎通·巡狩》叙述南岳，并举霍山与衡山二名，《风俗通》亦云"南方衡山，一名霍山"。[1]）

综观上述整个第四段的叙述，可以将孔颖达等人的看法概括为：**灊县霍山自古以来就被尊崇为南岳**。在这种情况下，《毛诗正义》既然明确宣称"窃以璞言为然"，那么郭璞的《尔雅注》就绝不应含有与这一看法绝然抵牾的"汉武帝挪移南岳说"。

啰里啰唆地引述并分析《毛诗正义》上述内容，只是想论述清楚，按

---

[1] 陈立：《白虎通疏证》卷六，北京：中华书局，1994年，第299页；李昉等：《太平御览》卷三八，北京：中华书局，1960年，第181页；吴树平：《风俗通议校释》，天津：天津古籍出版社，1980年，第366—367页。

渭阳湖的夏天

照正常的逻辑，所谓"汉武挪移南岳说"绝不应该出自晋人郭璞。那么，现在还能不能找到《毛诗正义》这些内容的来源呢？幸运的是，在唐玄宗开元年间修撰的《初学记》一书中，载述有如下内容：徐灵期《南岳记》及盛弘之《荆州记》云："衡山者，五岳之南岳也。其来尚矣，至于轩辕，乃以灊霍之山为其副焉。故《尔雅》云'霍山为南岳'，盖因其副焉（或云'衡山一名霍山'）。至汉武南巡，又以衡山南远，道隔江汉，于是乃徙南岳之祭于庐江灊山。此亦承轩辕副义也。"[1]

《太平御览》引述同文，只是出处单记徐灵期《南岳记》而未提盛弘之《荆州记》（徐灵期是东晋时人，盛弘之是南朝刘宋时人，晚出的《荆州记》自然是承用《南岳记》的纪事），又把"衡山南远"书作"衡山辽远"，其他内容，都与《初学记》相同。[2] 对比孔颖达等人所说"汉武帝以衡山辽旷，移其神于此"那两句话，显而易见，《毛诗正义》上述内容正应该是撮述《南岳记》的记述，只是今本《毛诗正义》夺去了这句话前面理所应有的"徐灵期《南岳记》云"而已（看来要想真心研究问题，真正解决问题，佞信赵宋监本也不是个事儿）。换句话来说，只要在南宋国子监本《毛诗正义》中增添上"徐灵期《南岳记》云"这几个字，就文从义顺、什么都通了。

尽管就实质性意义而言，上引《毛诗正义》对南岳问题的叙述，还颇有一些值得深入讨论的地方，但我在这里只是特别关注"汉武挪移南岳说"这一问题。目的是要说明汉武帝以湘南衡山辽远而移祀南岳之神于灊县霍山的说法并没有可靠来源，这只是出自东晋人徐灵期的一种说法。须知徐氏并不是像郭璞一样严谨的学者，而是一个有名的道士。[3]

---

[1] 徐坚等：《初学记》卷五，北京：中华书局，1962年，第96—97页。
[2] 李昉等：《太平御览》卷三九，北京：中华书局，1960年，第189页。
[3] 刘大彬：《茅山志》卷九，上海：上海古籍出版社，1989年，第310页。

看他所讲灊县霍山在轩辕时代曾为湘南衡山这一南岳之"副山"的说法，便可知晓《南岳记》载述的"汉武挪移南岳说"也不会有什么可靠的来源，并不值得信赖。

在我看来，徐灵期作出这一记述的依据，只能是前文所述《史记·封禅书》中汉武帝元封五年"登礼灊之天柱山，号曰南岳"这一记载。那么，从汉武帝元封五年"登礼灊之天柱山，号曰南岳"这一史事当中，能够推导出汉武帝以湘南衡山辽远而移祀南岳于灊县霍山的结论么？

如此推论的前提，需要有确切的事例能够证明湘南衡山在此之前曾被视为南岳并受到应有的崇祀。但我们显然看不到这样的情况，道士徐灵期只是想当然地敷陈其事而已。稍习中国历史文献总体状况的学者都会知道，道教著述纪事的信实性普遍存在比较严重的问题。因而，《南岳记》出现这些情况是丝毫不足为怪的。

《史记·封禅书》记述秦始皇兼并天下之后，"令祠官所常奉天地名山大川鬼神可得而序也，于是自殽以东，名山五……曰太室。太室，嵩高也。恒山，泰山，会稽，湘山"。[1] 明明白白地，湘南的衡山，不在其列。湘南的衡山连关东五大名山都算不上，更不大可能会是享受世人

---

[1] 司马迁:《史记》卷二八，北京：中华书局，2014年，第1649页。

护国寨

祠祀的南岳了。当然，并不能仅仅依据秦始皇认定的名山来判断湘南衡山是否曾为南岳。秦始皇是不是有过对四岳或五岳的崇祀，也就是除了泰山封禅之外秦廷是否祭祀过四岳或者五岳，这还是一个更需要考虑的基础问题，而据我目前看到的史料而言，答案是否定的。

这意味着在秦朝和秦朝之前，我们还看不到任何把湘南衡山崇祀为南岳的文献记载和具体事例。屈原《楚辞·天问》"吴获迄古，南岳是止"句，东汉人王逸释之曰："获，得也；迄，至也；古（笔者按：原文讹作"言"，据上下文义径改），谓古公亶父也。言吴国得贤君，至古公亶父之时而遇太伯，阴让避王（笔者按：原文讹作"玉"，径改。）季，辞之南岳之下，采药于是，遂止而不还也。"[1]

清人皮锡瑞就此论述说："按太伯逃荆蛮，乃吴地，非楚地。屈子所云南岳必谓霍山，非谓衡山。据此足信霍山为南岳古说有之，必非自汉武始。"[2]

这种情况，明确无误地向我们说明，<mark>至迟从战国时期起，灊县的霍山就是人们崇祀的南岳。</mark>

又《史记·封禅书》记述汉武帝初年礼制建设事宜云："今天子初即位，尤敬鬼神之祀。元年，汉兴已六十余岁矣，天下艾安，缙绅之属皆望天子封禅改正度也，而上乡儒术，招贤良。赵绾、王臧等以文学为公卿，欲议古立明堂城南，以朝诸侯。草巡狩、封禅、改历、服色事。未就，会窦太后治黄老言，不好儒术，使人微伺得赵绾等奸利事，召案绾、臧。绾、臧自杀，诸所兴为皆废。"[3]

---

[1] 王逸：《楚辞章句》卷三，台北：艺文印书馆，1974年，第130页。
[2] 皮锡瑞：《〈释山〉五岳前后异议考》//谭其骧：《清人文集地理类汇编》第五册，杭州：浙江人民出版社，1988年，第520页。
[3] 司马迁：《史记》卷二八，北京：中华书局，2014年，第1664页。

赵绾、王臧等"文学"之士亦即儒生草拟的巡狩制度既然与"封禅、改历、服色事"相并列，至少首先就应当取法《尚书·尧典》所载帝君巡行四方岳山的神圣往事。

虽然碍于窦太后的阻挠，汉武帝这次创制巡狩岳山制度的动议暂被搁置，但我们看前面提到的司马迁在《史记·封禅书》中对《尚书·尧典》四岳巡狩之事的解释，即释岱宗为泰山、南岳为衡山、西岳为华山、北岳为恒山，一一具体落实了四岳对应的具体山峰，这就清楚显示出随后在武帝朝内还是确立了这样的岳山巡狩制度。

值得注意的是，司马迁在这里还增添了一条《尚书·尧典》里本来没有的内容，那就是在东、南、西、北四岳之外凭空添加上了"中岳"一岳，谓"中岳，嵩高也"，[1]也就是后世熟知的嵩山。然而恰恰是这一《尚书·尧典》中原来没有的中岳嵩山，告诉我们正是在汉武帝时期才制定出这样一套五岳制度。

尽管《史记·封禅书》记述说"昔三代之居皆在河洛之间，故嵩高为中岳，而四岳各如其方，四渎咸在山东。至秦称帝，都咸阳，则五岳、四渎并在东方"，[2]但如前所述，我们在秦始皇奉祀的名山当中，却根本看不到四岳或五岳体系的半点踪影，可见司马迁这一记述并不符合历史实际，这应该是他基于后来的五岳体系对秦和秦代以前情况做出的认识。换个角度来看，假若秦始皇时期已经有了一套成熟的五岳巡狩制度，那么在汉武帝初年似乎也无须再专门为此多事筹措。

同样在《史记·封禅书》里，还有如下一段记载，向我们透露出汉武帝时期所行五岳巡狩制度的实际情况："于是济北王以为天子且封

---

[1] 司马迁：《史记》卷二八，北京：中华书局，2014年，第1632页。
[2] 司马迁：《史记》卷二八，北京：中华书局，2014年，第1649页。

禅，乃上书献太山及其旁邑，天子以他县偿之。常山王有罪，迁，天子封其弟于真定，以续先王祀，而以常山为郡，然后五岳皆在天子之邦。"[1]

此"常山王"系景帝孙刘勃，其继承王位，时为武帝元鼎三年四月，[2] "王数月，废，国除"，汉武帝很快下诏册封其弟刘平为真定王。[3]据《史记·五宗世家》和《汉书·地理志》记载，册封刘平时已转至元鼎四年，[4]但从常山王勃"王数月"而获罪的记载来看，刘勃"国除"，应当还是在元鼎三年的时候。估计应是在元鼎三年年底刘勃"国除"之后，汉廷即"以常山为郡"，随后才在元鼎四年年初改封刘平于真定。

盖元鼎三年这一年发生了西汉历史上著名的"广关"事件，主要是把函谷关向东推移，由今河南灵宝改置于今河南新安，并将整个山西高原都纳入"关中"的范围之内。[5]这是汉武帝抑制诸侯王权力、强化专制统治的一项重要措施，与之伴生的另外两项同类性质的措施：一是以所谓"推恩法"缩减诸侯王国的封地；一是将诸侯王的封地从具有神圣象征意义的泰山等五岳移走，把这些地方收归汉廷直辖，即成为所谓"天子之邦"，以显示天子至高无上的尊严和权威。

了解了这样的背景，就不难揣测，在元鼎三年五岳诸山皆入天子之邦的时候，这种东、南、西、北、中的五岳制度，应当已经实行了一段时间，不然朝廷也不会这样郑重其事了。从《史记·封禅书》"然后五岳皆在天子之邦"这一表述中我们可以看出，在元鼎三年年底的时候，大

---

[1] 司马迁：《史记》卷二八，北京：中华书局，2014年，第1667页。
[2] 班固：《汉书》卷六，北京：中华书局，1962年，第183页。
[3] 班固：《汉书》卷五三，北京：中华书局，1962年，第2435页。
[4] 司马迁：《史记》卷五八，北京：中华书局，2014年，第2557—2558页；班固：《汉书》卷二八，北京：中华书局，1962年，第1631页。
[5] 辛德勇：《汉武帝"广关"与西汉前期地域控制的变迁》，《中国历史地理论丛》2008年第2期。后收入氏著：《旧史舆地义录》，北京：中华书局，2013年，第152—164页。

雪霁大别山（白马尖）

汉朝廷奉祀的五岳必定都在天子直辖的诸郡境内，而不会处于各个诸侯王国的领地。

这样我们再来看司马迁释岱宗（东岳）为泰山、南岳为衡山、西岳为华山、北岳为恒山以及中岳为嵩高（嵩山）的说法，便绝不能像张守节那样把他所说的南岳衡山定作湘南的衡山。因为当时这里还是长沙国的属地，并不在什么"天子之邦"，而灊县霍山则隶属于汉廷直属的庐江郡下。[1] 如上所述，清人杨守敬已"博考先秦古书，而知霍山实名衡山"，《史记·封禅书》记载的这一确凿无疑的事实，进一步证明了以灊县霍山作为南岳衡山，绝对要早于元封五年"登礼灊之天柱山"的时候，更不会像徐灵期《南岳记》等文献所讲的那样，是缘于"汉武南巡，又以衡山南远，道隔江汉，于是乃徙南岳之祭于庐江灊山"。灊县的霍山，亦即所谓衡山，应是"自古以来"就"号曰南岳"，或者更准确地说，是唯有这座山才真正是早期的南岳衡山。

---

[1] 周振鹤：《西汉政区地理》，北京：人民出版社，1987年，第46—53、119—128页；班固：《汉书》卷二八，北京：中华书局，1962年，第1568—1569页。

通观上文所做的论述,再来看一下《楚辞·天问》提到的南岳,便可知《尚书·尧典》中的四岳很早就各自有具体对应的山峰。而南岳的情况则告诉我们,若是从纵向时间发展序列上来观察的话,后世普遍通行且被视作亘古不变的湘南南岳衡山显然是由灊县与之同名的山峰(别称"天柱山"或"霍山")向西南方向推移而来。

那么,为什么会发生这样的改变呢?此无他,只能是因为顾颉刚先生所说"古史中地域的扩张",即略一展读《尚书》可知,《尧典》所说"四岳",乃是所谓帝尧时代四方属地的一个标志性地理实体,借用一句现代通行的话语,也可以称之为东、南、西、北四方的"地标"。因而伴随着最初产生这一四岳观念的地域及其政治势力和文化影响范围的扩展,在一定条件下,某些岳山向外有所挪移以更好地体现岳山本来的含义,我想这应该是一件顺理成章的事情。

具体来说,所谓"一定条件",一是地点相对比较合理,挪移之后能够更好地体现岳山的本义;二是山峰的名称相同,方位也相同,挪移开来之后比较容易被世人接受。湘南的衡山,就具备了这两方面的条件——相对于最初产生四岳观念的那一处狭小地域,就西周秦汉以后中原王朝广阔的疆域而言,湘南的衡山显然要比灊县的衡山更能体现岳山的本义,而这座山峰恰好又与《尚书·尧典》中的衡山同名,且同处于南方。

明白了南岳衡山的演变历程之后,下面让我们再来看西岳华山的情况。在《国语·郑语》中有如下一段记载,述及华山的位置:"桓公为司徒,甚得周众与东土之人,问于史伯曰:'王室多故,余惧及焉,其何所可以逃死?'史伯对曰:'王室将卑,戎狄必昌,不可偪也。当成周者,南有荆蛮、申、吕、应、邓、陈、蔡、随、唐;北有卫、燕、狄、鲜虞、潞、洛、泉、徐、蒲;西有虞、虢、晋、隗、霍、杨、魏、芮;东有齐、鲁、曹、宋、滕、薛、邹、莒；是非王之支子母弟甥舅也，则皆蛮、荆、戎、狄之人也。非亲则顽，不可入也。其济、洛、河、颍之间乎！是其子男之国，虢、郐为大，虢叔恃势，郐仲恃险，是皆有骄侈怠慢之心，而加之以贪冒。君若以周难之故，寄孥与贿焉，不敢不许。周乱而弊，是骄而贪，必将背君。君若以成周之众，奉辞伐罪，无不克矣。若克二邑，邬、弊、补、舟、衣、柔、历、华，君之土也。若前华后河、右洛左济，主芣、騩而食溱、洧，修典刑以守之，是可以少固。'"[1]

史伯在这里给郑桓公擘画的谋略，是在攻取虢、郐二国之后，稳固控制"前华后河、右洛左济"这一区域，以确保自己在周室溃乱之际不会遭灾受难。引人注目的是，若以河水、洛水、济水这三条河流一卡，"前华后河、右洛左济"这两句话里提到"华"字，只能是指人们熟知的中岳嵩山，也就是所谓"太室"或者"嵩高"。

乍看这一说法，是颇为令人诧异的，一些人就怀疑这个"前华"的"华"字很可能有误，[2] 顾颉刚亦云此说不可信据。[3] 其原因是顾氏看到了《国语》此说更大的背景：《秦策》范雎曰："臣居山东……闻秦之有太后、穰侯、泾阳、华阳，不闻其有王。"吴师道《补注》曰："《正义》云：'华阳，亭名，在洛州密县，故华城在郑州管城县南。'杜《注》：'新城，密也。'故戎又号新城君。"程恩泽曰："司马彪曰'华阳在密县，山名。'则密自有华山而此地适当其南，故曰华阳。《水经注》曰'黄水

---

[1] 左丘明：《国语》卷一六，上海：上海古籍出版社，1978年，第507页。
[2] 汪远孙：《国语明道本考异》卷四（清道光丙午汪氏振绮堂精刻《国语校注本三种》本），第1a—1b页，即以为此"华"字当正作"颍"；又徐元诰：《国语集解》卷一六，北京：中华书局，2002年，第464页；及今上海古籍出版社点校本《国语》第509页，亦均沿承此说。
[3] 顾颉刚：《汤山小记（五）》，《顾颉刚读书笔记》第七卷上，台北：联经出版事业公司，1990年，第4817页。

出新郑县太山南黄泉，东南流径华城西，即华阳也。'《索隐》又云'华阳，韩地，后属秦。'则小司马固不以此为华阴矣。顾祖禹曰'华阳，本古华国，史伯谓郑桓公曰：华，君之土也。新郑县东南三十里有华城，亦曰华阳亭。'又按，胡三省《通鉴注》'华阳君芈戎'曰'华阳即武王归马处。'引《水经注》云'门水又东北历阳华之山，即华阳山也。'王鸣盛曰'今商州雒南县有阳华山，与桃林之野南北相望。'胡渭注庾信《哀江南赋》'华阳奔命'亦然（按渭云：杜氏谓'华山连延东出'，阳华在夸父西南，夸父在今阌乡县东南二十五里，正所谓'连延东出'者，乃西岳支峰，古通谓之华山），然戎称新城君，究以密县之华为是。"（卷三）此则论华山在今河南更畅。终南、伏牛、崤函同为秦岭山脉。华之主峰在陕西华阴；连延东出，至雒南为阳华山；至密县为华山，今谓之嵩山。新郑东南在嵩山之阳，故有华城，又有华阳亭（眉批：嵩山包于华山，故不得自成一岳）。自汉武帝以嵩高为中岳，与西岳华山对立，而河南华山之名遂隐。证以芈戎号华阳君，又号新城君，华阳在郑密邑，新城亦在郑密邑，则华之在郑又奚疑？[1]

顾氏复有相关论述曰：(《春秋》)僖(公)十五年《传》："晋侯之入也……赂秦伯以河外列城五，东尽虢略，南及华山，内及解梁城。""东尽虢略"，谓东至今渑池县。"南及华山"，谓至今灵宝、阌乡两县之南也。其地在雒南县之西，足证阳华或华山一名所被者广矣。[2]

类似的论述，还有一些[3]，其基本结论，简而言之，即战国以来一

---

[1] 顾颉刚：《法华读书记（十五）》，《顾颉刚读书笔记》第五卷下，台北：联经出版事业公司，1990年，第3487—3488页。
[2] 顾颉刚：《法华读书记（十五）》，《顾颉刚读书笔记》第五卷下，台北：联经出版事业公司，1990年，第3489页。
[3] 顾颉刚：《汤山小记（八）》，《顾颉刚读书笔记》第七卷下，台北：联经出版事业公司，1990年，第5546—5547页。

系列文献记载表明，"华山"一名本可兼指从今陕西华山直至今河南嵩山以东这很长一大段山脉，或可姑且名之曰"华山山脉"。昔清初人胡渭也得出过同顾颉刚比较接近的看法。[1]

《汉书·武帝纪》记述汉武帝曾像"登礼"灊县南岳衡山一样"亲登嵩高"，致礼于中岳："（元封元年）春正月，行幸缑氏。诏曰：'朕用事华山，至于中岳，获驳麃，见夏后启母石。翌日，亲登嵩高。御史乘属、在庙旁吏卒咸闻呼万岁者三。登礼罔不答，其令祠官加增太室祠，禁无伐其草木。以山下户三百为之奉邑，名曰嵩高。独给祠，复亡所兴。'"[2]

这明明是把后世的中岳嵩山称作"华山"，告诉我们这座山势突出的山峰在那条东西连延的"华山山脉"当中，同西端的太华山峰一样，更容易被世人独以"华山"称之。

就四岳、五岳的演变问题而言，"华山"其地这样的名实关系，不能不让我想到，西岳华山有没有可能同南岳衡山一样，有一个由这条"华山山脉"的东段向其西端的挪移过程？那么，就让我们先假定在最初的四岳体系中，西岳就是今河南嵩山的"华山"。这样，在东岳、北岳都像唐人张守节所讲的那样同今天的东岳泰山、北岳恒山相一致情况下，在中国现代地形地图上，我们将看到如下一种分布情形：

现代地形图上的上古四岳图这种分布形势，充分体现了东、南、西、北四座岳山所处位置的合理性。这首先体现为这四座山峰正好分布在黄淮平原的四方边缘。研究古代文史的学者，若不具备基本的地理知识，是不大容易理解四岳同地理环境的关系的。

在峰峦起伏的山区，是很难有人会特地在四方各选出一座高峰，来

---

[1] 胡渭：《禹贡锥指》卷九，上海：上海古籍出版社，1996年，第162—163页。
[2] 班固：《汉书》卷六，北京：中华书局，1962年，第190页。

现代地形图上的上古四岳与尧都示意图

建立这种四岳体系的。因为人们满眼都是山,四处都是山,这个山头是山,那个山头也是山。因而没有必要专门做出这样的设置。可在辽阔的大平原上,情况则完全不同。平原的尽头,才是山脉。这里是平原的边缘,也是平原居民所处世界的边地,于是在东、南、西、北四方分别选择一座高峰作为边地的标识,也就成了顺理成章的事情了。

一方面,在中国古代,至少是在上古时期流行的华夏先人的意识观念中,有一种说法,谓帝尧的都城设在今山东菏泽定陶附近那个叫作"陶"的地方。《说文》记述说:"陶在济阴。《夏书》曰'东至于陶丘'。陶丘有尧城,尧尝所居,故尧号陶唐氏。"[1] 讲的就是这一情况。

《史记·高祖本纪》和《汉书·高帝纪》记载刘邦在垓下之战(按所谓"垓下之战"实应正作"陈下之战"。[2])全歼项羽之后,在返回洛阳途中经过定陶的时候,忽然"即皇帝位于氾水之阳"。[3] 这个皇帝即位的地点,显然就在陶的附近。

---

[1] 许慎:《说文解字》第十四下,北京:北京图书馆出版社,2004年,第2a页。
[2] 辛德勇:《论所谓"垓下之战"应正名为"陈下之战"》,《中国社会科学院历史研究所学刊》第1集,北京:社会科学文献出版社,2001年。后收入氏著:《历史的空间与空间的历史》,北京:北京师范大学出版社,2013年,第153—167页。
[3] 司马迁:《史记》卷八,北京:中华书局,2014年,第478页;班固:《汉书》卷一下,北京:中华书局,1962年,第52页。

刘邦登基做皇帝，是中国历史上一项十分重大而又特别的事件。用现在通行的象征性语言来表述，可以说是一项历史性的事件。由于他是中国历史上第一位靠枪杆子打出来天下的平民天子，缺乏天授君权的神圣性和权威性，所以需要在登基仪式上设法为自己增光添彩。刘邦不等回到他最初选定的都城洛阳去举行这场登基典礼，而把即位的地点选在陶这么个小地方，就应该是基于这里曾为帝尧的旧居，即刘邦想要以此来彰显其身登帝位系天命所授。盖刘氏既为尧后[1]，在帝尧的旧居陟升帝位，不过是光复祖宗旧业而已。这样，更容易让天下民众接受他这个从表面上看起来似乎和大家一样的平民皇帝。

由此可见，尧都于陶，自然是在秦朝广泛流行于世的说法。由于秦祚短促，若是再向上追溯，应该可以上溯到战国时代。这一说法在世间普遍通行已久，所以刘邦才会如此行事。由此看来，史籍与碑刻文献所记帝尧安葬于陶邑附近的成阳并立庙祠祀[2]，也是渊源有自，一定出自一个很早的古史体系。

另一方面，我们看《尚书·尧典》和《史记·五帝本纪》等传世文献载述的古史体系，帝舜所巡狩之四岳，乃是在其继尧之后承续帝位之时，因而《尚书·尧典》所谓四岳，理应以所谓尧都为中心而配置于其东、南、西、北四方。若是在前面那幅四岳分布图上添入刚才提到的陶之尧都，那么，我们就可以看到如下情形：

现代地形图上的四岳与尧都可以从这幅图中被看出，尧都的位置恰好处于东西两岳和南北两岳的中间地带，也就是四岳之间的中点位

---

[1] 杜预：《春秋经传集解》，上海：上海古籍出版社，1978年，卷九第487页、卷一七第1011页、卷二六第1575—1576页。
[2] 司马迁：《史记》卷一，北京：中华书局，2014年，第36页；洪适：《隶释》卷一（清同治十年皖南洪氏晦木斋刻本），第1a—13a页。

置上,即四岳环绕尧都而设。因而我想有理由推断,这样的四岳配置是合理可信的。也就是说,我在前面把今河南嵩山的"华山"假定为最初的西岳是合情合理的,符合所谓尧舜时期的情况,当然也符合自然地理形势。换一个角度看,西岳华山只有定在这个位置,才能更好地解释南岳为什么会被配置在灊县那个位置。不管是就其同尧都的位置关系来看,还是就其整体地貌形态而言,都是这样。那么,在这一前提下,四岳中的西岳华山又是在何时由现在的河南嵩山挪移到现在的陕西华阴去的呢?这个问题,一下子很难得出明晰的结论,不过清代学者对《左传》如下记载的解释,可以为我们解析四岳到五岳的转变,提供一个观察的窗口。

《左传》记述鲁昭公四年时晋侯欲以"国险而多马"为恃,司马侯谏之曰:"恃险与马,而虞邻国之难,是三殆也,四岳、三涂、阳城大室(唐陆德明《经典释文》:大,音泰,下大室同。大室即中岳嵩高山也,在豫州)、荆山、终南,九州岛之险也,是不一姓。冀之北土,马之所生,无兴国焉。恃险与马,不可以为固也,从古以然。"[1]

针对司马侯这一说法,清人胡渭解释说:"太室即嵩高也,于四岳外别言之,亦可见嵩高时不为岳矣。"[2]

"嵩高时不为岳矣"这句话,有它非常合理的一面,即在司马侯讲这番话的时候,嵩高山或太室山并不在所谓"四岳"范畴之内,不然的话,司马侯就不会在刚刚提到"四岳"的情况下随即就又讲到"阳城太室"。在这一问题上,比胡渭行年略晚的学者徐文靖也有同样的认识,即谓"言四岳而太室不与,无所谓中岳也。"[3] 不过若是更深入一层追究,"时

---

[1] 杜预:《春秋经传集解》卷二一,上海:上海古籍出版社,1978年,第1234—1235页。
[2] 胡渭:《禹贡锥指》卷一一上,上海:上海古籍出版社,1996年,第366页。
[3] 徐文靖:《禹贡会笺》卷一〇,台北:台湾商务印书馆,1986年,第8b页。

不为岳"这句话还有另一层隐而不显的语义,即嵩高山或太室山当时尚且没有成为岳山,它成为岳山是后来才发生的事。这样推想的缘由不止一端,但至少包含了中岳嵩山是在《尚书·尧典》四岳的基础上衍生而来这一因素。

这样想的好处,是正视了由四岳到五岳的体系演变问题,而不足之处则是没有意识到岳山还会发生"挪移"。

下面,让我们在前文所做论述的基础上回过头再去看看《诗·大雅·崧高》那篇诗,仔细审辨一下"崧高维岳,骏极于天。维岳降神,生甫及申"这段诗里提到的"岳"字指的究竟是什么。

传统的解释,绝对主流的意见,是这个"岳"字指的是绝不包括太室山在内的泰山、衡山、华山和恒山这四岳之"岳"。[1] 然而,若是抛开此等通行的说法,前后贯穿,通观《崧高》这篇诗作全篇的内容,则很容易看出,诗中同主题相关的山岳只有太室山,也就是嵩山,而同不含太室山在内的所谓"四岳"毫无关系。

其实古时即颇有一些人以为《崧高》吟诵的岳山就是嵩山。例如,东汉人应劭就引述"嵩高惟岳,峻极于天"的诗句来诠释嵩山(按所谓"嵩高"乃是"崧高"的异体)。[2] 又如唐人白居易也把"嵩高维岳,峻极于天,维岳降神,生甫及申"云云的诗句归诸嵩山之下。[3] 宋人楼钥尝有文曰《跋先大父嵩岳图》,读之可见其祖孙二人也都把这几句诗吟咏的对象看作是嵩山。[4]

---

[1] 孔颖达等:《毛诗注疏》卷一八,台北:艺文印书馆,2007年,第669页;朱熹:《诗集传》卷一八,上海:上海古籍出版社,1958年,第212页;陈奂:《诗毛氏传疏》卷二五(清道光二十七年吴门南园埽叶山庄陈氏刊本),第29a页。
[2] 吴树平:《风俗通议校释》,天津:天津古籍出版社,1980年,第367页。
[3] 白居易:《白氏六帖事类集》卷二,北京:文物出版社,1987年,第29b页。
[4] 楼钥:《跋先大父嵩岳图》,《攻媿集》卷七六,上海:商务印书馆,1935年,第1042—1043页。

应劭、白居易和楼钥祖孙都没有讲述他们如此看待这一问题的理由。其实个中缘由很简单，就一个字——近。《诗》小序讲述《崧高》诗的宗旨说："《崧高》，尹吉甫美宣王也。天下复平，能建国亲诸侯，褒赏申伯焉。"[1] 即诗中实写的核心人物是这位申伯，而"生甫及申"的"甫"氏，只是一个虚写的陪衬。故清康熙年间人孙兰和道光年间人李黼平都以为"生甫及申"句所述及的甫、申二国、特别是其中的申国实乃靠近嵩山，故《崧高》所说岳山实指嵩山，应劭之说可从。[2]

对此，清乾隆年间人汪梧凤，还结合周幽王时史事，阐释"崧高维岳"之岳山说："愚按《竹书纪年》，幽王十年春，王及诸侯盟于太室，秋王师伐申。《左传》楚灵会于申，椒举曰：'幽王为太室之盟，戎狄畔之。'太室即嵩山之东别名。申在今南阳北三十里。淮水出南阳胎簪山，至桐柏而大。太室也，申也，桐柏也，皆豫州地，而胎簪与申则皆隶南阳府，地为尤近。宣王时改封申伯于谢，而曰'崧高维岳''维岳降神'，'岳'指嵩山，举其近者言也。盖是时幽王有事于东方，自太室而申、而淮，自春而秋、而冬，从流忘返。始则'淮水汤汤'，既而'湝湝'，终而水落洲见，诗人因鼓钟之声，思淑人之德，为婉言以讽之，冀其早自修省，而王卒不悟也。明年犬戎难作，而西周果亡矣。"[3]

这"举其近者言也"就是我在前边讲到的那个"近"字，而此太室之山既得岳山之名，可知在"嵩高时不为岳"的鲁昭公四年之前这座山本来是曾经被视作岳山的，而结合前面的论述便不难发现，这座岳山正应该是《尚书·尧典》中四岳之一的西岳华山。

---

[1] 郑玄：《毛诗传笺》卷一八，北京：中华书局，2018年，第427页。
[2] 孙兰：《柳庭舆地隅记》（清光绪刊《蛰园丛书》本），第2b—3a页；李黼平：《毛诗紬义》卷二〇（清道光七年刻本），第17a—18b页。
[3] 汪梧凤：《诗学女为》卷一八（清乾隆不疏园刻本），第15a—15b页。

在确认这一点之后,我们再反过身来,看《左传》鲁昭公四年那一段记载反映出来的所谓"嵩高时不为岳"的情况,实际上不是嵩高山或太室山当时尚且没有成为岳山,而是其所据有的西岳华山的名位,被挪移开来,所以才"时不为岳"。

这个被从嵩山挪移开来的西岳华山,如同南岳衡山所发生的挪移一样,是被向西拖拽,安置到了与之同名的今陕西华阴那座华山的位置上。其具体发生时间,目前还难以确定,但一定发生在鲁昭公四年之前,即如前所述,当司马侯并列讲述四岳与大室之际,便清楚表明华山已经西移,以致"嵩高时不为岳"。

鲁昭公四年"嵩高时不为岳"这一情况,还向我们表明,在当时人们的心目中,尚且只有四岳而还没有产生五岳的观念。由四岳向五岳的转变,是上古史上一件重大事件,它的变化过程,同古代天文观念的转化息息相关(四岳观念的产生,其本身就具有强烈的天文影响因素),以后我将在论述古代天文观念的转化问题时专门阐释这一问题。在这里,只是想着重说明这一转变过程同古史地域扩张的关系。

概括地讲,《尚书·尧典》所载述的四岳,体现的是黄河中下游平原核心地带先民的空间观念,东、南、西、北四岳都处于黄淮平原的边缘,这四岳也可以看作是其四方边缘的标志。以

春秋时期的四岳示意图

后随着这一区域同外围各地交往的密切，融合的加强，这样的核心地带也向外围有所扩展，四岳随之或有向外的挪移。但这种岳山的挪移是有条件的，不是想往哪儿挪就能挪到哪里去的——事实表明，岳山新挪移的地点须与之前大体处于同一方位且山名必须要与岳山原来的名称相同。不然，则难以让人接受。

这样我们看到，大致在春秋时期，随着周室东迁于洛阳，与周人新都近在咫尺的西岳华山实在不宜再保持旧有的岳山地位，因而西岳便被西挪到现在的陕西华山那里，这就是《汉书·地理志》记载的京兆尹华阴县下的太华山。[1]《禹贡·导山》所说"西倾、朱圉、鸟鼠，至于太华"的"太华"，指的也是这座山峰。[2] 前面讲述的《史记·封禅书》在解释《尚书·尧典》时讲到的四岳，其西岳华山就应该是春秋时期业已从嵩山西移后的情况。

因为在《史记·封禅书》中，除了《尚书·尧典》所载述的四岳之外，司马迁还讲到"中岳，嵩高也"，[3] 嵩山既已成为中岳，当然不会再是西岳。这样我们也会看到，司马迁在《史记·封禅书》中载述的这一套五岳体系，是东岳泰山（岱宗）、南岳衡山（灊县霍山）、西岳华山（华阴太华山）、北岳恒山和中岳嵩高山（嵩山）。这套五岳体系，很可能形成于汉武帝时期，但日后还需要进一步论证。

汉武帝时期的五岳至于南岳衡山由灊县霍山向湘南岣嵝山的挪移，这个四岳、五岳演变问题的最后一个环节，其产生时间已经是隋代以后的事情了。对此，《唐六典》有如下记载："霍山，一名天柱……

---

[1] 班固：《汉书》卷二八，北京：中华书局，1962年，第1545—1546页。
[2] 孙星衍：《尚书今古文注疏》卷三，北京：中华书局，1986年，第184页。
[3] 司马迁：《史记》卷二八，北京：中华书局，2014年，第1632页。

自汉以来为南岳。隋文帝开皇九年（589年），以南衡山为南岳，废霍山为名山。"[1]

如前所述，除了霍山"自汉以来为南岳"这种说法不符合历史实际之外，隋文帝改变自古以来的传统，把南岳从霍山改换成了其西南方向的湘南衡山，亦即

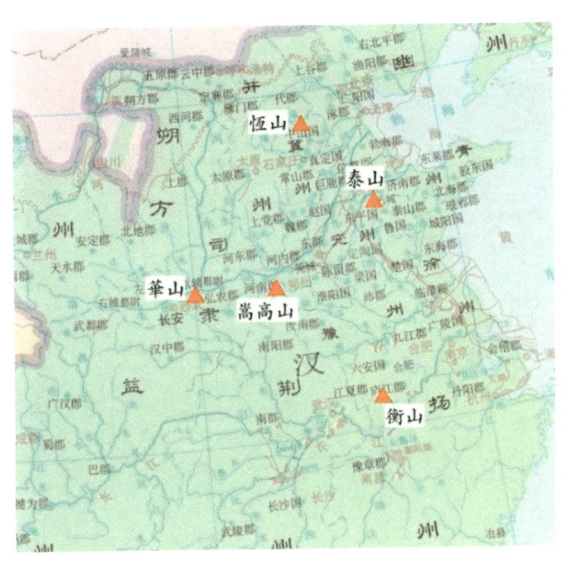

汉武帝时期的五岳示意图

所谓"南衡山"，这是清清楚楚、明明白白的。这也就是前面谈论过的濠县南岳衡山（亦即"天柱山"或"霍山"）被挪移为湘南同名山峰的具体时间。

隋文帝开皇九年，在隋朝的历史上是一个具有特别意义的年份。这一年正月，隋师攻入建邺，平陈。这样，隋文帝杨坚便如同当年的秦始皇一样，结束了分裂局面，一统天下。隋廷也因之"析置州县"，对地域控制的建置有所调整。六月，"朝野物议，咸愿登封"，也就是举行封禅典礼，以庆贺这一旷世功德。孰料隋文帝未允，且训斥臣下云："而今以后，言及封禅，宜即禁绝。"可到了这年十一月的时候，还是有人呈上表文，请行封禅，不过仍未获准。[2] 尽管如此，拟议封禅一事，很

---

[1] 李林甫等：《大唐六典》卷三，北京：中华书局，2004年，第7b—8a页。"九年"原作"也年"，据李吉甫：《元和郡县图志》卷二九，北京：中华书局，1983年，第704页改。
[2] 魏征：《隋书》，北京：中华书局，1973年，卷二第32—34页、卷二九第807页。

隋文帝开皇九年的五岳示意图

可能同南岳衡山的西南挪移具有内在关联。盖所谓封禅之事乃登封泰山，而东岳泰山为四岳或五岳之首，在议论封禅东岳事宜时一并谈及南岳的设置，自属合情合理。隋文帝派兵攻占江南之后，南岳霍山位置太过偏北这一缺陷，因南北两方由长期分裂而复归一统而变得更加突出，即南岳霍山若地处江北，整个江南地区都会给人一种化外边裔之地的感觉，隋的统一也就会显得缺乏充分的合理性和必然性，而向南挪移南岳，显然有助于弥补这一缺陷。因而我推测南岳衡山的南移这件事大致应该发生在开皇九年六月隋廷君臣讨论封禅事宜的时候。

南岳霍山的挪移，是伴随着隋文帝杨坚把隋朝的统治地域由江北推向江南这一进程而发生的，这也愈加清楚地显现出中原政权控制地域的扩展，是四岳、五岳演变的核心动力。

总括以上论述，可知四岳、五岳是伴随着古史地域扩张而逐渐发生演变的。

其第一阶段，是《尚书·尧典》记载的四岳，即东为泰山、南为霍山、西为嵩山、北为恒山。《尚书·尧典》的成书时间虽然已经迟至战国时期，但其中包括四岳在内的很多内容，体现的是更早的远古时期的情况。具体地说，《尚书·尧典》的四岳体现的是黄淮平原腹心地带居民的地理观念，这也是古史传说中尧舜时代的观念。

第二阶段，是春秋时期的四岳，这是周室东迁之后，以京师雒邑为中心对旧有四岳所做的调整，即东为泰山、南为霍山、西为太华山、北为恒山。当然更准确地讲，这应该是在鲁召公四年以前的一段时间之内显现于世的四岳。这种四岳构成形式，反映出它所体现的地域观念在向西扩张。

第三阶段，是汉武帝时期的五岳。在西岳华山西迁很长一段时间以后，在天文、地理以及五行观念这几重因素影响下，于东、南、西、北四岳之外新增了中岳，即东为泰山、南为霍山、西为太华山、北为恒山、中为嵩山。在地理方面，西岳西移之后，随着四岳之间地域的扩展，空阔的中间地带，在一定程度上，产生了配置"中岳"的必要。

第四阶段，是隋文帝开皇九年之后的五岳，即东为泰山、南为衡山、西为太华山、北为恒山、中为嵩山。这既有前述隋吞并江南之后政治形势的需求，从更大的背景来看，更是人们所认知的地域范围随着历史发展而不断扩张的必然结果。[1]

总之，上述四岳、五岳的演变过程，可以从一个侧面印证顾颉刚倡导的"古史中地域的扩张"学说符合历史的规律。

（辛德勇　辽宁铁岭开原人，北京大学历史学系中国古代史研究中心教授、博士生导师，中国史学会历史地理研究会会长）

---

[1] 附按：关于北岳，曾有一些似是而非的说法，颇为流行，即以为北岳曾有过一个由今河北曲阳向今山西浑源挪移的过程。这一说法是站不住脚的，实际不能成立。清人顾炎武对此做过比较切实的考辨，可参看。顾说见于顾炎武:《北岳辨》,《亭林文集》卷一（清康熙原刻本），第1a—4a页。

汉武帝所祀南岳考

崔思棣

汉武帝元封五年所祀南岳,到底是霍山县的南霍山,还是潜山县(今潜山市)的天柱山,自唐以来就争论不休。要弄清历史真相,就得对这一段历史做一番考察。

《史记·封禅书》记载:"其明年(元封五年)冬,上巡南郡。至江陵而东,登礼灊之天柱山,号曰南岳。浮江,自寻阳出枞阳,过彭蠡,礼其名山川。北至琅邪,并海上。四月中,至奉高修封焉。"《汉书·武帝纪》记载:"(元封)五年冬,行南巡狩,至于盛唐,望祀

汉武帝巡狩雕像

虞舜于九嶷,登灊天柱山。自寻阳浮江,亲射蛟江中,获之。舳舻千里,薄枞阳而出,作盛唐枞阳之歌。遂北至琅邪,并海,所过礼祠其名山大川。"

以上记载内容基本一致,但各有详略,可互为补充。从中,我们大体可以了解到汉武帝这次南巡的路线是从都城长安出发,南下至江陵,再向东至盛唐,而后登天柱山,祭祀后到寻阳,再由寻阳浮江经彭蠡泽,薄枞阳而出,北上至山东,到奉高后还都,历时约半年。

这次南巡记载是清楚的,路线是明确的,问题出在盛唐这个地名上。盛唐在何处,《汉书·地理志》没有记载。我们要把南岳问题搞清楚,关键是要找到盛唐的确切所在。认为汉武帝所祀南岳是潜山天柱山的人,错把安庆市的盛唐山当成汉代的盛唐县了,于是就得出了汉武帝从江陵乘船顺流而下,先到安庆,再经皖水而上谷口,由谷口舍船登山的结论,那么南岳当然被其认为是潜山的天柱山了。

我认为盛唐不在安庆,而在六安。《汉书·武帝纪》颜师古注引文颖曰:"案《地理志》不得,疑当在庐江左右,县名也。"又

霍山南岳

引韦昭曰：“在南郡。”师古曰：“韦说是也。”这个注虽然含糊，不知确切地点之所在，但盛唐为县名是可以肯定的。王先谦在《汉书补注》中说：“《唐地理志》，寿州有盛唐县，盖以古地名名县。”又引宋白云：“寿州六安县，楚之灊也，在汉为盛唐县，西十五里有盛唐山。”王先谦和宋白的说法是有道理的，除此，还可列举几书，如《太平寰宇记·寿州·六安县》：“本春秋时楚之灊县地也。在汉为盛唐县，属庐江郡。武帝元封五年南巡狩，登灊天柱山，薄枞阳，作盛唐之歌。县西二十五里有盛唐山，因为名。”《读史方舆纪要》卷二十六记载：“六安州：武陟山，州西三十里。武帝南巡，尝登陟于此，因名。”《汉纪》记载：“元封五年，南巡狩至于盛唐。宋白曰：‘盛唐县西十五里有盛唐山’，当即此山矣。”《清一统志·六安州·古迹》记载：“盛唐故城，今州治，汉县地。”《汉书·武帝纪》记载：“（元封）五年冬，行南巡狩，至于盛唐。”谭其骧主编《中国历史地图集》第二册《西汉扬州刺史部》图中，盛唐县在今六安西南，紧靠六安。

曰音盲師古曰音萌又音莫耿反雲杜應劭曰左傳若敖取棄邧今邧亭是也師古曰邧音云○宋祁
曰棄字當作於字下雉莽曰閏光如淳曰音羊氏反鍾武侯國莽曰當利
廬江郡故淮南文帝十六年別為國金蘭西北有東陵鄉淮水出屬揚州廬江出陵陽東南北入江應
劭曰故廬子國戶十二萬四千三百八十三口四十五萬七千
三百三十三有樓船官○縣十二舒故國莽曰昆鄉居巢應劭曰春秋楚
人圍巢巢國也龍舒應劭曰群舒之邑臨湖雩婁決水北至蓼入淮又有灌水亦北至
蓼入決過郡二行五百一十里師古曰雩音許于反婁音力于反襄安莽曰廬江亭也樅陽師古
曰音七容反尋陽禹貢九江在南皆東合為大江灊天柱山在南有祠沘山沘水所出北至壽春入
芍陂晉灼曰音潛師古曰沘音比又音布几反芍音酌又音鵲晥有鐵官師古曰音胡管反○宋祁曰管當
作綰湖陵邑北湖在南松茲侯國莽曰誦善

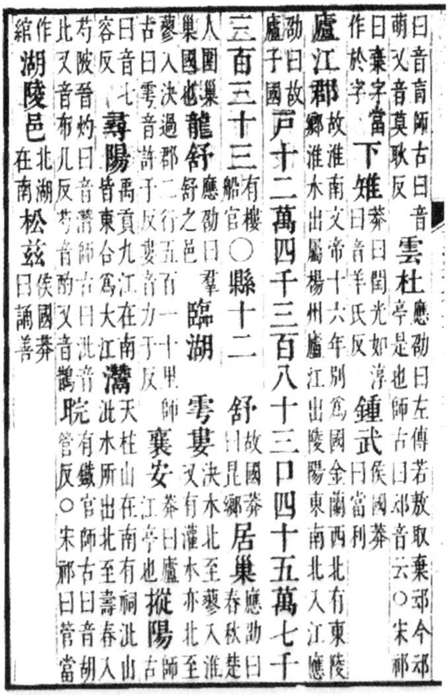

《汉书·地理志上》清武英殿本（局部）

上举几书都是中国历史地理权威著作，都做过周详的考证，绝非随意乱说。这就不难得出这样的结论：唐开元二十七年（739年）改霍山县置盛唐县，治所在六安，是恢复汉代旧制。它是以盛唐山而得名，盛唐山即现在的武陟山。

盛唐问题解决了，南岳在哪儿的问题也就迎刃而解了。汉武帝由江陵而东到盛唐县，再由盛唐到天柱山，此天柱山就不可能为今潜山县的天柱山，而只能是霍山县的南岳山了。

汉武帝从江陵到盛唐的路线到底是如何走的呢？特别是如何通过大别山的呢？这是人们所关心的问题。其实秦代就有一条从江陵通往六安的驰道。秦始皇早在公元前219年就走过这条道。据《史记·秦始皇本纪》记载，秦始皇二十八年（公元前219年），始皇东巡郡县，上泰山，登琅琊后，"过彭城（今江苏徐州市）……乃西南渡淮水，之衡山（郡治在今湖北黄冈北侧）、南郡（郡治在今湖北江陵）。浮江，至湘山祠（在今湖南岳阳县西）……上自南郡由武关（今陕西商南县西）归"。这就是说秦泗水郡、九江郡、衡山郡、南郡之间有一条陆路交通线相连接，而且这条交通线西和咸阳至江陵相接，东和彭城至山东半岛相接，成为秦王朝控制长江中游的南郡、衡山郡和江淮地区的九江郡的交通命脉。同时这条交通线也是江淮地区连接中原和沿海的纽带。这条路线的大致走向应该是从徐州南下，经宿县（今宿州市埇桥区）到凤台，由凤台渡过淮河到寿县，再由寿县到六安，经霍山沿漫水河河谷地带从中界岭穿过大别山到黄冈，再沿云梦泽北沿到江陵。

这条路线的两头没有什么疑义，唯从六安到黄冈必须穿过高1700余米的大别山，似乎是险途，难以通过。我认为秦时能修通从西安到成都、重庆的栈道，就一定能修通从六安到黄冈的道路。其实早在春秋战国时期，吴楚之战已走过这条路，而且从地形上看，这是一条几

日出挂龙尖

个河谷地带连接的道路。六安到霍山的黑石渡是淠河谷地,黑石渡到道士冲是淠河支流孔家河谷地,道士冲经漫水河越中界岭是漫水河谷地。这些谷地相连,是条天然通道,也是古今大别山人民来往的道路。秦始皇、汉武帝走这条路是完全可能的。

有人认为汉武帝由江陵而东是由江陵顺长江而下的,走的是水路,这是难以使人信服的。其一,《史记》《汉书》关于帝王外巡记载,若是水路,一定明确指出,如"浮江,自寻阳出枞阳""浮江,至湘山祠"等。其二,因当时造船技术、航运技术不发达等原因,长江水运并不畅通,特别是江陵到湖口一段是洲湖交错、矶滩相间、激浪崎岖、溠洄洑浦之地,是条十分险恶的水道。云梦泽自江陵漫延到黄冈,方圆几百里,苞川瓦隰,水草沮洳,而且多有强盗出没,更是水上险途,很少有船队通过。汉置楼船官于庐江郡,陈楼船于寻阳,究其原因就是

《史记·孝武本纪》清武英殿本（局部）

为了连接上下水陆交通，寻阳以上基本上是陆路，寻阳以下是水路。正因为这样，汉武帝才在寻阳"浮江，自寻阳出枞阳"，沿江而下，北至琅琊并海上。

其实，"登礼灊之天柱山"这句话就非常明白地指出，灊县汉初为衡山国地，武帝元狩二年（前121年）为六安国地。潜山县在汉代为皖县地。若汉武帝到了皖县，司马迁和班固绝不会写成"登礼灊之天柱山"的，而会写成"登礼皖之天柱山"。作为武帝南巡的随从官员，司马迁是不会把这两县搞错的。有人认为现潜山县天柱山在汉时属灊县，这也缺乏根据。汉时灊县与皖县相去100多公里，其间还有高山阻隔。灊县在山北，皖县在山南。当时的灊县是不可能管辖远隔大山的天柱山的，且天柱山距皖县仅5公里。正如唐舒州刺史独孤及所说，"熟知天柱峰，今与郡斋村"。这座坐在郡斋就能见到的天柱山不属皖县而属远去100多公里的灊县，是不可设想的。以山或水为界是划分行政区域的原则，这是常识。汉代区域的划分大概也不会离开这个原则。

霍山，又名天柱山、南岳山，为五岳之一。早在《尔雅·释山》中就有记载。其书云："泰山为东岳，华山为西岳，霍山为南岳，恒山为北岳，嵩山为中岳。"郭璞注："霍山，即天柱山。"这就是说霍山又名天柱山。《汉书·武帝纪》："登天柱山。"颜师古注引应劭曰："灊音若潜。南岳霍山在灊。灊县名，属庐江。"又引文颖曰："天柱山在灊县南，有祠。"这里不仅点明霍山又名天柱山，而且指出其在灊县南。《大清一统志·六安州·山川》："霍山：在霍山县西，又名天柱山。"《大明一统志》："在今县南五里，高一千七百三十丈。顶有天池，北有龙湫，南有风涧，旁有试心崖。"这个记载就更具体了，所述情况和距今天霍山县南五里的南岳山基本相符。笔者认为，汉武帝

南岳庙雪景

所祀之南岳，应是距今天霍山县南五里的南岳山，即霍山，绝非潜山县的天柱山。潜山县天柱山，古时只称皖山或潜山，天柱峰只是皖山中的一峰。正如《大清一统志·六安州·山川》"霍山"条中所说："后人以潜有天柱峰，遂谓潜即霍山，又谓潜即南岳，误。"

南岳山是比较低矮的，主峰海拔才405米，和其他四岳不能相提并论，有人以此来否定霍山是南岳，这似乎也有道理，但仔细推敲起来，又觉其不是理由。《尔雅·释山》中有"大山，宫。小山，霍"的记载。所谓"大山，宫。小山，霍"，就是说小山在中，大山在外，小山被大山所围绕。笔者曾去霍山县南岳山考察，站在南岳山顶，看到四周高山重叠，气势巍峨，确如《尔雅》所述。汉武帝看到这样的山势，在此祭祀，也是完全可能的。且当时正值冬天，汉武帝是不可能登上1700米以上的天柱峰的。

同时，我们应该知道，汉武帝南巡，不光是为封山祭岳而来。封山祭岳只是一个理由罢了，更重要的是其政治目的。他是我国历史上一个有作为的皇帝，深知要治理好国家，使四方安定，老是坐在宫殿里发号施令是不行的，必须走出去了解情况，威镇王侯与群臣，只有这样才能达到巩固统治的目的。所以他在元狩五年事诏说："朕以眇身托于王侯之上，德未能绥民，民或饥寒，故巡察后土以祈丰年……亲省边陲，用事所极。"从这一年以后，他即连续行幸。南巡是他行幸中的一次。汉初，他在寿县、六安、霍山一带封了一些同姓诸侯国，如淮南国、衡山国、六安国等。这些诸侯国的诸侯王，都是皇帝的兄弟或叔侄，他们对这样的安排是不满意的，所以成为一个不安定因素，不是互相残杀，就是背叛中央、共同谋反。汉武帝元狩元年淮南王刘安、衡山王刘赐就曾共同谋反，企图推翻武帝的统治。这次谋反虽被镇压下去，淮南国、衡山国也被废掉，但武帝又于元狩三年封胶东王刘康的儿子刘庆为六安王。他对刘庆也是不甚放心的。同时，六安在当时又是东西交通的要冲和多事的地区，他不能不格外重视，亲自来巡视一下非常有必要，所以他到达江陵以后，自西向东来到盛唐，就是顺理成章的事了。

笔者认为汉武帝所祀的南岳是霍山而不是皖山，还可从宋代大改革家王安石的诗中得到佐证。他在《望晥山马上作》一诗中写道："亘天青郁郁，千峰互嶙崒。放马倚长崖，烟云争吐没。远疑嵩华低，近岂潜衡匹。"他看到皖山的高耸重叠，烟云吐没，很自然地想到远处的嵩山、华山，近处的南岳，觉得这些山都不能与皖山匹敌。这里的"潜衡"绝不可能指皖山本身，而只能是霍山。

（崔思棣　曾任安徽大学历史学教授、古籍整理研究所历史地理学会研究员。此文原载《安徽史学》1995年第二期）

南岳考实

姚治中

"岳"本象山峦重叠之形,"嶽"始见于东汉,从山,狱声,为"岳"字异体。新中国成立后,以"岳"为正体,"嶽"字被淘汰。据《史记·五帝本纪》记载,尧时即有"四岳",本指华夏部落联盟中参加部落联盟会议的部落酋长。东汉学者郑玄说他们是"四时官,主方岳之事"。后世有些学者据此推论"四岳"即后来"五岳"之源,有点牵强。一些古文献认为舜时即有四岳,西周已有五岳之说。有的学者认为五岳之说源

雾中古南岳

于战国阴阳家的"五德终始论"。道教典籍《洞天记》甚至说："黄帝画野分州,乃封五岳。"本文试图拨开宗教的迷雾以探索"五岳"的确认过程,尤其是其中争议较多的南岳的地望。《诗经·大雅·崧高》:"崧高维岳。"朱熹注:"山大而高曰崧,山之尊者曰岳。"《白虎通》:"岳者何?桷也。桷功德也。"《风俗通》:"岳者,桷功考德,黜陟幽明也。"《周礼·夏官·职方氏》列述了九州的山镇,其中包括了五岳。《洪武正韵》:"藩镇皆取安重镇压之义。"五岳源于各个地方的山镇,山镇又起源于原始社会末期部落联盟对山神的崇拜。五岳的确认反映了华夏统一、国家形成与深化的过程。五岳之中唯有南岳的地望颇有争议。隋唐以后的学者认为南岳原在湖南衡山,汉武帝将它迁到大别山脉东部之天柱山,隋文帝又迁回原址。而且两处南岳都叫衡山,又叫霍山。这个问题也只有探清五岳地望确认的过程才能予以澄清。

一、两个误解的由来

《尚书·舜典》记载:"(舜)岁二月,东巡守,至于岱宗,柴。望秩于山川,肆觐东后。协时月正日,同律度量衡。修五礼,五玉,三帛,二生,一死。卒,乃复。五月南巡守,至于南岳。如岱礼。八月西巡守,至于西岳,如初。十有一月朔巡守,至于北岳,如西礼。归……五载一巡守。"这段话是东汉学者郑玄等说舜时即有四岳的主要依据。然而,除岱宗外,《舜典》不仅没提到中岳,其余三岳的地望也都没有,此可疑者一。《舜典》所列巡狩四岳的内容涉及祭天地、召见诸侯、修订与统一制度,其中既有宗教仪式,也有国家运作,历时一年,还要"五年一巡守",这脱离了萌芽期国家的实际情况,当时的国力也难以胜任,此可疑者二。舜时,华夏国家已初具规模,《史记·五帝本纪》说:

铜锣松云

"四海之内咸戴帝舜之功……天下明德皆自虞帝始。"巡狩四岳既然在当时是大事,又垂范于后世,其名称为何没有记载?此可疑者三。《禹贡》一篇历来认为是比较可信的,它基本记录了舜禹时的地理知识。它对海岱、恒山、华山、衡山只作为地方性山岭加以叙述,并未赋予"山之尊者"的地位。此可疑者四。《舜典》出自古文《尚书》,此书汉武帝末年才问世,宋人吴棫、朱熹等早已怀疑它是伪书。说舜时已有四岳之说,实在不可靠。综合各类文献,当时(舜禹时)人们已对海岱、华山、衡山、恒山等有所认识,或许是可能的。

《周礼·春官·大宗伯》记载:"以血祭祭社稷、五祀、五岳。"《周礼·春官·大司乐》记载:"凡日月食,四镇五岳崩,大傀异灾,诸侯薨,令去乐。"郑玄等据此认为西周时已经有五岳之称呼。"《周礼》一书,上自河间献王,于诸经之中,其出最晚,其真伪亦纷如聚讼,不可缕举。"所以对《周礼》的记载应持慎重的态度。西周时,分封制度、宗法制度趋于完善，奴隶制度国家更加成熟，人们的地理知识也更加丰富。《周礼·夏官·职方氏》列举了九州的山镇：兖州的岱宗，荆州的衡山，豫州的华山，并州的恒山，雍州的吴岳，扬州的会稽山，青州的沂山，幽州的医无闾，冀州的霍山。与《禹贡》所载比较，其位置精确了，而且与分封制度的确立与规范相适应，开始赋予诸山以"安重镇压"一方的政治权威。西周初年，"作新大邑于东国洛"。中原地区作为华夏国家的中心地位被确定下来，人们产生了以中原为基准去认识四方名山的观念。《尔雅·释山》说："河南华，河西岳，河东岱，河北恒，江南衡。"这五座山是从《周礼》所载九州山镇中"脱颖而出"的，宋人邢昺说："此五山者，以为中国名山也。"基本反映了西周时人们的观念。

然而郑玄的两则注解把问题搞乱了。

《周礼·春官·大司乐》所称"四镇五岳"，并未具体指认，郑玄注："四镇，山之重大者，谓扬州之会稽，青州之沂山，幽州之医无闾，冀

黑龙潭

狮山晨雾

州之霍山。五岳，岱在兖州，衡在荆州，华在豫州，岳在雍州，恒在并州。"该注将同书《周礼·夏官·职方氏》所列九州山镇区分为四镇和五岳两个等级，其划分的依据是什么并没有说明，也没区分东西南北中。

　　郑玄注《周礼·天官·大宗伯》"以血祭祭社稷、五祀、五岳"，又是一种说法："五岳，东曰岱宗，南曰衡山，西曰华山，北曰恒山，中曰嵩高山。"二者为什么会有不同，唐人贾公彦说是因为周朝之初镐京在五岳之西，周公建东都洛阳之后，才将五岳区分为东西南北中。这个解释说明了五岳是指中原的东、西、南、北、中五个方位的"山之尊者"。但是《周礼》原文并未指明五岳的地望，郑玄所称的"五岳"从何而来？《尔雅·释山》在罗列"五大名山"之后，接着说："泰山为东岳，华山为西岳，霍山为南岳，恒山为北岳，嵩高为中岳。"郑玄的注解显然出于《尔雅》，所不同者仅是南岳的称呼而已。《尔雅》一书的内容，上起西周，下包西汉。西汉及西汉以前的衡山即天柱山，天柱山地区又被统称为霍山（见下文），郑玄极可能将《尔雅》中所载汉武帝之后的内容用来注解《周礼》了。

云涌竹海

《史记·封禅书》说:"诗云纣在位,文王受命,政不及泰山。武王克殷二年,天下未宁而崩。爰周德之洽维成王,成王之封禅则近之矣。"封禅泰山是盛世大典,西周初年统治还没稳定,统治者忙于镇压商遗孽和淮夷的反叛,太史公认为,成王是否去过泰山都难以肯定,而巡狩五岳则是规模更浩大的国家活动,各种史籍都没有记载。西周一代封禅泰山或许偶尔有之,巡狩五岳的活动是肯定没有的,所以也没必要去认定五岳,《周礼》当然难以说明五岳的地望了。西周已有"五大名山"的认识可以肯定,但"五岳"之说应当存疑,五岳的地望则是郑玄以《尔雅》中西汉的内容注解西周时事的错误造成的。

隋唐以后的学者奉郑玄的注解为圭臬,产生了两个影响深远的误解:一是南岳在西周时就被确认是湖南衡山,汉武帝将它迁到江北的衡山(天柱山),隋文帝又将它迁回;二是江南衡与江北衡自古都有衡山、霍山两个名称。这两个基本观点为历代史志所沿用,当代的权威性辞书《辞源》也是如此。

二、汉武帝确认天柱山为南岳

天柱山是大别山脉东南部之最高峰，地处中原的南端，较早地为中原人士所认识。《史记·天官书》："衡殷南斗。"衡山即天柱山，有众多的古代文献可以证实。

《尚书·禹贡》称："荆及衡阳惟荆州。"这里指荆州的领域。唐代学者孔颖达及宋儒皆将此"衡"解读为湖南的衡山。细考《禹贡》的下文："江汉朝宗于海，九江孔殷，沱潜既道，云土梦作乂。"当时荆州的领域最南只及洞庭湖的南岸，今湖南衡山的北方。山之南为阳，从衡山之阳再往南去，在西汉前期及更早基本都还属于"诸越"，汉武帝后期荆州才延伸到衡山之南。《禹贡》将荆山与衡山并提，两者应该大致平行，都在江北才对。《禹贡》的另一处又说："内方，至于大别。岷山之阳，至于衡山，过九江，至于敷浅原。"这里说的是山脉走向。宋人蔡沈注，此衡山为江南衡，九江或在今洞庭湖，或在古寻阳（今大别山西南、湖北黄梅一带）。九江地望在大别山西南自古以来已是定论，秦在淠河及巢湖流域曾设过九江王国，汉文帝时才将它一分为三，北为淮南国、西为衡山国、东为庐江国，都在江北。武帝削平淮南、衡山王国后，置庐江郡及九江郡。东汉应劭在注九江郡时说："江自庐江寻阳分为九。"唐孔颖达注庐江郡之寻阳称："（《禹贡》）九江在南，皆东合为大江。"东晋南北朝在今湖北黄梅设江州。过者，渡也，跨越也。如果九江在洞庭湖地区，则从岷山之阳渡江到江南衡山，再北上过九江，只能到江北，如到敷浅原（今江西德安县境）则根本不必"过九江"。《禹贡》说山势走向沿长江而下，到衡山（天柱山)而折向西南,过九江正好到敷浅原,且基本符合桐柏山、大别山两大山脉实际走向。《禹贡》中之衡山应在江北,是天柱山。

《战国策·魏策一》:"昔者,三苗之居,左彭蠡之波,右有洞庭之水,文山在其南,而衡山在其北。"早在夏商之前三苗即生息于大别山区,此衡山自然是隶属于大别山的天柱山。

据《史记·秦始皇本纪》记载,公元前219年,秦始皇封禅泰山后,"过彭城,斋戒祷祠,欲出周鼎泗水……乃西南渡淮水,之衡山,南郡。浮江,至湘山祠……上自南郡由武关归。"唐李泰等《括地志》以为衡山是湖南之衡山。南郡在江北,秦始皇绝不会经淮河南下渡长江到衡山,再北上渡江到南郡,又渡江到湘山这样往返折腾的。他由西而南:

霍山县衡山镇

渡淮水，到衡山（天柱山）西去南郡，南渡长江到湘山（今湖南湘阴），祭过舜及舜妃之后，从原路返回，这才顺道。李泰显然是受了隋文帝移南岳于湖南衡山

霍山南岳亭

的影响，忽略了江北还有一个衡山。这条史料还说明至迟在秦代江、淮以南诸山中，还没有一座被尊为南岳的。

秦亡后，项羽封吴芮为衡山王，都邾。邾在今湖北黄冈，处大别山西部。衡山王国疆域向东包括今安徽省霍山县，南至大江。衡山（天柱山）在霍山县南缘，是这一方的名山，故以之为国名。刘邦打败项羽后，才将吴芮徙为长沙王，都临湘，位于江南。原衡山国并入淮南王国。汉文帝废淮南王刘长，将王国一分为三，其中衡山王国辖区基本与项羽所封衡山国同。直到公元前122年汉武帝削去衡山王国时止，当时通称的衡山，主要指江北的天柱山。同时，又一次证明无论江北衡还是江南衡，那时都无南岳之号。清代《霍山县志》称："南岳山，又名霍山、天柱山、衡山。主峰海拔405米，位于城南3公里处。"此说源出晋人郭璞注《尔雅·释山》："（霍山）即天柱山，灊水所出也。"天柱山即衡山、霍山，古代文献多如此说。

但霍山县城附近的南岳山只能叫作霍山，而不能又名天柱山、衡

山。霍山本来泛指大别山脉东部，天柱山位居其中，并作为霍山区域的突出代表，所以被称为霍山。霍山又指具有某种特征的一座山，指的是霍山县城附近的南岳山。

从东汉班固撰《白虎通》开始，为说明《尔雅》所云霍即衡山，其为"霍"字作出了种种新的解释。《白虎通》："南方为霍，霍之为言，护也，言太阳用事护养万物也。"应劭《风俗通》："衡山一名霍，言万物霍然大也。"这都是为了说明南岳之尊而赋予"霍"以新的意义，暗寓天子统驭万物，为汉武帝祀天柱山号为南岳注解。细考《尔雅·释山》于"霍山为南岳"之后还有下文："大山，宫。小山，霍。""宫"，包围的意思，意为"大山环抱中的小山为霍"。我们在考实"霍山为南岳"时，自然要充分注意《尔雅》的本意。今称为南岳山的霍山，海拔不

文峰塔

过 405 米，是座并不高峻的土山，四周的山都比它高，或远或近地将它环抱在当中。《尔雅·释山》的描述是贴切的。南岳山附近有复览山，相传汉武帝在霍山祀南岳后，登此山回望南岳山。览，有自上观下之义，《史记·秦始皇本纪》："登兹泰山，周览东极。"霍山远没有海拔1000多米的天柱山那种一柱擎天的气势，以它为南岳的主峰于逻辑上说不通，汉武帝不远千里而来，将一座小土山号为南岳也难以令人相信。那么南岳山又是怎么称呼起来的呢？

公元前219年，秦始皇想要封禅泰山，在此之前封禅泰山只是一种传说，根本没有现成的礼仪。方士和儒生们七嘴八舌的，也说不清楚。于是他采用了"祀雍上帝"的礼仪。大致过程是"上自泰山阳至巅，立石颂秦始皇帝德，明其得封也。从阴道下，禅于梁父"。具体仪式及祭文一概保密，"世不得而记也"。公元前111年，汉武帝与诸儒、方士讨论封禅泰山。其过程大致是"天子至梁父，礼祠地主"。过后"天子独与侍中奉车子侯上泰山，亦有封"。具体礼仪及牒文也都保密。只有一点很明显，武帝先在梁父祠地，后上泰山祭天，与秦始皇的顺序颠倒。封禅泰山后五年，武帝实践"五年一巡狩"的传说，出发巡狩五岳。公元前106年，武帝"登礼灊之天柱山，号曰南岳"。他先在霍山祭地，后上天柱山祭天，现在六安、霍山一带还有与此过程相符的传说。《隋书·礼仪志》："梁父者，泰山之支山，卑下者也，能以其道配成高德。"霍山之与天柱山（衡山），正是梁父山与泰山的关系。《尔雅》行文简约，引来后世种种猜测。当地民众自然不必深究其主从，径称这座小土山为南岳。邢昺说："今其土俗，人皆呼之为南岳。"其由来大致如此。

三、五岳巡狩制度的形成与变化

泰山及其附近地区是新石器时期大汶口文化的分布地区,这一文化系统的主人是少昊部落联盟,是一个以鸟为图腾而又崇拜太阳的部落联盟。20世纪70年代,考古工作者在山东莒县陵阳河、诸城前砦的大汶口晚期遗址中发现三件灰陶残片,上刻两种象形文字符号,前者是鸟儿飞向太阳的图形,后者是日出之时山上鸟儿飞向太阳的图形,考古学者们认为是"昊"字的原形。类似的图形在苏北、皖北也有出土,它们反映了少昊部落联盟对太阳和高山的崇拜。泰山突兀于鲁中南低山丘陵之中,玉皇顶又是山东境内群山之最高峰。其日出奇

双湾大桥

观瑰丽多彩，气势磅礴，震撼人心。《史记·封禅书》引管仲佚文《封禅篇》说，早在炎帝、黄帝之前的无怀氏、宓羲氏、神农氏已"封禅"泰山。泰山在原始社会是氏族部落礼拜的神山，华夏国家形成前后，它成为山东地区各方国礼拜的神山。它地处日出之地，是华夏文明萌发的基地，少昊后裔舜、皋陶、伯益等部落都是华夏部落联盟的核心，所以它被华夏部落联盟尊称为岱宗。需要注意的是，远古对于泰山的崇拜与天子专制诸侯的"封禅"是有区别的，封禅主要为祈求泰山之神，保佑一方平安，庇护方国统治，传说中的西周天子封禅泰山也是宗教性的象征意义高于实际意义的政治活动。齐桓公想封禅泰山，企图提升它为号令诸侯的霸业的象征，被明智的管仲劝阻了。

司马迁认为："自五帝以至秦，轶兴轶衰，名山大川或在诸侯，或在天子，其礼损益世殊，不可胜记。及秦并天下，令祠官所常奉天地名山大川鬼神可得而序也。"秦实现了空前的大一统，所以全国名山大川统一由皇帝祀奉，一一序列天下名山大川才成为可能。在《史记·封禅书》所载秦代序列的天下名山大川中，有五岳中之嵩山、恒山、泰山、华山，而无衡山，也无东、西、南、北、中"五岳"的称号，这与同文中所说"昔三代之君皆在河洛之间，故嵩高为中岳，而四岳各如其方"是矛盾的。这又说明到秦为止，只有对以中原为基准的五大名山的认识，并无五岳之称，认为三代已有五岳之说，是西汉以后的学者以今类比古代的一种推想。秦始皇是有史实可考的封禅泰山的第一人，而且他第一次将封禅与巡狩天下相结合。由于那时并没有"五岳"的概念，所以他没有如《舜典》所记载的那样巡狩诸岳。

汉初承前朝之弊，分封割据的政治经济势力很强，刘邦不得不在铲除异姓王后仍分封同姓王。分封割据的观念形态亦以各种形式表现

南岳古井（汉代）

出来。"始名山大川在诸侯，诸侯祝各自奉祠，天子官不领"从一个侧面说明了当时的政治现实，即封建专制的中央集权还未巩固，国家面临分裂危机，天子不可能巡狩天下，确认五岳的条件还不具备。经过文帝、景帝和武帝前期的努力，汉朝在政治上解决了吴、楚和黄河流域诸侯王的对抗，观念上确立了《春秋》大一统的独尊地位。到武帝中期，淮南、衡山两王国成为国家统一的主要障碍。这两个王国的破坏活动与吴楚七国相比又有其特殊性，增加了解决的难度，也提升了削除它们的重要意义。淮南王国继承了楚春申君养士遗风，刘长经常为属下解决婚姻家室问题。刘安"行阴德拊循百姓，流名誉"，又"多才艺"，有广泛而深刻的社会影响力。吴楚七国是明火执仗的叛乱，事平之后统治者可以雷厉风行地采取各种措施，打击割据势力，加强皇权。刘长父子则主要是搞阴谋活动，有很大的迷惑作用。所以刘长自杀后,文帝受到《尺布谣》之讥,淮南有"一人得道,鸡犬升天"的怀念。淮南、衡山王国毗连江南诸越,战国时统一于楚,秦始设立郡县,不久在秦末又分立为东瓯、闽越、南越,恢复了春秋时期的分裂状态。淮南、衡山王挟诸越而自重,诸越又恃淮南、衡山为屏障。公元前135年,武帝伐南越。刘安公然反对。由于淮南、衡山的区隔,就是直属天子的会稽郡也屡屡违抗诏令。削除淮南、衡山两王国实在是统一国家之关键。为此,武帝至少经过了26年(前138年至前112年)的努力。

公元前122年,汉武帝废淮南、衡山王国。此前,"齐有泰山,淮南有天柱山,二山初天子祝官不领,遂废其祀,令诸侯奉祠"。这一年,天柱山的祭祀权收归中央。公元前113年,汉武帝发兵统一南越,全国统一在望,"于是济北王以为天子且封禅。乃上书献太山及其旁邑……

清泉石上流

然后五岳皆在天子之郡"。次年，汉统一南越。这是历经三代三个皇帝半个多世纪努力的结果，天柱山因淮南衡山王国的特殊地位而得以与泰山并重。又次年（前111年），汉武帝见条件已具备，开始筹备封禅，"告太平于天，报群神之功"。随即他礼登中岳，封禅泰山，确定"五年一巡狩"的制度。考其实，这应该是"托古定制"。五年之后（前106年），汉武帝开始了更大规模的巡狩，从关中经南郡到天柱山，祭祀并号之为南岳，再经彭蠡（今鄱阳湖）、枞阳，北上封禅泰山。"其后五年，复至泰山修封，还过祭恒山。""自封泰山后，十三岁而周偏于五岳、四渎矣。"至此，五岳才有了明确称呼，五岳巡狩制度才得以确立。公元前61年，汉宣帝又予以确认："自是五岳、四渎皆有常礼。东岳泰山于博，中岳泰室于嵩高，南岳灊山于灊，西岳华山于华阴，北岳常山于上曲阳。"他们确认的南岳即古衡山或灊山，即天柱山，并不是从湖南的衡山迁来。从东汉郑玄到晋代郭璞，除混淆衡山与霍山外，还没有一位学者说南岳是从湖南衡山迁来的。

为使问题更清楚些，我们再细读《汉书·武帝纪》："五年冬，行南巡狩，至于盛唐，望祀虞舜于九嶷。登灊天柱山，自寻阳浮江，亲射蛟江中，获之。舳舻千里，薄枞阳而出，作盛唐枞阳之歌……还至泰山，增封。"显然，这是一次以封禅泰山为终点的全国大巡狩。汉武帝共封禅泰山八次，这年（前106年）的封禅大巡狩很明显是为了礼祭南岳以庆贺全国大统一，汉武帝对此很重视，情绪也很好，在南岳灊山周围的活动也很多。在盛唐，汉武帝望祀虞舜南巡仙逝之处九嶷山。此山在"江南衡"之南方，过彭蠡（今鄱阳湖），又"礼其名山大川"，此处在"江南衡"之北。江南衡山既没被称为南岳，更没说迁祠于江北衡山之事，甚至武帝在它南边和在它北边的山都祭祀

复览山

了，就是没祭衡山。关于盛唐的地望，汉代人文颖说可能在庐江附近，三国时人韦昭说在南郡，唐人颜师古同意韦昭的观点。将《史记·封禅书》与《汉书·武帝纪》结合起来看，盛唐应在江陵以东，离天柱山很近。故武帝在它附近望祀九嶷，登礼天柱山，出寻阳，祭彭蠡名山大川，射蛟江中，薄枞阳而出，作《盛唐枞阳之歌》。盛唐以南到大江，是这次武帝南方巡狩的中心地区，所以与枞阳相距也不会太远。盛唐应在庐江郡之西南部，文颖的推测是对的。今安徽六安、霍山、潜山都是汉庐江郡辖区。今六安市西约20公里处有武陟山，自汉以来，当地人就称之为盛唐山，是武帝当年从南郡东来驻足之处。六安城关有"等驾拐"，是当年百官等候武帝銮驾之处，南行40余公里即到霍山（南岳山）。武帝祭南岳、登复览山后继续南行，约10公里处，有迎驾厂，在南去天柱山途中的大别山深处还有留驾园。如此众多清晰的传说和遗迹应是当年这一地区历史活动影响的结果。隋初在今六安市设霍山县，辖今六安、霍山及金寨，属庐江郡。739年，唐玄宗将今六安市划出，另设盛唐县，他如此改动的依据，可能是这里历史上就称过盛唐。所以我们认为文颖说的是正确的地望，盛唐可能就在今安徽六安。

汉武帝之后，封禅泰山者仅东汉光武帝一人而已。东汉亡后的近400年，国家分裂，社会动荡，封建政权不稳固。历代帝王都不可能封禅巡狩。589年隋统一。汉武帝的大一统最终结束了原始社会末期以来方国分立的局面，瓯江、闽江、珠江三大流域的郡县都为统一南越后所重建和新设，其民族融合有待加强，经济有待开发。隋统一时则已有近400年的民族融合和经济开发的雄厚基础，其深度与广度远超西汉，人们对华夏国家版图的了解和地理知识也远远超过前代。天柱山地处中原南端，大江之北，到了隋代早已失去遥镇南方的作用。天柱山本来就不如湖南衡山那么雄伟，"江南衡"地扼长江、珠江水系之要冲，其重要性到隋代开始为人们所了解。隋文帝因"江南衡"为古来五大名山之势移南岳于此，更能凸显天下大一统的发展与天子权威的加强。

589年，隋文帝统一南北，并于当年诏定江南衡山为南岳。从此，霍山（江北衡）不再有南岳之号。五岳及五岳巡狩制度随华夏统一的多民族国家之形成而形成，又随华夏统一的多民族国家的加强与发展而完善、变化，这是历史的进步。

（姚治中　浙江兰溪人，皖西学院历史学教授）

汉武登礼南岳考辨

金崇尧

据我国最早的两部正史《史记》和《汉书》记载,汉武帝元封五年,即公元前106年,汉武帝南巡期间,"登礼灊之天柱山,号曰南岳"。这里所讲的"南岳"并不是指今天的南岳(今湖南衡山),而是指汉武帝元封五年所封的南岳(即后人所称的"古南岳")。汉武帝登礼的

文峰春色

这座号为南岳的天柱山，是在今霍山县境内，还是在今潜山县（今潜山市）境内？几百年来争论不休，特别是自潜山县建县以来，随着近年旅游事业的发展，关于这一问题的争论越来越激烈。

安徽教育出版社1984年8月出版的《天柱山志》和社会科学文献出版社1992年12月出版的《天柱山志》认为，汉武帝元封五年登礼的天柱山，就是今潜山县的天柱山。从表面上看，现在正好有个潜山县，潜山县境内又有个巍峨秀丽的天柱山，汉武帝"登礼灊之天柱山"正合原文原意，不是它又是谁呢？

然而，这是2118年前的事，我们岂能只根据这7个字看待这样一件重大的历史事件呢？又怎么能用今天的词套用2000多年前的词呢？历经2000多年，中国的历史发生了何等巨大的变化！因此，看待这件事，我们必须回到2118年前，用历史的眼光看历史，以史证史，以当时史书原文作依据，借助权威历史文献佐证，方能得出正确的结论。

一、《史记》《汉书》原文

《史记·孝武本纪》记载："其明年冬，上巡南郡。至江陵而东，登礼灊之天柱山，号曰南岳。浮江，自寻阳出枞阳，过彭蠡，祀其名山川。北至琅邪，并海上。四月中，至奉高修封焉。"《史记·封禅书》与上述记载相同，仅相差一字，即"'礼'其名山川"。《汉书·武帝纪》记载："五年冬，行南巡狩，至于盛唐，望祀虞舜于九嶷，登灊天柱山。自寻阳浮江，亲射蛟江中，获之。舳舻千里，薄枞阳而出，作盛唐枞阳之歌。遂北至琅邪，并海，所过礼祠其名山大川。"《汉书·郊祀志》的记载与《史记·封禅书》相同。

《史记》是记载此事的原著，作者司马迁是我国古代杰出的历史学家和文学家。汉武帝元朔三年（前126年），司马迁20岁，曾游名山大川、考察古迹、搜集遗闻，足迹踏遍大半个中国。元鼎年间（前116－前111年），武帝或巡行、或祭祀、或封禅，司马迁常为扈从。汉武帝元封三年（前108年）其任太史令。元封五年司马迁跟随汉武帝南巡，时隔两年后撰写《史记》，属于当时人记当时事，因此关于汉武帝南巡的记载应该是准确的。

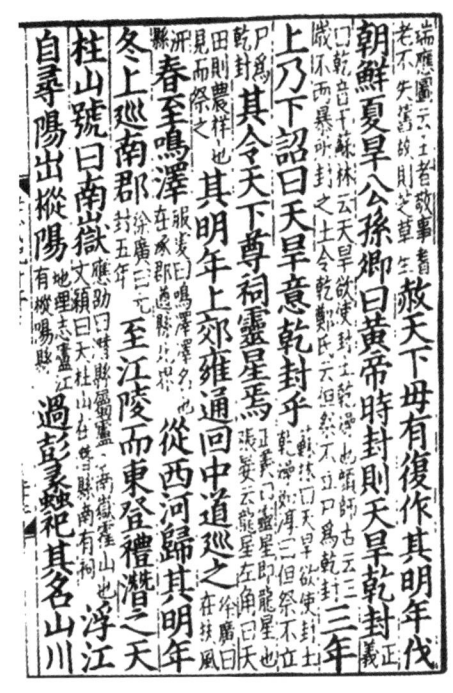

《史记·武帝纪》百纳本南宋刻本影印（局部）

《汉书》是时隔180年后记这件事的，除《史记》外，它是最早记载此事的史书，作者班固同样是我国著名的史学家。《史记》和《汉书》关于汉武帝"登礼灊之天柱山"的记载各有详略，可以互补。

《史记》和《汉书》都是我国公认的史学名著。两书作者都是史学大家，治学严谨，下笔千秋，且均以直笔著称，两人是不大可能错记错书皇帝巡狩封禅这样的大事的。"时近则迹真"，《史记》《汉书》是我们研究汉武帝礼岳的原始依据，其距离事情发生的时间最近，足资考证古南岳的问题。只要我们不偏不倚，正确理解，准确掌握原始证据，完全可以以此窥见历史真实面貌。

二、几个关键词语

《史记》《汉书》原文中的几个词语，是此事争论的关键，我们有必要对其进行考证和研究。考证之前我们先将岳麓书社1987年出版的由台湾14院校60教授合译的《白话史记》、天津古籍出版社1995年出版的《全注全译史记》、新世界出版社2009年出版的《文白对照全注全译史记》三书中关于汉武帝登礼南岳这段原文的译文综合转录如下："第二年冬天，皇上巡视南郡，到达江陵后再往东行。登临并且用礼祭祀灊县南部的天柱山，这座山号称南岳。在长江上乘船而下，从寻阳县出发抵达枞阳县，渡过彭蠡泽，用礼祭祀沿途的有名山川。往北到达琅琊郡，再靠着海岸上行。四月中旬，到达奉高县，举行了封礼。"

上述三书对《史记》原文中的两个关键词语作了准确的翻译。第一个是"至江陵而东"的"东"字，三书的译文是"到达江陵后再往东行"。这就是说汉武帝到达江陵后是向东从陆路走的，而不是从水路顺江而下的。当代最权威的《汉语大词典》和《汉语大字典》对"东"字有这样的解释："东，向东、东去、东行；亦指使向东、使往东。《左传·僖公三十二年》：'秦师遂东'。"《天柱山志》说汉武帝从江陵是顺江而东下的，显然有误。武帝如果是顺江而下，"号曰南岳"后再出现"浮江"二字就是多余的了，且应调至"江陵"二字后。同时这也不符合文意、文理。

第二个是"登礼灊之天柱山"的"灊"字，三书均译为"灊县"。上海古籍出版社出版的《二十五史》，其中《史记》分册中的原文夹注也是指灊县。目前从国内各种历史文献和辞书中尚未发现对这句中的"灊"字有另外一种解释。这里只能是指灊县，它与南郡、江陵、寻阳、枞阳等一样，都是指行政区划的郡县名。潜山县方面说"灊"是指潜山，《天

连绵起伏的古衡山

柱山志》则把"灊"字去掉,变成"登封天柱山",恐怕有些牵强了。

《汉书》原文中"至于盛唐"的"盛唐"二字则更为关键。因为安庆附近也有盛唐山、盛唐湾等地名。这关系到汉武帝自江陵开始是全部走水路,还是先陆路后水路的问题。汉武帝自江陵而东"至于盛唐",这个"盛唐"在哪里?而且最关键的是要找到西汉时的"盛唐"在哪里。我国著名的历史地理学家谭其骧教授率10多个单位100余名学者历时30年编制的《中国历史地图集》第二册《西汉扬州刺史部》一图中,将"盛唐"标在西汉时六安国六县西南,紧靠六县。全书8册304幅地图中仅此一图中标有"盛唐",且正属西汉时期。《太平寰宇记》卷129记"寿州六安县":"本春秋时楚之灊县地也。在汉为盛唐县,属庐江郡。"《中国历史地名大辞典》记载:"盛唐县,唐开元二十七年(739年)改霍山县置,属寿州。治所在驺虞城(即今安徽六安市)。《寰宇记》卷129,六安县:'县西二十五里有盛唐山,因为名。'北宋开宝四年(971年)改为六安县。"又载:"盛唐山:即武陟山。在今安徽六安市西三十里。"又载:"武陟山:即古盛唐山……汉武帝南巡,尝登

铁炉山仙境

陟于此,因名。"

"盛唐"问题解决了,登岳路线也就清楚了。汉武帝自江陵而东行,到达盛唐,这个盛唐只能是今六安市的盛唐了。到盛唐后,汉武帝在武陟山望祀虞舜南巡仙逝之处九嶷山。再由盛唐到天柱山,此天柱山就不可能是今潜山县的天柱山,而只能是今霍山县的南岳山了。《天柱山志》认为"盛唐"是今安庆市的盛唐湾,既不符合《汉书》原文文意,也缺少根据,难免有些附会。

三、两地建置沿革

《史记》和《汉书》都没有也不可能把"灊""天柱山"写得那么详细、清楚,那要弄清"灊之天柱山"是指今霍山县境的天柱山,还是今潜山县境的天柱山,首先必须弄清霍山县、潜山县的建置沿革和天柱山的位置。"灊之天柱山"的"灊"字在上文第二部分已做了交代,是指灊县。

《中国历史大辞典》:"灊县,西汉置。治今安徽霍山县东北。西汉至东晋属庐江郡。南朝宋、梁曾为庐江郡治,梁又为霍州治,北齐废。"《安徽省志·建置沿革志》中载霍山县:"(隋开皇)三年,废霍州及诸郡,改岳安县为霍山县……(唐开元)二十七年,改霍山县为盛唐县……天宝元年(742年),复置霍山县……(北宋)开宝元年(968年),撤销霍山县,并入盛唐县……(明)弘治七年(1494年)置霍山县,属六安州。"徐学林编著的《安徽建置沿革》载:"潜山县创建于元至治三年(1323)……潜山县古为皖国地,是周武王分封伯益之后所建的方国,春秋时被楚灭为楚邑。秦属庐江郡,西汉初属淮南国,后属庐江国、庐江郡皖县地。"《中国历史大辞典》:"皖县,西汉置。治今安徽潜山县,属庐江郡。东汉末为庐江郡治。西晋永嘉末废。"上面两书的记载告诉我们:汉代时根本就没有潜山县,潜山县距今只

霍山红源广场

有600多年的历史，而灊县距今已有2100多年的历史，汉武帝岂可登礼元代潜山县的山呢？

　　古代的天柱山在什么位置呢？谭其骧主编的《中国历史地图集》，自夏、商、周至清代的301幅地图，没有一幅图将天柱山标在今天的天柱山的位置。但是，位于今霍山县境内的大别山主峰白马尖（1777米）却分别于楚时标为灊，战国和秦时标为衡山，西汉、三国和西晋时标为天柱山，隋时标为衡山，唐时标为霍山（天柱山），明时标为霍山（天柱山），清时标为霍山。而今潜山县天柱山的位置仅在元时的一幅图中被标为皖山。今天的天柱山从春秋到清代一直称皖山或皖公山，这是历史上人们所公认的。《中国历史地名大辞典》对皖山和皖公山是这样记述的："皖山，即潜山。今安徽潜山县西北天柱山。《新唐书·地理志》：'怀宁县有皖山。'北宋王安石有《望皖山马上作》诗。""皖

狮子包的春天

公山,即潜山。今安徽潜山县西北天柱山。《寰宇记》卷125怀宁县:'皖山祠在县治西。'按《舆地志》:'皖公山神治西北二十里。云周大夫皖伯之神也。'《汉书·地理志》云:'灊县天柱山,南面有祠。'"皖山、皖公山何日改称天柱山的呢?应是康熙十二年(1673年)六修《潜山县志》时所为,该志首次将旧志中的《皖山图》改为《霍岳天柱山图》。

从上述两个县的建置沿革及汉时天柱山的真正位置,我们可以知道:汉时,今霍山县称灊县,今潜山县称皖县;汉时,天柱山在今霍山县境内,今潜山县的天柱山汉时称皖山或皖公山。据此,我们完全可以得出一个这样的结论:汉武帝"登礼灊之天柱山,号曰南岳"所登之山就是今霍山县的天柱山(南岳山)。如果汉武帝登的是今潜山县的天柱山,司马迁应记为"登礼皖之皖公山"。作为汉武帝南巡时的随从史官,他是绝对不可能将此事记错的。

四、历史遗迹可为佐证

著名的史志学家章学诚说:"地近则易核,时近则迹真。"汉武帝在南巡期间经过今六安和霍山后留下了哪些遗迹呢?今六安城西约20公里处有武陟山,即因汉武帝南巡曾经登陟于此而得名(《中国历史地名大辞典》也如此说)。六安老城南门西侧有"等驾拐"(又名等驾墩),是当时百官等候汉武帝銮驾之处。

由六安南往霍山途中有复览山,相传是因汉武帝登此山回望南岳而得名。霍山县城东15公里有指封山,相传汉武帝登复览山,见此山峻拔,便指示群臣,封为霍岳之副,故名。霍山老城南旧有辇街,位于旧县衙南侧,相传是专为汉武帝的车驾铺设的,后变为街。县老城南郊有南坛,相传是汉武帝祭祀封禅之坛。县城西10公里有迎驾场

（厂），相传是当年百官迎候汉武帝銮驾之所。县城南五里有南岳山，即汉武帝登礼的天柱山。《读史方舆纪要》是这样记载的："霍山，县南五里，本名天柱山，亦名南岳山，又名衡山。"1986年，安徽省规划设计院考察南岳山时，曾在山上发现一块汉砖，砖的正面有房子图形和人物造型，背面为麻布纹，后经鉴定确认为汉砖。由南岳山往南约10公里处，即至大别山主峰白马尖（《中国历史地图集》认定的天柱山）途中有管驾渡，相传是专门管理武帝圣驾渡河的地方。再往南有留驾园，相传是汉武帝曾经停留于此的一处庄园。

上述这些历史遗迹，恐怕不一定都是六安和霍山的地方官和老百姓编造和杜撰的。它也许记述了汉武帝南巡时的一些真实故事和踪迹，对于我们研究这段历史有一定帮助。

五、结论

对于汉武帝元封五年长达半年多的南巡之事的描述，《史记》只用了56个字，《汉书》也只用了79个字。我们根据原文的意思、历代史学家的研究成果和上文介绍的情况得出如下结论：

汉武帝"登礼灊之天柱山，号曰南岳"中的"天柱山"，就是今霍山县城南的南岳山。《中国历史大辞典》这样记载："南岳，古为五岳之一。先是西汉武帝元封五年（前106年）南巡，登灊之天柱山（今安徽霍山县南天柱山，又名霍山、衡山），号曰南岳。其后又以今湖南衡山县西北衡山（又名岣嵝山）为南岳。"

《天柱山志》认为，被称为南岳山的霍山不符合《尔雅·释山》关于"大山，宫。小山，霍"的记载。所谓"大山，宫。小山，霍"，"宫"，包围、围绕的意思，意为"大山环抱中的小山为霍"。今称为南岳山的霍山，确实是座并不高峻的小山，但四周的山都比它高，或远或近地将它环绕当中，《尔雅·释山》的描写是十分贴切的。而今潜山县的天柱山倒真的没有这种大山环绕小山的山势。

《天柱山志》还认为，霍山城南的"南岳山"又矮又小（405米），不具备封岳的条件。这可能只是其主观想象和感觉而已。古代帝王祭岳封禅是否非登大山不可呢？那也不一定。《史记·秦始皇本纪》就记载，秦始皇二十八年（前219年）"上泰山，立石，封祠祀"，又"禅梁父，刻所立石"。汉武帝封禅泰山，与秦始皇很相似，其过程大致是："天子至梁父，礼祠地主"，过后"天子独与侍中奉车子侯上泰山，亦有封"。"梁父"，即梁父山，是泰山下的一座小山，海拔仅有300米，秦始皇、汉武帝封岳中，为什么要登这样的小山呢？汉武帝时隔几年后是不是还采取这样的办法呢？他是否也先在南岳山祭地，再登天柱山（大别山主峰白马尖）祭天呢？这些问题值得研究，因为南岳山（霍山）与天柱山的关系，似乎很像梁父山与泰山的关系。

同时，我们还应该知道，汉武帝这次南巡是在冬季，到六安、霍山后可能已是深冬了，汉武帝是否会因天气（如大雪）和交通工具的原因而上不了天柱山呢？秦始皇登泰山时曾因天气原因未能如愿。如果是这样，汉武帝是否会像在盛唐武陟山那样采取"望祀"的办法，即登上南岳山后，远远地望着天柱山朝拜一下，就表示他行过登南岳的大礼了呢？这也未尝不可，古代帝王多有这种"遥祭"的做法。《汉语大词典》这样解释"遥祭"："谓向远处行祭行礼。《周礼·春官·大宗伯》'则旅上帝及四望'唐贾公彦疏：'不可一往就祭，当四向望而为坛遥祭之。'"《史记》《汉书》未记载，历代文献无记述，这里只是推测，以供专家学者考证，供后人研究。

总之，汉武帝元封五年，"登礼灊之天柱山，号曰南岳"，就是在今霍山县城南的南岳山，这已是无可置疑的，也是众多历史文献和近代诸多权威辞书所公认的事实。

（金崇尧　安徽霍山人，曾任霍山县政协常委、霍山县地方志办公室副主任、档案局副局长，中国地方志协会安徽分会会员）

双龙尖之秋

霍山：古衡山古南岳也

陈月祥

霍山，南岳也。其典出自《尚书·尧典》及中国古代地理名著《山海经》。《尔雅·释山》云："泰山为东岳、华山为西岳、霍山为南岳、恒山为北岳、嵩高为中岳。"登过泰山的人，也许都见过泰山石刻上明确地镌刻着："南岳，霍山。"无论是古代典籍还是泰山石刻，无不明确记载着：南岳就是霍山。但遗憾的是，随着中国疆域及政治、经济、文化的逐步变迁，隋文帝登基后改封湖南衡山为南岳，隋以后遂

霍山南岳之巅

成定制，驰名于世。1000多年来，作为黄帝始封的古南岳——霍山，却渐渐被人淡忘，湮没于古籍典章之中。更可惜的是，由于对历史文化的研究不够，霍山人对霍山是古南岳之地的史事也不甚了解，甚至以讹传讹，自认为是"小南岳"而四处宣传，说霍山是汉武帝敕封的"小南岳"。就连1993年版《霍山县志》大事记上也载着："元封五年（前106年），武帝南巡，登南岳山祭祀，敕封小南岳。"当地还有许多地方被冠以"小南岳"之名，诸如小南岳森林公园、小南岳文学社等。霍山，古南岳也，何"小"之有？不应以"小"而乖历史本意。

翻开《辞源》看一看，"霍"的释义是："（二）大山围绕小山曰霍。《尔雅》：'大山，宫。小山，霍。'（三）南方为霍。霍，护也。（见《白虎通》）故南岳名霍。参见霍山条。""霍山"的释义是："（一）山名。在安徽省霍山县西，即天柱山。按《尔雅》云：霍山为南岳。郭璞注即天柱山。邢昺以为'经'所谓霍，乃指衡山，一山二名。汉武帝移岳神于天柱，始名天柱为霍。汉以后衡、霍始别。郭璞作注时霍山为言耳。山中盛产茶，色香味为绿茶之最，俗称'六安茶'。多售于俄罗斯。（二）今县名。隋置，宋废。明复置，属安徽六安州，清因之。今属安徽安庆道。"从1939年版《辞源》的这段解释我们可以看出，南岳本名霍山，又名天柱山、衡山。其典故始出于《山海经·山经》，晋代郭璞等后世史学家、地理学家曾为此书作注。《尔雅》和郭璞、邢昺等对《山海经》所作的注释都明确无误地告诉我们，霍山就是南岳，汉代之前衡山就是霍山，也名天柱山。另外，东汉许慎《说文解字》解释"岳"为："东岱、南霍、西华、北恒、中泰室，王者之所以巡狩所至。"《尔雅》和《说文解字》作为中国最早的词典和字典，其解释均为"南岳霍山"，应该说是很具权威性了。

我们再看古代帝王巡狩霍山。据《史记·封禅书》记载："其明年冬（元封五年），上巡南郡，至江陵而东，登礼潜之天柱山，号曰南岳。"汉武帝登礼南岳，其原因有二：其一，循古帝王之惯例。黄帝封岳后，唐尧虞舜五载一巡狩，逐渐成了惯例。《尚书·舜典》记载："五月，南巡守，至于南岳，如岱礼。"这里明确记载了虞舜曾巡狩至霍山，并以祭泰山的礼仪来祭祀霍山。秦始皇统一天下后，也多次登泰山，行封禅大礼，最后还死在巡狩的路上。汉武帝南巡登礼潜之天柱山即南岳，也是效法古代圣王，向天下宣示自己的文治武功。同时，历代帝王封禅，有着祭天、祭地、"报天地之功"及祈愿护佑之意。其二，汉武帝登礼南岳，还出于政治考虑。汉武帝南巡之前，刚刚平定了淮南王刘安、衡山王刘赐的叛乱，废淮南、衡山两国为九江郡、庐江郡，并

白马尖之巅

新设六安国。汉武帝此次南巡也是为了巡幸安抚故淮南、衡山两国的臣民，展示大汉天子的威严。之后，汉宣帝于神爵元年（前61年）下诏祠五岳为常礼，诏曰："东岳泰山于博，中岳泰室于嵩高，南岳灊山于灊，西岳华山于华阴，北岳常山于上曲阳。"再次明确了汉时南岳在灊县（今霍山县）。后来南朝宋孝武帝也曾遣使祭祀霍山，《宋书》载，大明七年（463年），宋者武帝驾巡南豫州，遣使致祭霍山，并诏曰"霍山是曰南岳，实为国镇"。

从历史上看，湖南衡山在古代并不叫衡山，《山海经》中谓之为"岣嵝山"。在上古时代，以中原文化为中心，霍山山脉已经是"赤县""九州"之南方边陲了，再往南即为"三苗""蛮越"之地了。因此，《辞源》引据《白虎通》解释为："南方为霍。霍，护也。"其意思很明确，霍山为古华夏南方之屏障、护卫之山也。直到汉代，衡山仍指霍山，这一点从汉初的封地也可看出。明末清初历史地理学家顾祖禹《读史方舆纪要》记载："霍山，县南五里。本名天柱山，亦曰南岳山，又名衡山。文帝分淮南地立衡山国，以此山名也。"衡山国疆域包括今霍山、岳西、舒城、庐江、枞阳、潜山、英山等地，南至大江。衡山国因霍山南部的衡山而得名，其疆域又在大江以北。由此可以看出，汉时的衡山指的是霍山，与湖南衡山毫不沾边。魏晋南北朝时期，中原大乱，衣冠南渡，中原文化大规模南迁，所以隋文帝统一后于开皇九年（589年）下诏将南岳（衡山）移到湖南。这段历史从晚唐诗人皮日休的《霍山赋》中也可看出。《霍山赋》中记述："夫古有五岳，霍居其一。所以五岳相迹者，唐虞之帝，五载一巡狩，一载而徧……洎唐虞以降，皆燔柴于霍，我帝用飨其礼。至周旦册而命我，与诸岳星列中国。自汉之后，乃易我号，而归于衡。故祝融迁都，命余守霍。"这段文字借南岳赤帝祝融的丞相之口，交代了五岳之一南岳霍山在上古之时所受的尊崇，以及后来南岳神迁都湖南衡山的过程。

那么为什么霍山南岳后来变成"小南岳"和"副衡山"了呢？这大概要归咎于东晋道士徐灵期和宋末元初的道士邓牧。徐灵期长期在南岳衡山修道，写了本《南岳记》。邓牧这位修道求仙的隐士住在浙江余杭的大涤山洞霄宫，潜心研道，还同人合写了一本道家洞天福地、仙圣云游的地理志书，名《大涤洞天记》。《洞天记》记载说："黄帝封五岳，南岳衡山最远，以灊岳副之。舜南巡狩，至南岳，即霍山也。汉武考谶纬，皆以霍山为南岳，故祭其神于此。"徐灵期在《南岳记》中说："至于轩辕，乃以灊霍之山为其副焉。"徐氏可能是出于自己久居湖南衡山的偏好，要为其争南岳之名。而《洞天记》则引用了徐灵期的说法，认为黄帝封五岳，以衡山偏远，故以霍山为南岳之副，这实在是信口雌黄，毫无依据。历史上其他古岳也没有副岳之说，古代圣王巡狩祭祀四岳、五

《汉书》中华书局 1962 年（局部）

霍山山村

岳是件政治大事,这种非正史的记载不足为信。从《山海经》中我们可以得知,至少黄帝封岳时,湖南衡山还不叫"衡山"而叫"岣嵝山",而衡山在当时就是霍山,一山二名。在信息不畅的古代,人们不明就里,接受了《南岳记》和《洞天记》的说法,以至霍山成了"南岳之副"或"副衡山"。

从地理位置上看,霍山本是指大别山东北段的霍山山脉,又称北淮阳山,其主峰是"天柱山"或曰衡山,也可能是今天的白马尖。而根据《尔雅》对于"大山,宫。小山,霍"的解释,古人认定位于霍山城南、大别山山口,地处淠河之滨,形如大鹏展翅,虽不十分高大却一峰突起于群山环绕之中的小山为霍山。此山既符合"大山围绕小山"之意,也符合古代四象之说的"南朱雀"之象。按照汉武帝祭东岳泰山封禅大典的礼制,要先在梁父山祭地,然后登泰山之巅祭天。故汉武帝到霍山后,先在霍山(今南岳山)祭地,再沿古灊水南进,往霍山山脉主峰天柱山(古衡山,今白马尖)祭天(今沿途留有迎驾厂、管驾渡、留驾园、宋家河等地名），这样才完成了整个祭祀南岳的盛典。古人惜墨如金，《史记》只记一句"登礼灊之天柱山，号曰南岳"，而将祭灊之天柱山的"礼"的过程全省略了。根据《尚书》记载，舜"至于南岳，如岱礼"，汉武帝自然也一样"如岱礼"祭祀南岳霍山。后世之人并不清楚封禅过程，也不了解皇家之事，自然认为汉武帝祭地之山为南岳山了，而自汉代始又将祭祀南岳神的庙建在此山山顶上，一直流传至今，所以大家皆误认此山为南岳。从古代礼岳的礼仪得知，南岳山之于天柱山，应同于梁父山之于泰山，即今天的南岳山只相当于梁父山，真正的南岳主峰应该是霍山山脉的主峰天柱山。或者可以说古南岳应该就是霍山山脉或整个大别山，因为只有整个霍山山脉或大别山才能成为古华夏南方之镇。

"小南岳"之称史书并无记载，其最早出现于民国时期。当时，霍山学人沈子臣先生受霍山父老之托，去南京请书法大家于右任先生为南岳山题字，不知为何，先生最终题写了"小南岳"三字。当此墨宝拿回霍山时，不少有识之士对此题字多有质疑，但因为是名人所题，故仍刻石悬于南岳庙正门上。于公题额，古南岳变成了"小南岳"，具有辉煌历史的南岳霍山，反倒沦落为要借他人之名来彰显自己的倚草附木之流了。以至于今天，霍山人不以为憾，反倒以于右任先生题写"小南岳"为荣，痛哉矣。

或说潜山市的天柱山才是"古南岳"，其实也是在混淆历史。因为稍有历史常识的人都知道，潜山市在汉代并不称灊县，而称皖

霍山出土汉代陶尊

（古同皖）县。皖山皖水，安徽的简称"皖"也来源于此。至宋代才设置潜山县，天柱山古时被称为皖山或皖公山。而霍山县在汉初称灊县，所以南岳，又称灊岳。苏东坡有诗云："我有同舍郎，官居在灊岳。"王安石也曾作《望皖山马上作》一诗，诗中写道："亘天青郁郁，千峰互崷崒。放马倚长崖，烟云争吐没。远疑嵩华低，近岂潜衡匹。"王安石之诗赞美了皖山的高大雄伟，但也明确了潜衡绝非皖山。从古文字看，今天潜山的潜，同灊县的灊在古代并不是一个字，音同字不同也。《史记》作者司马迁作为汉武帝南巡的随行史官，其写史向以严谨认真而著称，其宁可受宫刑，也不愿为汉武帝歌功颂德，坚持秉笔直书。这样一个严谨认真的史官不大可能把"皖县"和"灊县"弄错。班固《汉书·武帝纪》载："（元封）五年冬，行南巡狩，至于盛唐，望祀虞舜于九嶷，登灊天柱山。"两位史学家都记述为"登灊之天柱山"，可

古衡山

见汉武帝登霍山之南岳,史实清楚,无可争辩。再看《辞源》关于皖山的解释:"皖山,一名潜山,亦名皖公山。在安徽潜山县西。绵亘深远,与霍山县接界,即霍山矣。最高峰曰天柱,高四千二百尺。"《读史方舆纪要》作者以潜、皖、天柱为三山,其实非也。以形言之曰潜山,言远近山势皆潜伏状也;以地言之曰皖山,谓皖伯所封之国也;以峰言之曰天柱,其峰突出,峭拔如柱也。《辞源》对潜山和天柱山的解释再清楚不过了,但始终未提及其与南岳有什么关系。

(陈月祥　安徽霍山人,曾任霍山县政协常委、社会法制委主任)

淠河

霍山之于南岳的历史渊源

叶茂盛

早在4000多年前的舜帝时期,大禹开山导流,以高山河流划定九州疆界,封皋陶后裔在英、六,即今天的英山、霍山等地。公元前622年,楚灭六、蓼等国,设灊邑,邑城在现今的下符桥。秦统一中国后实行郡县制,灊县与衡山郡连界,属九江郡。楚汉时期郡国并行,项羽、刘邦以衡山之地设衡山国,汉武帝时除国为郡,灊县属庐江郡。"衡"

大别山主峰白马尖

有平、对等之义,衡山为江淮的分水岭,也是古扬州、徐州、荆州、豫州的分野之地。淮河,古名淮渎,其南部最大支流淠水发源于霍县的天柱山。《尔雅·释山》:"霍山为南岳。"郭璞注曰:"即天柱山,淠水所出也。"谭其骧主编的《中国历史地图集》将天柱山标注在大别山主峰白马尖。霍山,本名衡山,作为华夏领地的一方镇山有着悠久的历史。

一、五帝时期:霍山是为南岳衡山

四岳,本是上古时期象征华夏领地的四方镇山。五岳封禅,是帝王考察地方行政、祭祀天地、祈求国泰民安的一种礼法制度。

《史记》追叙华夏历史肇始于轩辕,自轩辕至舜的五帝时期,也

山乡晨曦

即中国的原始社会。

据《史记·五帝本纪》记载，轩辕与炎帝在今山西的阪泉交战，形成部落联盟；在今河北张家口的涿鹿郊野与蚩尤作战，消灭了蚩尤；然后来到釜山与四方诸侯会盟，合议以龙为图腾，公推黄帝为天子，在逐鹿山下建起都邑，是为有熊国。黄帝东征西讨，拓疆开土，往东到过东海，登上今山东的丹山和泰山；往西到过甘肃的崆峒山，并登上鸡头山；往南渡过长江，登上湖北的熊山以及湖南的湘山；往北驱逐荤粥(古匈奴)。他四处迁徙，获得上天赐予的宝鼎一座，走到哪里都祭祀山川鬼神，成为历来祭祀山川鬼神最多的帝王。黄帝还设置左右大监，以督察诸侯，使得万邦安定。

帝尧时代，华夏是为陶唐国。帝尧令羲氏与和氏根据日月的出没、星辰的位次制定历法，让民众按春夏秋冬的节令从事农业生产。驩兜举荐共工做工师，共工放纵邪僻。四岳推举鲧治理洪水，没有成效。三苗在江淮流域及荆州一带多次作乱，尧发兵征讨，打败三苗。尧帝采纳舜的建议，把共工流放到今河北的燕山，以改变北狄的风俗；把驩兜流放到今湖南的张家界，以改变南蛮的风俗；把三苗迁徙到青藏高原的三危山，以改变西戎的风俗；把鲧流放到今东海县的羽山，以改变东夷的风俗。

霍山地处大别山东端的北麓，江淮之间。神农时期的霍山就生活着原始人类，属于蚩尤部落中的三苗。尧舜时期，霍山地带就是尧发兵征讨并打败三苗的战场之一。

帝舜时代，华夏是为有虞国。舜帝对国政进行分工，任用禹、皋陶、契、后稷、伯夷、夔、龙、倕、益、彭祖等人，让他们各显其能，处理好内务；对地方四岳、十二州牧加强行政管理。官员之中，禹的功劳最大。他开辟了九座大山,决通了九道大河,疏浚了九处湖泊,划定了九州疆界,勘察了九州的资源,确定了各州的贡赋,使舜的势力范围进一步扩大:东迫海上的鸟夷部族不再骚扰;西使青藏高原的西戎部族安于本分;北让蒙古高原的戎狄部族得到安抚;南到东南亚的交趾、越南也接受管束。

尧时已经设置了分掌四方部落事务的牧,叫"四岳",主管方岳的牧与其驻地的山名基本一致。尧常向四岳诸牧征询国家大事,也对四岳诸牧的治理进行考绩,形成"五岁一巡狩,摄行天子之政"的考绩制度。

《史记·五帝本纪》中记载,尧年事已高,就让舜代理政事。舜用祭品放在火上烧的仪式祭祀天地四时,用遥祭的仪式祭祀名山大川。二月,他去东方巡视,到泰山时,用烧柴的仪式祭祀东岳;五月,到南方巡视;八月,到西方巡视;十一月,到北方巡视,都像起初到东方巡视时一样。回来后,他告祭祖庙和父庙。以后每五年巡视一次,其间的四年,各诸侯国君按时到京师朝见并述职。

《史记·封禅书》早就记明五岳的所在:"(舜)辑五瑞,择吉月日,见四岳诸牧,还瑞。岁二月,东巡狩,至于岱宗。岱宗,泰山也……五月,巡狩至南岳。南岳,衡山也。八月,巡狩至西岳。西岳,华山也。十一月,巡狩至北岳。北岳,恒山也。皆如岱宗之礼。中岳,嵩高也。"

由此可见,东岳泰山、西岳华山、南岳衡山、北岳恒山自尧时就有,祭祀名山大川可以追溯到轩辕黄帝。中岳嵩高,实为舜帝所增封。

关于衡山与大别山,《尚书·禹贡》早有记录。

《禹贡》在记九州的位置时载:"淮海惟扬州……荆及衡阳惟荆州。"由此可见,淮河,是徐州与扬州的分界线。荆山至衡山的南部是荆州，衡山相当于现在安徽部分的大别山。

《禹贡》导山部分说：疏导嶓冢山，向东到达荆山；又从内方山，向东到达大别山。

衡山为古扬州及荆州的分野之地，南岳自然也只能在今江淮分水岭的大别山，霍山县为古"灊"，在衡山东段的北麓，其被誉为南岳神祇的主峰天柱山也在此境内。

二、秦汉时期：霍山在五岳中的地位得到巩固

秦皇、汉武延续轩辕黄帝封禅的旧制，其所巡狩的衡山就是霍山，毋庸置疑。

《史记·始皇本纪》记载，公元前219年，秦始皇封禅泰山返回途中，路过彭城，斋戒祈祷，让成千人潜入泗水打捞周鼎，没能找到。又向西南渡过淮水，前往衡山、南郡。

秦始皇由泗水向西南渡淮河，到达衡山，然后去南郡。秦始皇时期，在衡山地区设衡山郡，郡邑在邾（今湖北黄冈）。衡山郡在淮河

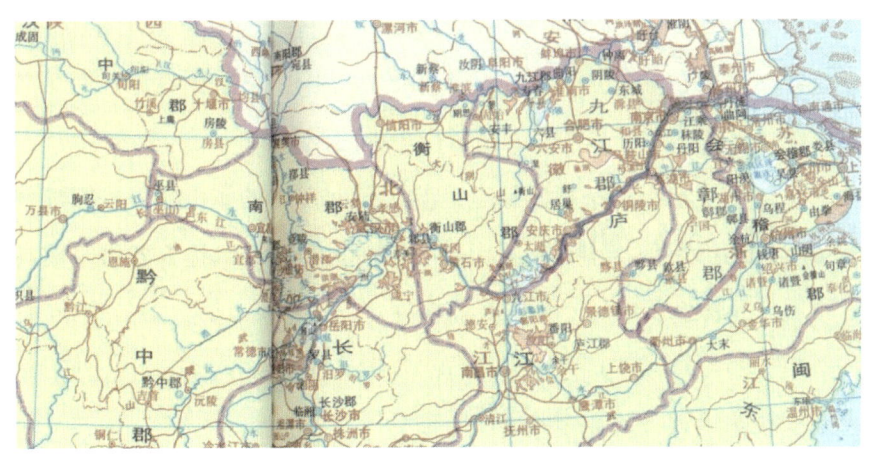

秦时期地图（谭其骧主编　中国地图出版社1982年出版）

的西南，九江郡与南郡之间，淠水与浠水又是衡山郡与南郡之间的水陆通道，其分水的中界岭海拔仅320米，可想而知，秦始皇渡淮河前往衡山、南郡必须经过现在的霍山县。

关于汉武帝巡狩衡山到霍山，《史记·封禅书》的记述更明确：公元前106年冬，汉武帝由南郡的江陵向东到达灊县，登礼天柱山，封南岳。"汉武帝在灊县登礼天柱山，封南岳"成为历史事实。灊县本是衡山国或衡山郡的一个属县，汉武帝封禅南岳时衡山国才除不久，灊县刚划归庐江郡。汉武帝"浮江，自寻阳出枞阳，过彭蠡"的几个地点都在衡山的大范围之内，包括后来《汉书》所补记的"登盛唐，望祀九嶷，亲射蛟，作盛唐枞阳之歌"的几件大事，也是巡狩南岳的主要事项。据《霍山县志》记载，汉武帝登礼南岳祭祀的地方，就是距霍山城南五公里、海拔为405米的山顶，当地人称之为南岳山。

汉宣帝对后世封禅五岳的地点作了明确规定。公元前61年，汉宣帝下诏给太常寺：那些大江、大海与大山，还没有祭祀它们的固定地方。现令你们让各地的祠官依此建祠，每年都要按礼节祭拜，以祈求国泰民安、天下丰年。自此以后，"五岳四渎"有了固定的祭祀礼节。朝廷钦定祭祀五岳的地点为：东岳泰山于博，中岳泰室于嵩高，南岳灊山于灊，西岳华山于华阴，北岳常山于上曲阳。

汉宣帝钦定南岳祭祀的地点是灊，亦即现在的霍山县。也因汉宣帝诏定每年都要祭祀南岳，霍山城南的南岳神祠得到地方各级官员高度重视，还铸造了祭祀专用的礼器铜钟。

关于铜钟，宋《符瑞志》记："（晋）安帝义熙十一年（415年）乙卯，霍山崩，获铜钟六枚。制度精奇，上有古文书一百六十字。"明清《霍山县志》记："（梁）武帝天监七年戊子，二月乙卯，庐江灊县获铜钟二。"

三、明清时期：霍山在五镇中的地位尤为突出

隋文帝杨坚统一南北朝后，于公元589年诏定湖南湘水之滨的衡山为南岳，同时封东镇沂山、南镇会稽、中镇霍山、西镇吴山、北镇医巫闾山为五镇，作为五岳之副。自此，南岳祭祀移出江淮分水岭，原衡山采用《禹贡》的地名，更名为大别山。霍山被封为中镇，成为中岳嵩山的副岳。明洪武三年，明太祖朱元璋再次下诏"五岳、五镇、四海、四渎"所有封爵，宜仍其旧，并刻《岳镇海渎碑》以明后世。朱元璋认为，大别山是明王朝的龙脉，霍山是龙首，霍山在五镇中的地位尤为突出。

（叶茂盛 安徽霍山人，中学语文高级教师，安徽省社会学会会员、六安市地名规划专家、六安市作家协会会员）

衡山辨

熊应隆

按《尚书大传》，岱山、霍山、华山、恒山、嵩山为五岳，此著在训典也。今自后来舆图充拓，名山鼎峙，论之霍似不足以当衡之峻绝，曰霍为衡之副是已。然以虞周当时之土舆而论，则霍山当即为衡山。而汉以后之衡，非复虞周之旧衡矣。盖舜分天下为十二州，淮汉以北居九焉。周分天下为九州，淮汉以北居七焉。则古昔盛时天运在西北，地势之开辟亦在西北。而极南之衡，未必入虞周之版图也，乌得即指南衡为虞周天子巡狩之地耶？周制天子十二年一巡狩，六服一朝；虞制天子五年一巡狩，群后四朝。君臣往来，车马旌羽，贡献予赉，宛若手足腹心，呼应贯彻，不若汉武之穷极海内，涉迹岛夷，为可知矣。何

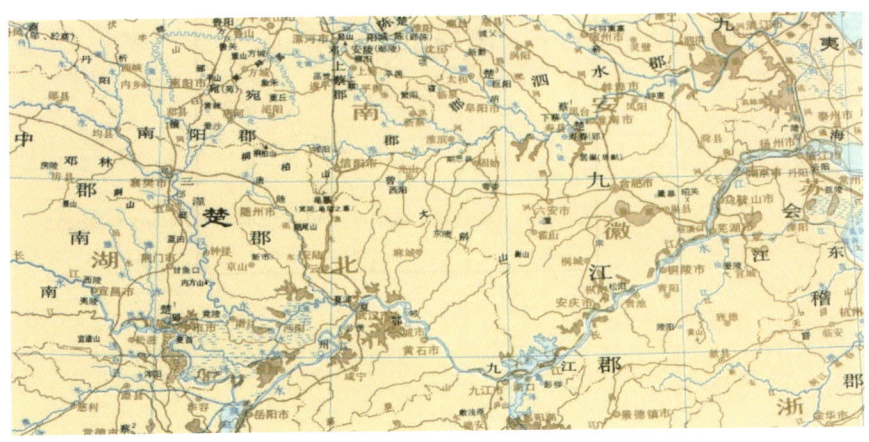

战国时期地图（谭其骧主编　中国地图出版社1982年出版）

嫌于霍之不为衡也哉？且虞无论已。周之时，吴尚为荆蛮地。泰伯寻古公之风旨，而采药于衡山。夫吴今之金陵，周之蛮地也，泰伯逃之。而天子之巡狩南岳，顾有出于蛮夷之逃者乎？泰伯逃吴，而衡山采药。衡山一名横山，为湖之属。虽非指霍而言，然亦霍之近地也。亦将谓采药之衡，为极南之衡耶？凤阳盱眙县有第一山，宋米芾诗云："莫论衡霍衡山斗，且看东南第一山。"盖以近山相比也，亦将谓衡霍之衡为极南之衡耶？又考之记礼者，自衡山至衡山，大约遥近方三千里。而应氏称南以衡为限，百越未尽辟也。自秦而上，西北袤而东南蹙；秦而下，东南展而西北缩。观此则霍之为衡，乃在东南蹙地之内。而周制三千里之地，岂为秦而下东南展地之内乎？此亦足以为佐证矣。极南之衡，侈称于后代者，缘虞周以下，幅员日广，百越俱入中国，而高山峻岭，适当其南之极地，故即称为虞周南巡之岳，盖借名之也。汉武帝南巡，以衡山远隔江汉，乃徙南岳之祭于庐江灊山，盖复虞周之故地而不自知耳。不然，以汉武之穷极侈荡，入海岛求神仙，无惮车舆驺从之劳，尚以为极远而不之往，矧虞周之天子乎？所可惜者，东西二岳为天子巡狩，至止有麟经所载。鲁郑许祊假田之说，足以明征其义。而恒之与衡，居方定位不显，然列于经传，以起千载之疑。故为之辨云。

（熊应隆　安徽霍山人，清朝国子监贡士。此文原载清嘉庆《霍山县志》）

古岳纵横

汉武帝南巡霍山及其文化遗产

陈厚俊

> 霍为古南岳，汉帝曾巡游。
> 山川郁奇秀，民俗厚不偷。

这是清朝雍正年间知县鲍梓离任、告别霍山时，所写的诗的首四句，提到了汉武帝南巡登礼祭祀霍山南岳这一历史盛事。无论是国史方志，还是风俗遗迹，汉孝武帝刘彻与霍山的时空交汇，都留下了浓墨重彩的一笔，流传不已。那么汉武帝怎么会来到霍山，又给大别山一隅的霍山历史带来哪些重大影响，留下哪些文化遗产呢？

南岳山

一、霍山形胜　古典岳镇

霍山自古为中华文明重地。霍山山川形胜，其古代的地理位置十分重要，襟江带淮，吴楚要冲，自古便是扬州通往荆楚的要道。淠水从群峦叠嶂中自西南而来，至此夷陵北上，注入淮河。

山水之胜孕育了古代文明，上古时期霍山就有城邑，为诸侯分封最古之地。尧舜时期其为部伯领地，夏时为六伯封地，大禹封皋陶之子仲甄于此地。周武王封其弟处为霍侯，令其与管叔、蔡叔一同监视殷遗民，以防叛乱。春秋时，霍山为楚国重要都邑——灊。公元前515年，吴王僚伐楚，兵围六、灊，被楚军断后而不得还。公元前511年吴王阖闾伐楚，伍子胥、孙武将兵先取楚之六、灊两城，楚派沈尹戌率师救灊，吴师乃还。吴国伐楚，首要是攻占霍山。

秦始皇统一天下后，霍山为衡山郡灊之古邑。秦亡，西楚霸王项羽封番君吴芮为衡山王，《霍山县志》载，霍山属其地，吴芮都城在邾（今湖北黄州）。《六安州志》载，项羽、刘邦均封英布为九江王，都治在六安。英布娶吴芮女为妻，两国关系十分亲近。

汉兴，高祖刘邦先封功臣英布为淮南王，将吴芮的衡山国一并划入淮南国，又改封吴芮为长沙王。西汉始封九王，其中淮南王的地域最为广大，王都治六安，汉在霍山设灊县，属淮南国。汉高祖十二年（前195年），英布反叛被诛后，汉再封高帝小儿子刘长为淮南王。刘长系吕后抚养长大。吕后欲强吕氏宗族，刘氏诸王尽没，仅有刘长与代王刘恒得存。大臣周勃、陈平等诛诸吕，迎立刘恒为帝之后，刘长与皇上最为亲近，日益骄横不法，指使大夫但等70人联络棘蒲侯柴武太子柴奇谋反作乱。事发后刘长被治罪，汉孝文帝六年（前174年），死于流放蜀地途中（雍县）。汉文帝十六年（前164年），文帝感伤与

清嘉庆《霍山县志》（局部）

淮南厉王刘长的兄弟之情，将淮南一分为三，立淮南、衡山、庐江三国，封刘长次子刘勃为衡山王，都六安，霍山（潜县）隶属衡山国。

汉孝景帝三年（前154年），吴、楚等七国联兵反乱，吴国派使者游说衡山王刘勃叛乱，刘勃忠于朝廷，毫无二心。朝廷平反七国之乱后迁徙刘勃为济北王。庐江王刘赐与南越边连接壤，私下相交，故徙为衡山王。汉孝武帝元朔六年（前123年），淮南王刘安、衡山王刘赐时时怨望其父刘长之死，接连盗用虎符，阴养名士，筹划谋反，事发后均自杀伏诛。衡山王刘赐墓就在今霍山县太阳乡长岭庵。国除为衡山郡。武帝元狩二年（前121年），封景帝之孙、武帝之侄刘庆为六安王，取六地平安之意，王衡山国故地，都治六安。

极为重要的是，元封五年（前106年），霍山县（当时的潜县）已隶属庐江郡管辖，这应该是为汉武帝南巡做出的重大安排。此时，包

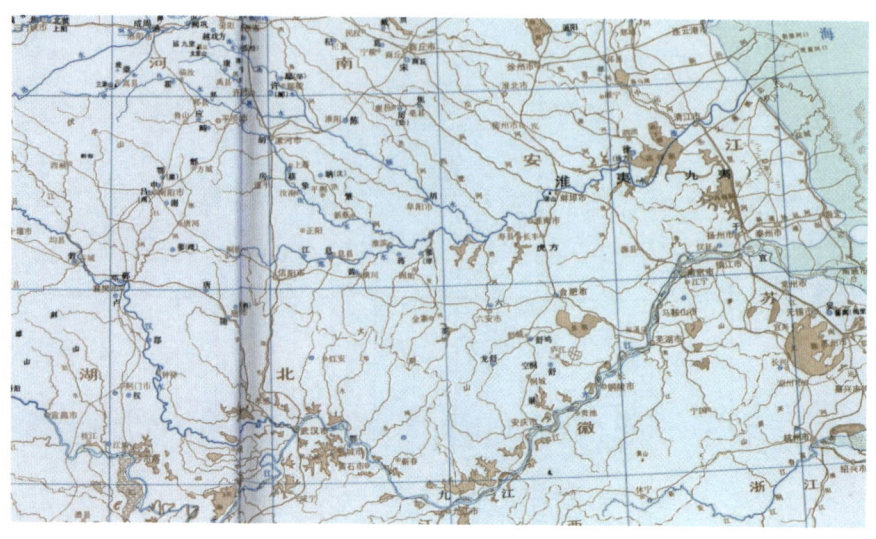

西周时期地图（谭其骧主编　中国地图出版社1982年出版）

括霍山南岳在内，五岳均处在天子之邦，体现了大汉中央集权进一步加强和天子的神圣权威。

霍山在南北朝期间曾为霍州，唐朝、明朝时也曾为分茅锡土之地。不难看出，霍山历史源远流长，自古就是文明之地。让我们穿越时空的隧道，遥望原始部落社会。大别山下，淠河（也称灊水、沘水、龙溪）之滨，聚居着人类文明部落，火耕水耨，生生不息。就在河滨南面不远，一峰突兀，直指云端，两峰左右，宛如峨眉。登顶之后，发现它是燔柴祭祀的极佳圣地，这样的生活、生产、自然环境非常符合上古时期人类理想的居住地。

霍山自古为南岳。古籍多有记载：霍山，一名衡山，一名天柱山，在县南五里。霍山古南岳早有轩辕黄帝作区划，虞舜肇祀。汉武帝巡狩封禅霍山南岳是有历史渊源的。

荆及衡阳惟荆州。江、汉朝宗于海，九江孔殷，沱、潜既道，云土、梦

山川

灊臺 去縣三里在古城西一山突兀底柱河中狀如石臺臺有寺頂建觀瀾亭亭下石崖鐫赤壁字後有二小山亦在河中居上流曰雙眉登臨攬覽無踰此地

霍山 詳見南嶽篇 卓筆 縣東南十里其狀如筆 文筆 縣西南三十里

指封 縣東三十里漢武南巡歸登復覽山見此山峰峻拔乃指封為霍嶽之副故名

復覽 縣東二十里漢武復登此顧瞻南嶽故名頂有天成石舊宋時戍守此處

通光 縣東北十里山有石竅通光如月狀故名

撞下 縣西南一百五十里相傳程伊川長子端中先生墓及程萬二萬三宜教墓在焉

虎立 縣西南三十里以形名

霍山縣志 卷之一 十

霍山一名衡山一名天柱山古南嶽也俗稱南嶽山又稱副衡山峙邑之南去郭五里排青聳翠儼列畫屏登其巔則遠近數百里羣山環拱如揖如朝俯視蒼茫烟蘿萬叠洵淮南之巨鎮匪僅一邑之偉觀也舊志謂高以丈計者三千七百週以里計者二百五十不無過爹然亦天箕地共體勢固足頡頏嵩華尊之為嶽良不誣爾雅釋山曰霍山為南岳註云即天柱山潛水所出古潛潛通疏云在廬江潛縣漢初分淮南國為三一曰衡山國命名以此史記封禪書云元

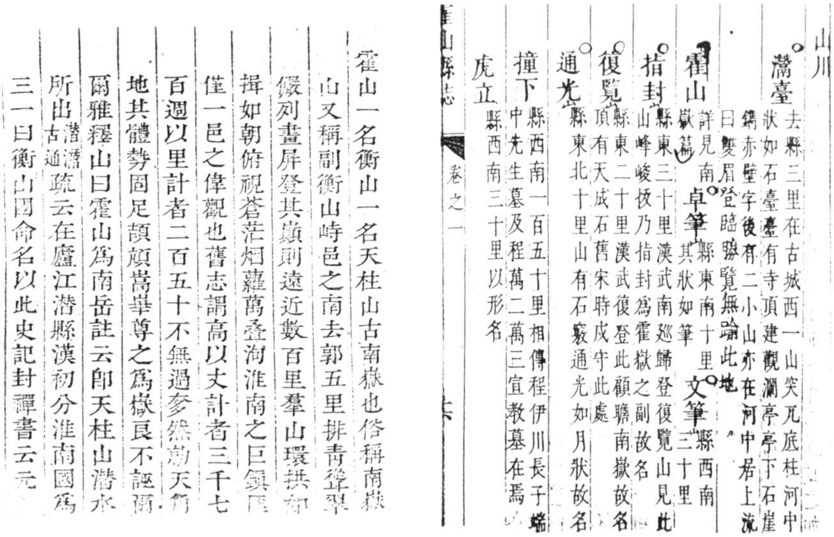

清嘉庆《霍山县志》（局部）

作义……浮于江、沱、潜、汉，逾于洛，至于南河。

导嶓冢，至于荆山；内方，至于大别。岷山之阳，至于衡山，过九江，至于敷浅原。

——《尚书·禹贡》

据考证，《禹贡》中的两处衡山均为灊县衡山。山南为阳，荆州在荆山至衡山的南面。如果说其是指湖南衡山的话，先说荆州在荆山之南，再说在湖南衡山之南，就没有必要了。可见《禹贡》中的衡山只能指在荆州东北的衡山，即霍山。再看《禹贡》中山脉的走向，九江在寻阳（今湖北黄梅），言衡山连绵过九江，至敷浅原（江西德安），从中可以看出衡山应在江北。后来秦置衡山郡（郡治在今湖北黄冈）、楚汉有衡山国（都在大别山区域）可以佐证。

曰霍山，其木多谷。有兽焉，其状如狸，而白尾有鬣，名曰朏朏，养

《尚书·禹贡》明魁本（局部）

之可以已忧。

> 曰衡山，其上多青䨼，多桑，其鸟鸜鹆。
>
> ——《山海经·中山经》

这里记载霍山、衡山相近，都在中部，不在江南。

> 霍山为南岳。
>
> 大山，宫。小山，霍。（郭璞注曰：宫谓围绕也。）
>
> ——《尔雅》

这里形象地说明了霍山南岳的地貌。

> 五岳者，何谓也？泰山，东岳也；霍山，南岳也；华山，西岳也；常山，北岳也；嵩高山，中岳也。五岳何以视三公？能大布云雨焉，能大敛云雨焉，云触石而出，肤寸而合，不崇朝而雨天下，施德博大，故

视三公也。

——刘向《说苑》

刘向是西汉宗室大臣，那时的霍山即为南岳。

南方为霍山者？霍之为言护也，言万物护也，太阳用事，护养万物也……故《尚书大传》曰："五岳谓岱山、霍山、华山、恒山、嵩山也。"

——班固等《白虎通》

汉时，霍山是五岳之一。

庐江郡县十二：灊，天柱山在南。有祠。沘山、沘水所出，北至寿春入芍陂。

——《汉书·地理志上》

西汉时，灊县（霍山）属庐江郡，南岳又称天柱山，上有南岳祠。此天柱山显而易见非彼天柱山。

沘水出庐江灊县西南，霍山东北，灊者，山水名也……沘字或作淠……又西北迳六安县故城西，县，故皋陶国也。

山北有灊县故城。《地理志》曰："县南有天柱山，即霍山也。有祠南岳庙，音潜，齐立霍州治此。"

霍山为南岳，在庐江灊县西南。天柱山也……《开山图》曰："其山上侵神气，下固穷泉。"

——郦道元《水经注》卷三十二、卷三十五、卷四十霍山今在庐江灊县西南,别名天柱山。

——郭璞《尔雅注》

南北朝时期霍山为南岳记载更清晰详细,南北朝以前还有大量的文献可以求证,霍山、衡山、南岳、天柱山、灊山、灊水同指一处,义理一致且没有冲突,霍山为古代五岳之一。**人类古代文明在历史的演绎过程中,毫无疑问地把霍山定为中华大地上钟灵毓秀、孕育文明的重大标识地。**

附考

夏商以前霍地建置未詳按史記夏封皋陶之後於英六霍當二國之間亦其屬邑舊志稱居六伯中甄封國必有據也秦時分天下為郡縣霍地於時無載籍可徵故郡志闕之左傳昭二十七年吳師圍灊楚邑在六縣西南漢晉書志俱稱灊縣有天柱山在南潯水所出桑氏水經稱沘水出灊縣西南東北過六縣入于淮証曰沘或作淠今霍實依天柱北麓而城淠水西南來曲繞其背東北九十里為六安州郎

清嘉庆《霍山县志》(局部)

南朝时有位道士徐灵期,在今天的湖南衡山修行隐居了15年,他著述的《南岳记》,开始以湖南衡山为南岳,说是《汉书》记载汉武帝以衡山辽远、以霍山为副岳移祀衡山南岳。这是没有根据的,《汉书》并没有这样的记载,况且帝王巡狩封禅是极其神圣庄重的治国大事,移祀这一重大事件史家不可能没有记载。徐灵期为了证明他所隐居的湖南衡山神奇才有此说,对后世却影响很大。随着社会变迁,隋文帝把祭祀南岳由霍山迁到湖南,但霍山古南岳的地位是不可撼动的。

霍山古南岳之称由来已久,见证了人类文明的起源和发展,也见证了三皇五帝应天顺民、造福于民的重大活动。轩辕黄帝把南岳划定在霍山,舜帝确立天子五年一巡狩的制度,分别封禅四岳,《尚书》

津津乐道地叙述了古代圣王敬天亲民、崇德尚贤、救难济世、推进文明之壮举。以至于元封五年（前106年），此地迎来了汉孝武帝刘彻登礼霍山南岳、举行系列祭祀活动的盛典。

二、汉武雄略　　盛典史册

雄才大略的汉武帝。汉孝武帝刘彻（前156—前87年），16岁即皇帝位，在位54年。汉武帝是一个伟大的政治家、战略家、文学家，开创了我国历史上第一个强盛帝国，开启了第一个文人治国的朝代，其庙号为汉世宗，为后世明君圣主所尊崇。汉武帝建功文武，其雄才大略非其他帝王可比，是对后世最具影响力的帝王之一。

毛主席是这样评价汉武帝的："高祖之后，史家誉为文景之治，其实，文、景二帝乃守旧之君，无能之辈，所谓'萧规曹随'，没有什么可称道的。倒是汉武帝雄才大略，开拓刘邦的业绩，晚年自知奢侈、黩武、方士之弊，下了罪己诏，不失为鼎盛之世。"（《缅怀毛泽东》上，中央文献出版社1993年版，第227页）

著名历史学家范文澜评价说："汉武帝凭借前期所积累的财富与汉景帝所完成的全国统一，再加上本人雄才大略的特性与在位五十四年的长久时间，对外用兵，扩张疆土，对内兴作，多所创建（主要是水利），把道家思想的无为政治，改变为以儒家学说为装饰的多欲政治。通过汉武帝，农民付出'海内虚耗，人口减半'的代价，造成军事、文化的极盛时期。西汉一朝各方面的代表人物如大经学家大政论家董仲舒，大史学家司马迁，大文学家司马相如，大军事家卫青、霍去病，大天文学家唐都、落下闳，大农学家赵过，大探险家张骞，以及民间诗人所创作经大音乐家李延年协律的乐府歌诗，集中出现在汉

《帝鉴图说》之《蒲轮征贤》

武帝时期。这是历史上非常灿烂的一个时期,汉武帝就是这个灿烂时期的总代表。"(《中国通史》第2卷,人民出版社1994年版,第49页)

文治上,汉武帝罢黜百家,收集、整理和尊崇儒家"六经",安车蒲轮迎鲁申公、枚乘等儒士;多次征召天下才学贤能之士,协心同谋,唯恐才不得用;设立明堂,兴办学校,继绝学,开圣绪,建制度,改正朔,易服色,协音律,造乐府,广布诗、书、礼、乐,启用大儒董仲舒、书生宰相公孙弘等,使得朝中人才济济,在历史上开启了文人治国的时代。

武治上,汉武帝即位10余年后开始外事用兵,攘斥四夷。北击匈奴,到元狩四年夏(前119年),大将军卫青、骠骑将军霍去病领兵击败匈奴左贤王,汉军长驱到今天的蒙古国乌兰巴托附近,封狼居胥山而还。匈奴远遁千里,孕重墯殰,苦不堪言,再不敢轻易觊觎大汉。南平百越,至元鼎六年(前111年),伏波将军路博德、楼船将军扬仆等南下西南、海南,平定南越,新开南海、苍梧、日南等九郡。东征朝鲜,元封三年(前108年),朝鲜降附,新开其地为乐浪、玄菟等四郡。西伐大宛,太初元年(前104年),贰师将军李广利领兵先后两次远征大宛,历时四年,降服三十六国,威震西域。汉武帝时期斥地远境，开疆拓土近一倍，新开 27 新郡，后并为 17 郡，为中国的大统一做出过重大贡献。

汉武帝的治国手段十分高明。汉武帝稽古揆今，不拘一格进用英俊，选贤任能，朝中不乏各方俊才。在建元元年（即位当年）他就开始建藏书之策，置记书之官，又搜集诸子经传充藏秘府，咨访古代圣王治国御臣、敬天授民之道。**他将兴立学校（辟雍）、封禅、巡狩作为国之大事，创立了一系列巩固国本的新制。**他采用贾谊、主父偃的主张，推恩分封诸王子弟，同时严治诸王不法行为，很容易就削弱了各藩王实力，剥夺了诸侯王能够任命高级官员的权力，进而迁徙天下豪右充实京师，加强了中央集权和统治。淮南王刘安、衡山王刘赐叛乱被诛后，他又作"左官之律"，进一步削弱了诸侯势力。到了元狩二年（前 121 年），立刘庆为六安王，只统辖 7 县，其余在故淮南国的几十个县都被划入郡县治。汉武帝通过这一系列措施，摆脱了汉初诸侯王时常叛乱的困境，为汉代的繁荣奠定了基础。

《尚书》历来被儒家奉为治国理政经典，堪称圣王言行的圭臬。《尚书》据传由孔子编纂成书，共有百篇。秦始皇焚书坑儒后，其亡佚于世。济南伏生藏《尚书》于家壁中，汉时求得 29 篇。鲁恭王拆毁孔子旧宅，得古文《尚书》16 篇。汉文帝派遣晁错到伏生家专门学习《尚书》经义，返回后晁错为朝廷提出一系列正确的治国方略。汉武帝广召经学博士，就治国中遇到的疑问，让诸生提出对策，尤其重视从秦亡中吸取教训，从《尚书》《春秋》中寻找答案，并据此制定国策。

巡狩封禅是汉武帝十分看重的朝廷大事。据《尚

霍山出土汉代琉璃蝉

书·舜典》记载，舜继位后，施行政事，首先是祭祀天地四时、山川和群神，然后是巡狩四方诸侯即四岳。当年二月，舜巡狩东方，祭祀泰山，接受诸侯朝见，协定四时日月，统一音律度量衡等；五月，巡狩南方，到达南岳，如祭祀泰山一样祭祀南岳；八月，巡狩西方；十一月，巡狩北方，都如祭祀泰山一样，祭祀了西岳、北岳。之后，规定每五年巡狩一次，诸侯在四岳朝见天子，报告政绩；天子认真考察诸侯的功过得失，赏赐有功的，黜退有过的，同时抚慰当地百姓等。故而"四岳"原来是指各方诸侯，也象征各方镇山之神。这些圣王故事对汉武帝影响很大。汉武帝思弘祖业，尧、舜、禹、汤、文、武就是他效法的对象。

当时，天下艾安，但制度多缺，涉及巡狩封禅、改历律、定服色、修郊祀等大事，无前例可循。贾谊、晁错曾建议的改正朔、定历数等都没有及时得到施行。天下有识之士都希望建立一套完美的治国制度体系。汉武帝即位初，赵绾、王臧等就着手草拟巡狩封禅制度，因窦太后不好儒学而搁浅。随着武帝统治日久，对外征伐取得成效，四方宾服，疆场扩张，国家强盛，公卿大臣又纷纷建议创立国家仪礼等制度。

议定巡狩封禅，司马相如起了重要作用。司马相如以文赋著称，颇得汉武帝赏识。司马相如的临终遗书说的却是封禅事，他认为上天已降符瑞、天子的功德足以封泰山，以宪圣王之则，显大汉之德。汉武帝尤其好事鬼神，甚感诧异，亲自作颂词。自此，封禅之事被正式提上了朝廷议事日程。群臣儒生纷纷考古据典，对如何行封禅大典莫衷一是，未能定夺。大臣倪宽说：只有圣主考定才适合。于是汉武帝亲自制定封禅大礼，拜倪宽为御史大夫（位置仅次丞相、为汉"三公"之一），跟从行事。

霍山政务新区

元狩六年（前117年）冬，汉武帝开始出巡郡国，东渡黄河。河东郡守、陇西郡守想不到皇上亲自巡狩郡国，应对不暇，皇上的随从官员甚至都吃不上饭，当地官员接连自杀谢罪。汉武帝巡视新秦中时，因此地未设置邮亭檄所而诛杀了北地郡守。各地郡国闻汉武帝此行，纷纷预修驰道，修缮宫馆。各郡县备好御用物资、酒食共具等，小心翼翼地盼望武帝巡幸。

元鼎元年（前116年）六月，民众从汾阴挖出大鼎，鼎有纹镂、无铭文，群臣祝贺汉武帝喜得周鼎。唯光禄大夫、侍中吾丘寿王说其不是周鼎，因当今天子有德，宝鼎自出，是汉宝。于是，朝廷以大礼迎宝鼎至甘泉宫，汉武帝在这里专门建有祭祀上天的泰一神祠坛。公卿大臣都认为祥瑞现汉廷，象征大汉一统天下，鼎盛无疆。这更加坚定了汉武帝巡狩封禅的决心。此时，大汉逐匈奴、平南越，捷报频传，天下大治。汉武帝以效法古代圣王的雄心壮志，着手组织、演练封禅大典，准备封禅的器物。几年后的元封元年（前110年），汉武帝开始东巡，开启了他一生中最重大的巡狩之旅——封禅泰山。

汉武帝首封泰山。元鼎六年（前111年）冬，汉武帝遵循"古者先振兵释旅，然后封禅"的古训，勒兵18万骑出巡北方，威震匈奴。他返回途中路过桥山黄陵，隆重祭扫了黄帝陵冢，并在凉如这个地方举行释兵仪式。元封元年（前110年）春正月，汉武帝在即位31年后，经过慎重酝酿和长时间筹备，踌躇满志地踏上了东巡之旅，此次东巡的一项重大活动就是封禅岱宗泰山。同年三月，东巡人马到达河南偃师缑氏邑，汉武帝亲自登上中岳太室山（嵩山）举行祭祀活动，下令加增太室祠，设置崇高县为太室奉邑。之后汉武帝移师，东上泰山，但见泰山上草木还未萌生，一片肃杀气氛，乃下令随从上运柱石立于东山之巅。然后他又在公孙卿的建议下，东巡海上，求蓬莱神人，就像传说中的黄帝封禅一样与神相通。当时山东人上书说见到神仙的数以万计，汉武帝派出访求神仙的也有1000多人，其敬事鬼神可见一斑。同年四月，汉武帝从海上回到奉高县，在泰山的东方筑台，台宽一丈二，高九尺，祭坛下埋有玉牒书，所记内容神秘、无人知晓。又按郊祀泰一之礼行封天大礼。祭礼完毕，汉武帝单独与霍嬗（霍去病之子）登上泰山，再行祭祀之礼，并禁止将此事外传。次日，他从泰山北面下到肃然山，用祭后土之礼举行禅地仪式。汉武帝亲自拜祭，并用三脊茅做地垫，五色土（代表天下五方土地）建坛，放飞瑞禽白雉等。之后，汉武帝端坐在明堂之上接受群臣逐一祝寿，下诏将年号改为元封；并规定"五载一巡狩"，分别到五岳行礼；令诸侯各自在泰山下面修建官邸，作为朝见留宿的地方，诸侯朝见时要进贡皇上特产、珍宝等。汉武帝在泰山举行封禅大礼，完成夙愿后，又重新回到海上遥望。想不到霍嬗当日暴病而死，汉武帝只得离去。后经辽西从北面回到甘泉宫，历时5个月，周行上万里。

随从汉武帝封禅泰山在封建士大夫看来是异常荣耀的大事。太史

渭河夜景

公司马谈本应该跟从并记录封禅活动,因病滞留河洛之间,忧恨而死。临死时他紧握其子司马迁的手说:"当今天子承接千年大统,封禅泰山,我不能从行,这是我的命啊!命啊!我死后,你一定要为太史官,一定毋忘我所未尽的撰史事业。"司马迁在父亲死后三年为太史令,一直不忘父亲的遗志,跟随汉武帝亲历了此后的巡狩封禅活动,专门撰述了《史记·封禅书》。

形成汉家巡狩封禅制度。汉武帝行巡狩封禅,兴师动众,耗费繁多,赏赐用帛百余万匹,耗用金钱巨万。为了集聚天下财富,汉武帝任用能臣桑弘羊为治粟都尉、领大农(大司农),在经济上实行均输和盐铁官制度,派遣主官分赴郡国执行。又置平准于京师,垄断天下货物交易,贱买贵卖,既平抑物价,又汇集财力,以保障朝廷当时频繁多事的用度。这种盐铁、酒榷和平准经济制度后来因各级官吏弄权营私而饱受诟病。

汉武帝巡狩封禅的初衷是要效法圣王,祭祀神灵,考察地方,励精图治。他在给丞相石庆的回书中说:前些时,黄河洪水泛滥,淹没十余郡,劳苦众人仍然不能堵住决口,朕很忧虑。因而巡视全国,礼祭嵩岳，通敬八神，动员堵住了黄河决口。南游淮河、长江，历山溯海，访问百姓疾苦，制定《流民法》以禁重赋，进而封禅泰山。可见，汉武帝巡狩封禅，考察官吏，体察民情，在维护稳定、改进国家治理方面起到了积极作用。

汉武帝元光年间，黄河在瓠子决口，之后20余年不能堵塞，洪灾连年不断，下游深遭其害。武帝封禅泰山的次年，发数万役卒堵塞黄河决口。汉武帝亲临决口，沉白马玉璧，作歌咏怀。同时下令群臣无论文官武将均要负薪填堵决河。大堤建成后，上筑宣房宫，从此梁、楚之地无水灾。全国各地在此带动下纷纷大兴水利，穿渠溉田，尽得其便利。这样的形势更加坚定了汉武帝要遍涉五岳四渎（黄河、长江、淮河、济河）的雄心。

汉武帝自东巡封禅泰山后，形成了巡狩封禅制度，十三年间足迹周遍五岳四渎。《史记》记载司马迁随从汉武帝巡祭天地诸神、名山大川，俱见其封禅活动的全部过程。据《汉书》记载，枚皋随从汉武帝巡狩封禅，皇上一有感悟就叫枚皋撰写赋文，枚皋受诏立成，文章既诙谐有趣又深得其意。

《史记·封禅书》清武英殿本（局部）

汉武帝的伟大,不仅仅在于他攘斥四夷,开疆拓土,屯田边戍,四夷宾服;还在于他选贤任能,好用忠谏,以兴太平。汉武帝赏赐封爵不问出身,天下有识之士皆能为其所用。汉家得贤,以兹为盛。董仲舒、公孙弘、倪宽、桑弘羊、卜式、张释之、韩安国、郑当时、汲黯、冯唐、主父偃、李延年、张骞、苏武、卫青、霍去病、李广、司马相如、司马迁、东方朔、枚皋、朱买臣、石庆、石建、金日䃅、霍光等名臣辈出,不可胜数。汉武帝在政治、经济、文化上均有建树,尤其是以礼乐化民,移风易俗。其兴建泰一、后土、郊祀五畤等来交融各地不同的风俗,为后世君主所仿效。

然而,汉武帝时期祭祀繁杂,天下虚耗,灾难频现,百姓流离,也被后世所谴责。因敬事鬼神,汉武帝多次受到方士少翁、栾大等的欺骗,引发了两次巫蛊事件,对朝廷统治影响甚大。武帝晚年疑心加重,滥杀了不少大臣和贵戚,当时的宰相很少有善终的,几乎动摇了国本。武帝末年,醒悟冤杀,稍悔征伐之事,下诏强调当今之要务在于致力农事。我们现在要以历史辩证法的观点看待汉武帝,不能苛求一个专制君主完美无缺,从其对中华民族文明进程的影响来看,汉武帝仍然不失为一位伟大的君主。

三、元封登礼　　巨典辉煌

史籍记载了汉武帝南巡的盛况。汉武帝首次封禅泰山4年后的元封五年(前106年),西汉迎来了最为强盛的时期。这年,汉武帝51岁,已在位35年,他也迎来了人生中的鼎盛年华,激

桑弘羊

司马迁

情横溢,志得意满。这次南巡计划应该早就拟定,希望通过南巡,宣示大汉权威,庆贺江山一统。此时不仅匈奴远遁,而且解决了南越、西南夷、朝鲜以及内部藩王势力过强等问题。只有南巡,才能遍祭五岳及名山大川,然后再辗转增封泰山。除了南岳,其他四岳经过东巡封禅泰山后再绕北而返,汉武帝将会逐一到达其地,举行祭祀活动。

其明年冬,上巡南郡,◇徐广曰:"元封五年。"至江陵而东。登礼灊之天柱山,号曰南岳。◇应劭曰:"灊县属庐江。南岳,霍山也。"文颖曰:"天柱山在灊县南,有祠。"浮江,自寻阳出枞阳,◇《地理志》:"庐江有枞阳县。"过彭蠡,祀其名山川。北至琅邪,并海上。四月中,至奉高修封焉。

——《史记·孝武本纪》《史记·封禅书》《汉书·郊祀志下》

五年冬,行南巡狩,至于盛唐,◇文颖曰:"案《地理志》不得,疑当在庐江左右,县名也。"望祀虞舜于九嶷。登灊天柱山,◇应劭曰:"灊音若潜。南岳霍山在灊。灊,县名,属庐江。"文颖曰:"天柱山在灊县南,有祠。灊音岑。"自寻阳浮江,亲射蛟江中,获之。舳舻千里,薄枞阳而出,作《盛唐枞阳之歌》。遂北至琅邪,并海,所过,礼祠其名山大川。

——《汉书·武帝纪》

《史记》《汉书》多处记载了汉武帝南巡登礼霍山南岳的历史。

汉武帝南巡历程丰富。元封五年（前106年）冬，汉武帝率文武百官、精兵爱将及皇家仪仗等大队人马浩浩荡荡从长安启程，先南下到达南郡。南郡的郡守治所在江陵，即今天的湖北省荆州市江陵县境内，历史上也称郢都。南郡原为临江国，为汉景帝废太子刘荣的封地。汉景帝中元二年（前148年）刘荣因犯下侵占太庙墙地之罪，被征召到京师，中尉郅都责讯刘荣，刘荣因恐惧而自杀。刘荣无子，其封国被除为南郡。当地百姓可怜刘荣的遭遇，依然十分怀念这位废皇太子。不知道汉武帝几十年后来到南郡有何感想，或许是想用皇恩来换取南郡百姓对朝廷的衷心拥戴。无论是从交通上看，还是从其在朝廷的地位上看，南郡都应当是汉武帝这次南巡的必经之地。

之后，汉武帝浩大的南巡队伍从江陵向东沿驰道而行，这条驰道为大别山历史上有名的重要通道，队伍长驱直达盛唐。盛唐古城在今六安古城西，当时属于庐江郡，应该是地方官吏专门为汉武帝巡狩修建的行宫馆舍所在地。可以推测，盛唐是由汉武帝赐名。枞阳县也是元封五年（前106年）汉武帝南巡时所设。武帝在位时经常给郡县命名，其名往往含有政治意义和历史典故，如左冯翊、右扶风、张掖、武威、酒泉、敦

《汉书·郊祀志下》清武英殿本（局部）

煌、广信、云南、获嘉、闻喜等。

盛唐，上。本霍山。武德四年以霍山、应城、潚城三县置霍州。贞观元年州废，省应城、潚城，以霍山来属。神功元年日武昌，神龙元年复故名，开元二十七年更名。

霍山。上。天宝初析盛唐别置。有大别山、霍山。

——《新唐书·地理五》

唐开元二十七年（739年），原来的霍山县更名为盛唐县，唐天宝初年（744年），又从盛唐县里划出分设霍山县，这反映了霍山与盛唐古城的历史渊源。

汉武帝南巡的重要目的就是登礼霍山南岳。汉武帝的巡狩队伍到达霍山、驻跸盛唐后，就像封禅泰山时一样，开始举行一系列重大祭祀活动。这些祭祀活动主要包括封天、禅地、祠古代圣王、祭祀岳神，甚

霍山指封山

至祭祖等。史籍在记叙封禅泰山时较为详细，登礼南岳就没有再赘述了，我们可以对照泰山封禅的过程和《霍山县志》记载的内容再现出汉武帝登礼霍山南岳的盛况。

汉武帝首先在驻跸的盛唐设台遥祭江南九嶷山的舜帝冢，礼敬祈告先贤圣王。因为南岳离舜帝冢最近，帝王巡狩封禅制度又是在舜帝时期形成的，武帝当然要在这里祭祀虞舜。

然后他乘玉辇来到淠河（龙溪）岸边的灉台举行祭祀活动。灉台是汉时霍山古城西北郊、淠河滨的一块胜地，石礅矗立在激流中，将水分为燕尾状，台前犹如壁立，可仰望南岳之巅。为举行祭祀活动此处专门建有灉台寺。

最为庄重的就是登礼霍山南岳时在岳顶进行盛大的祭祀活动。此次祭祀的等级、规格、仪式应该与泰山一样，从北面登顶、南面而下。汉武帝亲临岳顶，俯仰天地，心潮澎湃，敕谕顶上龙湫、峰顶两翼为钟、鼓二山，亲手栽下碧桃、凌霄树，并令人竖立天柱石。之后，又来到霍山古城郊外举行了拜祭南岳仪式，古城内外留下了诸多汉武帝的神圣足迹。司马迁目睹了汉武帝登礼霍山南岳的前前后后和里里外外，有些祭祀仪式属于皇家秘密，就无人知晓了。登礼南岳实现了汉武帝遍礼五岳的宏大夙愿。

汉武帝登礼南岳回归盛唐途中，登上复览山，再次回望南岳，见东方一山奇异，遂敕封为霍岳之副，今称指封山。现今复览山巅有南岳行祠、龙泉等遗迹。相传汉武帝巡狩霍山期间，在盛唐山尚武射弩，以展示武节，今有试弩台遗址；还在盛唐山巡回眺望，风云际会之下，他思绪万千，依依而别，今号武陟山。

汉武帝南巡霍山，登礼南岳，声势浩大，时日较长，事务冗杂，必然会有一帮名臣爱将、儒生博士陪同。据《汉书》记载，此时陪同汉武帝左右的应有司马迁、霍光、倪宽、金日䃅、枚皋等。霍光当时只有20多岁，为奉车都尉，不离汉武帝左右。倪宽为御史大夫，汉武帝巡狩封禅时令其跟从行事，是行动的总指挥。金日䃅时为侍中、驸马都尉，忠心耿耿入侍左右，数十年无差错，出则骖乘，是武帝身边最放心的侍者。汉武帝喜爱吟诗作赋，当然离不开枚皋。祭祀礼乐也必然离不开李延年，至于跟从的将军、美人当然也不会少。

"山不在高，有仙则灵。"霍山古南岳在古城南5里处，海拔405米，虽然不是那么的巍峨高大，但峰峦耸秀，宛若飞鸾。汉武帝南巡至此，设台、拜封、建祠，从而使一方镇岳更加闻名遐迩。至今，霍山顶上仍有天池、龙湫、岳井、风洞、石窗洞、白虎崖、试心崖、御风亭、万卷堂、凌霄树、碧桃树等遗迹。

岳顶天池

汉武徙南岳之祭于庐江灊县霍山之上，无水。庙有四镬，可受四十斛。至祭时，水辄自满，用之足了，事毕即空。尘土树叶，莫之污也。

——干宝《搜神记》

汉宣帝时规定，汉武帝所巡幸过的县都要建武帝世宗庙，每年都要进行常祠活动，进一步完善了五岳祭祀制度。

自是，五岳四渎皆有常礼。东岳泰山于博，中岳泰室于嵩高，南岳灊山于灊，西岳华山于华阴，北岳常山于上曲阳，河于临晋，江于江都，淮于平氏，济于临邑界中，皆使者持节侍祠。

——《汉书·郊祀志下》

这里的"灊山于灊"更能说明霍山古南岳的历史地位。后来，历朝地方官府在承平期间每年都会举行祭祀霍山南岳活动，或者专门设立维护祭祀霍山南岳的官署，或者由皇家遣使祭祀霍山南岳。

东汉肃宗孝章帝刘炟亦好儒术，元和元年（84年）冬，他巡幸湖北江陵，下诏让庐江太守代朝廷祭祀霍山南岳。元和三年（86年），章帝北巡狩，再次诏告"望祀华、霍，东柴岱宗，为人祈福"。

南朝刘宋政权孝武帝刘骏在大明七年（463年）二月巡幸南豫州（霍山时属南豫州），并为此下诏："江汉楚望，咸秩周禋，礼九嶷于盛唐，祀蓬莱于渤海，皆前载流训，列圣遗式。霍山是曰南岳，实维国镇，韫灵呈瑞，肇光宋道。朕驻跸于野，有事岐阳，瞻睇风云，徘徊以想。可遣使奠祭。"

刘庆的六安国。说到汉武帝登礼霍山南岳，不得不提到西汉时期的六安国。元狩二年（前121年）七月武帝设六安国，封胶东康王刘寄少子刘庆为六安王。刘寄与汉武帝相亲近，刘寄死后，汉武帝破例封刘庆为六安王，但六安国只辖有六、蓼、安风、阳泉、安丰、松兹、博乡等县。霍山当时为灊

霍光

县，虽近六安国，但因南岳要在天子之邦，故归庐江郡，郡治在当时的舒县。六安曾先后为淮南国、衡山国封地，因原封地区域广阔，藩国势力强大，又与诸越相近，加之民风剽悍，多出死士，屡有反叛行为，故为汉室统治的重点防范地域。汉武帝在平叛后顺势将五岳之地划为天子之邦，又重"附益之法"，陆续派遣王相负责藩国政务，监视藩王，使得诸侯王基本上名存实亡。六安、霍山古为吴楚之交，以渔猎山伐为业，食物长足，物产富饶，民皆好勇，多出谋士，为西汉管理的重点区域。

清嘉庆《霍山县志》（局部）

六安至霍山只有40多公里，虽然很近，但汉家规矩，汉武帝不会在六安国都内而应当在盛唐行宫接受诸侯和郡守的朝拜，地方郡县也是在盛唐为汉武帝一行准备起居用品和酒食共具的。汉武帝巡幸至此，刘庆是迎驾、陪驾大臣之一，但刘庆作为藩王，没有诏命是不能随意行动、不得参与政事的，只能拜见、进贡而已，因此史籍对此也没有详细记载。2007年1月，刘庆王墓——六安双墩大墓因修建合（合肥）武（武汉）高速铁路被发掘。

南巡狩猎和理政。汉武帝在巡狩封禅期间，还要对郡国官吏的治理情况进行考察，遍访百姓疾苦，征召贤良文学之士，同时宣扬大汉声威，释解怨结。完成这些要务之后，他继续原道西行，再南下从寻阳（今湖北黄梅）坐船泛波长江之上。西汉已设楼船将军，掌管水师，庐江郡专门置有楼船官。汉武帝一行在江上遇蛟龙（唐朝经学家颜师古引郭璞说注释蛟：其状云似蛇而四脚，细颈，颈有白婴，大者数围，卵生，子如一二斛瓮，能吞人也。）作乱，汉武帝亲自射中江蛟为民除害，枞阳现存射蛟台遗址。此时，大小船只绵延千里，其壮观景象可想而知。汉武帝看到此情景心情振奋，感慨而作《盛唐枞阳之歌》，以颂南巡之事。可惜今已失传，否则，我

《后汉书·章帝纪》清武英殿本（局部）

们便可以从中窥探到汉武帝当时的真情实感以及对盛唐的历史记忆。

汉武帝一行从枞阳登岸后开始北上琅琊郡（今山东临沂），直到四月第二次增封泰山。这次，奉高县（今山东泰安市东）专门建有天子宣明政教的明堂，可以进行祭祖、祭天、祭神等各种祭祀活动。汉武帝在这里正式接受诸侯王、列侯朝拜，审查郡国上报的人口、财物收入籍薄等，处理一系列奏章、政务。并专门下诏免去巡狩封禅所经之县当年的租赋，赏赐鳏寡孤独和贫穷庶民若干帛和粟，慰劳百姓。汉武帝通过巡狩考察，认为要进一步加强中央集权，因此下诏将全国分成十三个州，每州设刺史，以监察诸侯、郡守、地方豪强，巡察郡国，创立了我国历史上朝廷监察地方的刺史制度。

"朕巡荆、扬，辑淮物，会大海气，以合泰山。"泰山五年一修封，终汉武世，武帝共五次修封泰山，但南巡只有这一次。元封五年（前

雾中南岳

106年)开春,武帝登封霍山古南岳,于当时来说,可谓是巨典辉煌,对后世霍山影响巨大。

四、文化遗产　经典厚重

汉武帝南巡从长安出发,按照农历来算,其于次年四月辗转到达泰安,史籍记叙沿途的重要节点有南郡、寻阳、灊、枞阳、琅琊,历时半年。到达霍山、登礼南岳时应为新春正月,其在霍山前后驻留月余,南巡队伍至少几万人,绵延千里,相当于当时一个县的人口,官宦云集,群贤毕至,影响巨大。此次南巡不仅仅有政治意义,还相当于一次文化迁徙之旅,为霍山留下了异常丰富的历史文化遗产。

突出了霍山历史地位。霍山,古称灊县、衡山、霍州、盛唐、岳安、武昌、故埠等,虽是蕞尔小邑,但负有盛名,历史悠久,曾隶属楚、九江国、淮南国、衡山国、庐江郡、南豫州、扬州、应天府、庐州府、六安州等。清雍正后,六安州主要统辖的就是霍山、英山二县。霍山古城在历史上屡次兴废,常常面临水患、兵燹之灾,但仍不失为一座历史文化名城,这与汉武帝南巡霍山有深厚的渊源。

唐玄宗天宝七载(748年),李白畅游庐江郡霍山县,登陟古南岳后感慨万千,写下了著名诗篇《题嵩山逸人元丹丘山居》:"且欣登眺美,颇惬隐沦诺。三山旷幽期,四岳聊所托。"唐著名诗人刘长卿十分喜爱霍山山水人文,其《题王处士草堂壁画衡霍诸山》表达了对衡霍的钟爱。明朝著名文学家冯梦龙有一首《登霍岳》的五言律诗:"封禅千年事,犹存副岳题。万山排急浪,一径蹑危梯。龙去方池静,风高古洞迷。忽疑左元放,尚在此中栖。"其同样镌印着霍山厚重的历史。晚唐文学家、著名诗人皮日休《霍山赋》影响甚大,道出了霍山之灵、南岳之尊,其史源远流长,其地金石永播。明朝嘉靖进士霍山人吴兰,官至礼部主事,后归隐霍山南岳山下专事著书泼墨,著有《南岳记》,刻于石岳顶,并载入州、县志,以示后人。

汉武帝南巡霍山留下了诸多遗迹、遗址,其传闻轶事为历代官坤士民所称道,岳顶天池、灞心赤壁、故埠帆联、西山泉涌、六寨晴霞、黑石待渡、双山桃浪、古城夜月等霍山八景也为历代文人墨客所称颂。境内逐步形成的迎驾厂、宋家河、留驾园、管驾渡、黑石渡等一些古驿站、古渡口,同样显示出霍山在历史上的要冲地位和其文化底蕴,其优秀的传统文化值得挖掘、保护和传承。

古岳之巅

催生了霍山灿烂人文。汉武帝元封登礼霍山南岳，为这块土地熏染了汉家故事和制度文化，让荒蛮之地浸润了汉朝文化，直至今天，仍历久弥新。汉武时代兴学重教、尊贤任能的传统对霍山影响深远，明清时霍山还有不少书院，如南岳书院、东山书院、灉台书院、衡山书院、云程馆、文昌阁等。明朝的衡山书院（文庙）至今保存完整，文峰塔依然矗立在县城之中，祈愿霍山人文兴盛、英才辈出。尊贤敬老、忠孝仁义是霍山淳朴民风中的核心元素，霍山悠久厚重的西山文化就是对汉朝文化和儒家文化的继承和发展。汉武时代的大一统观念深深融入了霍山人民的血脉里，历朝历代霍山人民都具有满腔爱国热忱。

厚重了霍山文化遗产。霍山的山川也因汉武帝巡幸祭祀而名扬海内外，吸引了道教、佛教等在霍山进行传播活动。东汉末年，道家金丹派创始人左慈（字元放）晚年告诉徒弟葛玄，自己要在霍山炼九转丹。南岳山顶的石窗洞传说是左慈悟道修行的居所，后来其得道，驾鹤而去。东晋著名的道教理论家、医药学家葛洪，少年时以儒学知名，后来拜道家名士郑隐、鲍玄为师，学习炼丹秘术和医术，主张儒道兼修。西晋太安元年（302年），为避兵祸，郑隐带弟子葛洪等隐居霍山，葛洪在霍山采药医患。我国志怪小说鼻祖干宝与葛洪交往深厚，屡次同霍山何氏（何充、何准）登霍山南岳饮酒赋文，感叹这方神奇的土地。

影响了霍山的传统习俗。汉武帝重视祭祀活动，此习俗在霍山也有流传。霍山自古祭祀繁盛，城内祠堂众多，境内寺庙林立，中华人民共和国成立以后才得以移风易俗。然而民间把祭祖、祭神等祭祀活动仍然看得很重，深藏敬畏之心。

唐虞之制，天子五载一巡狩，顺时之方，柴燎五岳，望于山川，遍于群神，故曰，因名山升中于天，所以昭告神祇，飨报功德……自永嘉之乱，神州倾覆，兹事替矣。惟灊之天柱，在王略之内也，旧台选百户吏卒，以奉其职。中兴之际，未有官守，庐江郡常遣大吏兼假四时祷赛，春释寒而冬请冰。

——《晋书》何琦论修五岳祠

霍山出土汉玉璧

晋穆帝升平年间，霍山人何琦以琴书自娱，其孝行传诵千古。晋朝初期还专门设官吏管理供奉霍山南岳的祭祀活动，东晋之后仍然有庐江郡派遣大吏四时祈祷南岳。南朝宋孝武帝大明七年（463年）六月，诏令殿中郎丘景先兼太常持节奉使，郊祀霍山。凡此种种，可见汉武登礼霍山南岳对后世祭祀的影响。

孕育了霍山的英杰俊才。自汉以后，霍山英杰辈出，俊才荟萃，特别在两晋南北朝时期，霍山人倾仕朝廷。

文韬武略何桢：字元干，文武兼备，容貌伟岸，魏正始年间官至弘农太守、幽州刺史、廷尉，西晋时为尚书光禄大夫，位列九卿，与西晋战略家、政治家、文学家羊祜（蔡文姬外甥）为莫逆之交。何桢平淮南，持节讨匈奴，诱杀单于刘猛，使匈奴多年不敢复叛。文学上著有《何桢集》，其《许都赋》盛传当时。何桢迁居霍山，延续了何氏一门精英。何桢死后被赠封娄侯，陪葬晋武帝司马炎。

托国重臣何充（292-346年）：字次道，系何桢曾孙，父亲何睿为安丰太守，姨父王导为东晋名相，妻为明穆皇后之妹，妻兄庾亮、庾冰均是东晋重臣。何充被《容斋随笔》称为东晋可托国的八大名相之一，曾为尚书令、中书令、骠骑将军。因拥立晋穆帝，加中书监、录尚书事，专辅幼主。何充居宰相之任，刚强果敢，才识、度量过人，执掌国政,正气凛然,强力有器局。何充以社稷为己任,选贤任能,不营私党,为世人称赞,在世可保颓废的东晋社稷无虞。何充好佛,且能饮酒,曾在霍山南岳招待过朝廷官吏。东晋名士刘尹曾说:"见何次道饮酒,使人欲倾家酿。"死后追赠司空,谥文穆公。

金声玉振杜夷(258-343年): 字行齐,霍山人,以儒学著称于世,品行高洁,博览三坟五典、百家之书,天文地理,莫不精通,在家做学问十年足不出户。40岁以后,在霍山教授的生徒达千人。西晋永嘉年间,朝廷公车征拜其为博士,辞让不就。后来朝廷又几次征拜,均以病辞。东晋南渡后,丞相王导遣官吏负责杜夷讲学和生活所需费用。晋元帝司马睿以杜夷为儒林祭酒,主管教育教化和学子博士,杜夷仍然以病辞,不赴朝会,后改为国子祭酒。皇太子司马绍三次到杜夷宅第执经问义。朝廷有重大政务,就专门派遣使臣咨访杜夷,当时

山水无限

见重如此。撰有《幽求子》三十卷。死后朝廷追赠大鸿胪,位列九卿。其兄杜崧亦以学识高行知名,兄弟二人名扬霍山故里。

南学宗主何尚之(382-460年): 字寿德,霍山人。曾祖父何准是东晋穆章皇后何法倪之父;祖父何恢官至东晋南康太守;父亲何叔度官至东晋金紫光禄大夫、吴郡太守,加官进秩中二千石,为二千石中最高级别。何尚之早年跟随南朝宋高祖刘裕征战至长安,封爵都乡侯。后深得宋文帝刘义隆知遇,迁为侍中、太子中庶子。元嘉十三年(436年),为丹阳尹(京师主官),在南京城南设立玄学学校,四方名士慕名而往,历史上称为南学。后又为祠部尚书、领国子祭酒,主管朝廷礼制和教育;迁吏部尚书,领国子祭酒,负责官员选任和教育;迁中书令、中护军,位居宰辅。元嘉二十二年(445年),为尚书右仆射,负责兴建南京玄武湖,力谏不要在玄武湖营造方丈、蓬莱、瀛洲三神山,以

龙井冲

惜护民力。何尚之曾多次劝谏宋文帝刘义隆遏止过错。后转尚书令，领太子詹事，负责辅助太子。宋世祖刘骏即位后，再领尚书令，加特进，迁侍中、领吏部，于大臣中最为显贵。大明二年（458年），为左光禄大夫、开府仪同三司，位同三公，天子亲临幕府，百官陪同。后又领中书令，秉持朝政。何尚之有才识，善于审时度势；有治国之能，且立身简约，公而忘私，为历朝凤麟。其子何偃在宋世祖时官至侍中，执掌诏诰事，后转吏部尚书。父子并处权要之位，权倾朝野，世以为荣。其孙何戢、何颙之皆为刘宋朝驸马。何尚之死后追赠司空，谥简穆公。

务实宰相何敬容（？-549年）： 字国礼，霍山人，祖父何攸之，南朝刘宋政权时官至太常卿；父亲何昌寓，为南齐吏部尚书。何敬容出身名门、容止端庄、须眉过人，20岁娶南齐武帝萧赜之女长城公主，拜为驸马都尉。梁武帝时，在出任建安内史（今福州）期间，公正清廉，政绩卓著，深得吏民赞赏。后为吏部尚书时，选拔官吏严明得当，十分称职。为吴郡（今苏州）太守四年，政绩天下第一。后加侍中、迁为尚书右仆射，参与执掌选人事务。大同五年（539年），为尚书令、侍中、中权将军等。何敬容久处台阁为宰相，精明干练，宵衣旰食，勤于政务。侯景投降梁朝时，何敬容曾告诫太子，"景反复叛臣，终当乱国"。后侯景叛乱，攻逼京师，应验了何敬容的忠告。何敬容居高位而又务实的作风与当时社会崇尚清淡而不务实的风气格格不入，十分难得。南朝史学家姚察曾评价：何敬容看到了做官的不问政务，号称清贵，却不醒悟，以至晋代丧乱、胡贼殄灭中夏。他却被人讥笑，实在可惜。

"何氏三高"何求、何点、何胤兄弟： 霍山人何求（433—489年），字子有；何点（437—504年），字子晳。兄弟二人容貌方雅、博通群书，皆为贤士。南齐、梁朝廷多次征拜其担任要职，均辞不就，终身隐逸

霍山山村

不仕。何求隐居苏州虎丘山；何点云游世界，放荡不羁，常常大醉而归，号"隐通"。南齐宰相王俭欲见何点，在隐居处久候，知终不可见，怅然而去。南齐豫章王萧嶷造驾拜访，何点从后山遁去。何点在法轮寺，南齐司徒、竟陵王萧子良得见一面，欣悦无比，赠送何点嵇康酒杯、徐邈酒铛。梁武帝萧衍与何点有旧交，请其入华林园赋诗饮酒，下诏征拜为侍中，辞疾不赴。何胤（446—531年），字子季。南齐时，朝廷配给学士20人，令何胤领衔撰修新的礼制，累迁国子祭酒、骁骑将军、中书令，位至宰辅。何胤虽显贵，常怀止退之心。遂上书表辞职，不待朝廷批准，就卖掉园宅，隐居会稽东山云门寺，自号"小山"，何点号"大山"。梁武帝萧衍屡召不至，乃遣使面呈手谕邀请何胤一起实现治世大业，何胤只是论述了朝廷要做的大事，反而劝使臣留下栖隐。使臣归朝回复梁武帝后，梁武帝赐给何胤"白衣

霍山风光

尚书"封号,并选派何子朗、孔寿等6人到东山拜何胤为师受学。何胤为一代儒宗,兼通文史,著有《周易注》《毛诗隐义》《礼记隐义》《礼答问》等。

抗金名将程端中：系北宋理学家、伊川先生程颐长子,年少即聪慧过人,笃行好学,博通经史,父亲和伯父(程颢)都十分喜爱程端中。靖康末年,程端中随宋高宗赵构南渡,奉命知六安军事,兼管农营田事。虽任职时间不长,但推行了很多惠政,深受百姓拥戴。南宋建炎三年(1129年)冬,金兵大举南侵,攻掠六安,形势危急。程端中果断将劝降之人斩首示众,以示抗金之决心,并身先士卒,上阵御敌,击退金兵,追敌至霍山县撞山(今属金寨县)下,后陷入金兵援军重围,捐躯国难,英气长存。奉敕葬霍山撞山下,谥忠烈公,子孙守墓,迁居霍山。后来县城建有"二程祠",祠有"三川一门两夫子,六安千古几知军"之联。

"三苏"后裔苏昶：系北宋文定公苏辙之孙。宋朝南渡后,为避兵乱,其后裔遂迁居霍山。苏昶定居霍山,持有苏辙告身一通,为北宋大观二年（1108年）朝廷复任苏辙朝议大夫，迁任中大夫的授官文凭。"三苏"后裔迁居霍山，使此地兴起"三苏"文化，霍山古城十字西街的"三苏祠"为历代文盛之地。"三苏祠"经年修缮，十分壮观，深得祀享，曾为霍山一处文化胜景。

南宋义士刘通：本是江右（今江西省北部）人，南宋末年，元军南下，刘通在家乡起兵，跟随丞相文天祥进入江西兴国县，准备攻打赣州，未曾想被元军江南西路宣尉使李恒突然袭击，追至空坑，南宋军被打败溃散，刘通力战得以逃脱。听闻六安霍山有义军曹平章辅助宋朝的王孙，据六万寨抵抗元军，刘通遂率领儿子刘宁远、孙子刘海来投曹平章。知晓南宋在崖山海战中覆没，10万将士殉海，刘通悲痛不已，绝食数日而死，葬六万寨中。曹平章死后，刘宁远与曹平章之子共守六万寨，拥护宋王孙。元军久攻不下，直到宋王孙殒没，人心离散，遂瓦解。刘宁远宁死不屈，刘海在寨外得知六万寨已破，自刎于方磐石下，今其地有白马刘将军墓，六万寨上有宋王坟。刘海有一遗孤，在乱军中遇横渠先生张载后裔流离霍山，张氏将遗孤收养，遂改姓张，后成为霍山一门望族。刘通一门忠烈气贯长虹，光耀霍岳。

在2000多年的历史长河里，霍山物华天宝，人杰地灵，仁人志士、宰辅重臣、民族英烈、先贤隐士、学术精英、道德模范等数不胜数、灿若星河，尤其到了近现代，霍山人的杰出代表更是可歌可泣、光照史册。这其中，离不开汉朝文化在霍山潜移默化的传承，离不开中华优秀传统文化对霍山的滋养，应该让汉武帝南巡霍山的历史活起来，让我们在厚重的霍山历史中得到有益思考，让中华文化自强不息、厚德载物的优良传统在新时代焕发出新的光芒。

（陈厚俊　霍山县政协常委）

西汉六安国史实钩沉

马育良

随着六安双墩西汉六安王墓的重见天日,关于西汉六安国及首位六安王刘庆的尘封历史终于穿破千年迷雾,向我们走来。西汉六安国缘何而来?六安王刘庆是带着怎样的身世背景来到六安的?西汉六安国之政区版籍及其立国后之史事如何?这些问题都尚待研究。

山水相依的霍山县城

一、汉初皖西诸侯王国与西汉六安国之立

西汉六安国的出现，同汉初皖西境内淮南国、衡山国屡出变故直接相关，而其最初历史则可追溯到秦及汉初。秦行郡县制，今六安市境分属衡山、九江二郡。楚汉相争时，项羽打破秦政旧制，分封诸侯王。据《史记·项羽本纪》载："当阳君黥布（即英布）为楚将，常冠军，故立布为九江王，都六。"英布时六邑在今六安市区北部的西古城。

英布九江国当以秦之九江郡置。《史记·秦始皇本纪》："二十三年……荆将项燕立昌平君为荆王，反秦于淮南。二十四年，王翦、蒙武攻荆，破荆军。"据此，秦设九江郡当在秦始皇二十四年平淮南地之后。九江置郡后又分出衡山、庐江郡。项羽分封时，即以秦末衡山郡封吴芮为衡山王，以秦末之九江郡、庐江郡封英布。

庐江郡于汉初又析出豫章郡。汉高祖五年（前202年），英布降汉，被封为淮南王，仍都六。《史记·黥布列传》："汉五年……布遂剖符为淮南王，都六，九江、庐江、衡山、豫章郡皆属布。"四郡中九江、庐江、衡山为秦郡，豫章乃汉高祖五年分庐江郡置。因此，汉高祖元年（前206年）之九江界境相当于汉高祖五年之九江、庐江、豫章三郡，而汉高祖五年之淮南界境则相当于汉高祖元年时之九江界境增衡山郡。

汉高祖十一年（前196年），英布叛汉伏诛。刘邦改封其子刘长为淮南王，王都由六迁寿春。《史记·淮南衡山列传》载："高祖十一年七月淮南王黥布反，立子长为淮南王，王黥布故地，凡四郡。"因而淮南厉王刘长的封域与黥布同。而由《汉书·五行志》知，刘长移都寿春。

汉文帝前元七年（前173年），刘长因涉案被废，淮南国除。《史

记·汉兴以来诸侯王表》文帝六年："（淮南）王无道，迁蜀，死雍，为郡。"自此淮南四郡属汉。但此后淮南又有复国之举，《汉书·淮南衡山传》：文帝十二年（前168年），"徙城阳王王淮南故地"；十六年（前164年），"徙淮南王喜复故城阳"，而改立厉王刘长三子为王，王淮南故地，并三分之，"阜陵侯安为淮南王，安阳侯勃为衡山王，阳周侯赐为庐江王"。是以淮南四郡分为三国，刘安为淮南王，仍都寿春；刘勃为衡山王；刘赐为庐江王。汉景帝四年（前153年），衡山王刘勃徙济北，庐江王刘赐转为衡山王，原庐江国除为庐江、豫章二郡。

秦汉时称衡山郡、国者，皆指江北淮南之地，如清钱大昕《通鉴注辩证》谓："按始皇由彭城西南渡淮水，先至衡山，次至南郡，则非湘南之衡山矣。汉武帝以安徽霍山为南岳，隋文帝时方以湖南衡山为南岳。"

谭其骧先生认为衡山为秦郡。《史记·项羽本纪》："鄱君吴芮率百越佐诸侯，又从入关，故立芮为衡山王，都邾。"此衡山国即以秦衡山郡境置。根据周振鹤的研究，吴芮衡山国的界域相当于《汉书·地理志》江夏郡东半及庐江郡西半之和，即《汉志》江夏、庐江两郡除去安陆、云杜、竟陵、沙羡与襄安、临湖、舒县、枞阳八县之余。置都于邾，乃今湖北黄冈。

汉高祖五年（前202年），吴芮徙王长沙，衡山改隶英布，国除，属淮南国封域，后又隶属刘长淮南国。此下即为汉文帝十六年封刘勃为衡山王及汉景帝四年改封刘勃为济北王、刘赐为衡山王事。关于后二事，《史记·淮南衡山列传》记曰："孝景三年，吴楚七国反，吴使者至淮南，淮南王欲发兵应之……吴使者至庐江，庐江王弗应，而往来使越。吴使者至衡山，衡山王坚守无二心。孝景四年，吴楚已破，衡山王朝，上以为贞信，乃劳苦之曰：'南方卑湿。'徙衡山王王济北，所以褒之。及薨，遂赐谥为贞王。庐江王边越，数使使相交，故徙为衡山王，王江北。淮南王如故。"由此可见，汉景帝因三王对于吴楚的态度各自有别，而对其作出了不同的处理。亦可见，景帝三年以前，庐江国位于江南。庐江国当然以庐江郡置，故汉初庐江郡必位于江南。

需要指出的是，对于刘勃、刘赐衡山国之国都，一般认为仍当在邾。但其实清人钱大昕已在《通鉴注辩证》中指出："项羽封吴芮为衡山王，都邾；汉文帝封淮南王长子勃为衡山王，都六。"钱说当来自《史记·五宗世家》的记载："封（刘）庆于故衡山地，为六安王。"而六安的一些旧志和新志也采信此说。

武帝元朔中，淮南王刘安问伍被曰："吾举兵西乡，诸侯必有应我者；即无应，奈何？"伍被为之谋划曰："南收衡山以击庐江，有寻阳之船，守下雉之城，结九江之浦，绝豫章之口，强弩临江而守，以禁南郡之下；东收江都、会稽，南通劲越，屈强江淮间，犹可得延岁月之寿。"王国维根据"南收衡山以击庐江，有寻阳之船，守下雉之城，结九江之浦，绝豫章之口"数句，在《汉郡考》中指出此处"实分指庐江、衡山、九江、豫章四郡"。而周振鹤认为，王说是据《汉志》为说，未尝深考。他分析道："伍被的头一句话，明言衡山国地处淮南与庐江之间。时庐江、豫章早已属汉为郡，位于江

六安双墩汉墓错银铜壶和"共府第十"铜壶

衡山镇

南，与其他汉郡不相毗连，只有通过大江才能往来南郡。淮南王欲反，当然先要切断庐江与南郡的联系。而要做到这点，就必须南向并吞衡山国，夺得一南一北控扼大江的下雉、寻阳两地，才能得到'结九江之浦，绝豫章之口'，即拦腰截断大江的目的。所以伍被四语指的其实是'南收衡山'以后的局面，这一局面形成了，才能'强弩临江而守，以禁南郡之下'。"

我以为周振鹤如果意在辨明衡山国位于淮南国之南，那么他已经做到了。实际上，更准确地说，从封域上看，衡山国应位于淮南国之西部和南部。据《汉书·王子侯表》，元朔六年（前123年），衡山王子广置封为终弋侯，别属汝南。可见，当时衡山国北与汝南为邻。汝南汉初主要据有淮北之地（按，可能也据少量

双墩汉墓铜壶铭文

淮南地,见下),因此衡山国可能已北界淮水。又,秦、西汉之衡山,为天柱山或霍山南岳,衡山郡得名于此,故衡山国东界必在此山之东。

衡山国以故秦九江郡析出衡山郡。项羽本以秦衡山郡置国,以封吴芮。吴芮徙王长沙后,衡山即为淮南别郡,汉文帝十六年,刘勃又以之为国。

回顾上述汉时衡山国的置废史实及其封域情况,我以为都邾之说虽证据坚强,但钱大昕所持吴芮都邾、刘勃和刘赐都六之说也并非毫无根据。因为如上所云,据《史记·五宗世家》,刘庆之六安国系由"衡山地"而来;又,《史记·淮南衡山列传》记载了刘赐在位时的两次朝觐活动,其中第二次为汉武帝元朔五年(前124年),"元朔五年秋,衡山王当朝。(元朔)六年过淮南,淮南王乃昆弟语,除前却,约束反具"。显然,刘赐这次入朝是经淮南国都寿春转道的,如果刘赐是从邾地出发,则很难想象他会从鄂东绕道皖西、再经寿春西向长安。

但这一说法还需要解决的一个问题是:英布于项羽时初封九江王,当以秦九江郡置,何以取时属衡山郡的六为都?在高祖十一年刘长从六移都寿春或文帝七年、文帝十六年时,在九江郡和衡山郡之间是否发生过政区变化?

汉武帝元狩元年(前122年),刘安、刘赐因案被废,淮南、衡山国除,淮南国除为九江郡,衡山国除为衡山郡。次年(前121年)七月丙子,汉武帝封刘庆为六安国王,六安国正式设置。

需要指出的是,西汉六安国首位国王刘庆,出身于一个显赫而又富有传奇色彩的家族。其祖汉景帝有14子,其中5子是景帝后王娡及其妹王儿姁所生。

据《史记·外戚世家》载,王氏姐妹的母亲臧儿是汉初显贵燕王臧荼孙女,同吕后、窦太后一样,是极有眼光而富于机谋的女性。臧儿曾为两女卜筮,"曰两女皆当贵",乃设法"奇两女"。其长女王娡先已嫁金王孙,并生一女。但臧儿隐瞒了这段婚史,设法把王娡送入太子(后来的汉景帝)宫中,得幸,生下三女一男。王娡善取悦,受幸时曾告诉太子"梦日入其怀","太子曰:'此贵征也'"。其子初封为胶东王,开始并无缘于皇位,但由于宫闱多变,最后终于由胶东王进位为太子。景帝逝后,太子继位,是为历史上著名的汉武帝。

王娡妹儿姁为景帝生4子,皆封王,即广川惠王刘越、胶东康王刘寄、清河哀王刘乘、常山宪王刘舜。臧儿曾由王仲妻改嫁为田氏妇,生男田蚡、田胜。田蚡在景武之际的宫廷政变中曾担任重要角色,也是汉武帝初年一位重要的政治家、丞相。其口碑甚为不佳,这与其人品有亏不无关系。然而客观地说,田蚡在当时属于正在崛起的时新派代表人物,这批人当时正在逐渐取代汉初的功臣勋旧。在武帝统治初期,以田蚡为代表的时新派既大量引进儒学士人,逐渐培植起中国早期的士大夫势力,又施展阴谋,最终推倒了以窦氏为代表的守旧势力。应该说,田蚡、公孙弘的努力,再加上董仲舒的对策,才真正促成了独尊儒术的实现。

应该指出的是,淮南、衡山国出事时,刘寄实际上身有嫌疑。后来刘寄感到莫大压力,终于发病而死,不曾立后。但汉武帝还是原宥了这一家族,并特别为其家族的出处做安排,让刘寄长子刘贤继位为胶东王,又立刘寄少子刘庆为六安

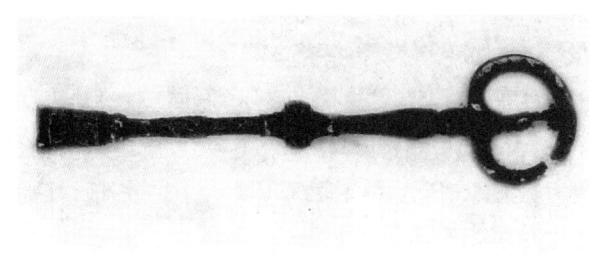

错金铜饰件

王,新立六安国分辖原刘赐衡山国地。

可见,六安国之立,是由两个因素促成的:一是淮南、衡山案中,刘寄虽嫌疑在身,但因刘寄、刘庆家族显要,同汉武帝关系亲近,《汉书》本传即说过:"寄于上最亲。"师古注道:"寄母王夫人即王皇后之妹,于上为从母,故寄于诸兄弟之中又更亲也。"所以武帝对刘寄家族采取了一定的宽抚措施。二是为了解决刘寄家族的矛盾。刘寄诸子间,原以刘贤为长,刘庆为少子,但刘寄宠爱刘庆之母,刘贤母不得宠,因此刘寄常想立刘庆继其位。刘寄病死后,武帝出面解决了这个难题。

玉彘

据《汉书·景十三王传》载:"(武帝)下诏曰:'广川惠王于朕为兄……'"可见,刘寄兄广川惠王刘越先武帝而生,而刘寄与武帝年岁应相近。刘庆是刘寄少子,至少应较武帝少20岁。而武帝至元狩二年或三年时应为36岁左右。如此,刘庆来六安时,应不到20岁,所以他才能做了38年六安王。

二、西汉六安国之政区版籍

研究西汉六安国之政区版籍,自然要从《汉书·地理志》中钩玄解惑。其实凡涉及秦与西汉之郡国政区版籍的考查,几无例外地都要追溯到《汉志》,所以《汉志》便成为历来研究最深入的一部地理志。

然而,《汉书·地理志》恰恰在记载政区版籍方面存在着严重的不足,这集中表现为《汉志》在断代上存在的问题。对此,清人钱大昕已有发现,他首先注意到:"班志郡国之名,以元始二年户口籍为断,其侯国之名,则以成帝元延之末为断。""《地理志》所载郡县以元始初版籍为断。"这就形成了周振鹤所云"《汉书·地理志》所记载的只是这种变动的尾声,所表示的是西汉末年的行政区划"的现象。

西汉政区版籍的变化太大、太多,所以长期以来,有关《汉书·地理志》的考证文章虽说连篇累牍,成绩斐然,但对西汉一代政区变动的全过程,却始终无人置喙。因为这一变动过程过于复杂,相对而言,文献资料又过于简略。如《史记》《汉书》所载的"割胶西六县"、淮南王刘安有罪而"诏削二县"之类,均未写明所割削的县名,而《汉志》表示的又仅是西汉末年的行政区划情况,所以,如果单纯依靠地名的考证,是无法复原胶西、淮南之原貌的。

清人刘文淇曾撰《楚汉诸侯疆域志》,试图复原秦亡以后,项羽自立西楚霸王和分封十八诸侯时的政区版籍面貌。但刘氏不了解汉初政区经过200年的变迁,已经面目全非,他依然直接套用《汉书·地理志》所载的郡县来划定汉元年各诸侯的封域,结果导致谬误百出,几无一是。

当代学者周振鹤深感于此,所以他在其《西汉政区地理》一书中断然提出"《汉志》所载各王国版图是文、景、武以来分地和削地的结果"的结论,并认定"《汉志》所列县目是以元延绥和之际版籍为据"。他针对刘文淇之误,专于《西汉政区地理》附篇中特撰《楚汉诸侯疆域新志》为第二章。他认为,要搞清西汉政区变动最复杂的所谓"十

"六安飤丞"封泥

王国"（指高祖末年东半部的九同姓王、一异姓王）政区版籍的演变情况，"考证方法必须采用逆推法，首先将元延末年（《汉志》所载的侯国截止于此年）以前别属汉郡的王子侯国及削县还之《汉志》各王国，以求得这些王国在武帝初年的境界；其次再收回景帝所削支郡，复原文景间各王国的版图，最后将被文帝割裂的有关的数国合而为一，便得出高帝末年十王国的封域。复原十王国封域的过程实际上就揭示了十王国地区在近200年间政区变动的全过程"。

在比较了钱大昕、刘文淇等人的研究后，我认为周振鹤关于本专题的研究由于得到其师谭其骧先生的教诲，显然后出转精。因此，笔者在西汉一些重要的政区版籍演变问题上，多采纳周氏之说，或有异议者，酌加说明和论证。

周振鹤指出，《汉书·地理志》所载六安国之沿革云："六安国，故楚，高帝元年别为衡山国，五年属淮南，文帝十六年复为衡山，武帝元狩二年，别为六安国。"是直以六安国为故衡山国所分置，应有误。他认为，武帝元狩元年，衡山国、淮南国除为衡山郡、九江郡。元狩二年，是郡境大变动的一年。是年江都国除为广陵郡，江都之别郡鄣郡亦随之属汉，于是汉武帝就此机会对几个郡的领域做了如下调整：

（一）设立江夏郡。辖衡山郡西部和南郡东部数县置，其领域如《汉志》所载。

（二）撤销江南庐江郡，以其东部四县属鄣郡，并改鄣为丹阳；以其余各县入豫章郡，豫章郡遂有《汉志》之规模。

（三）设立江北庐江新郡。以衡山郡东部与九江郡南部数县置。

（四）置六安国，以九江郡六县以西五六县之地置。除个别县目变动外，元狩二年这一调整一直维持至汉末不变。

此处涉及西汉六安国封域之由来者，为第四条"置六安国，以九江郡六县以西五、六县之地置"。准此，则西汉六安国初置时，系由九江郡（原淮南国）分割而来，而与《汉志》之衡山"别为六安国"之说无关。周氏的依据是，《汉志》六安国诸县，全部在弋阳、期思二县以东。而弋阳、期思二县，据周氏考证，原皆属于刘安之淮南国。武帝元朔五年，刘安因罪曾受到"诏削二县"的处分。但《史记》《汉书》均未载明所削为何县。周振鹤考证此二县应为汝南郡所属之弋阳、期思。弋阳、期思据六安国数县之西，则六安国各县当亦为原淮南国地。另，周振鹤认为，《史记·诸侯王表》将六安国与淮南国置于同一格内，亦说明了淮南—六安的接续关系；《史记·淮南衡山列传》载"国除为九江郡"，集解引徐广曰："又为六安国。"也证明徐广当时已明白六安国乃分自九江，为刘安淮南国故地。因此，周振鹤认为，西汉六安国乃武帝元狩二年分九江郡西部数县而置。

然而问题在于，周振鹤断六安国为分九江郡（除淮南国后置）西部五六县地而置，其依据基本上是建立在一个从假设

古树参天

出发而形成的连环论证链条上,所以很脆弱。这一论证的原点假设是汝南郡地原属淮阳国,其属县应皆位于淮水之北,而弋阳、期思二县位于淮南,因此应属武帝元朔五年从原淮南国削割二县而改隶汝南。弋阳、期思既然原属淮南国(后九江郡),则位二县之东之六安国无疑更应属淮南国(九江郡)。

但断汝南郡不能有淮水之南的属地,显然只是臆测之词。其实,相反的例证不是没有,如战国末春申君黄歇曾受封淮北十二县地,但位于淮南的寿春却是他所经营的最重要的城邑。另外,据周振鹤考证,汉武帝之前,庐江郡、豫章郡均置于长江以南,北距六与寿春很远,但这并未影响英布和刘长的淮南国领有这二郡之地。

既然弋阳、期思不能轻易断为原淮南国削于汝南二县,则六安国诸县自亦不能轻易断定由九江郡分置而来。

如此,则《汉志》云六安国由衡山郡分置而立,《汉书·景十三王传》所载"封庆为六安王,王故衡山地",以及钱、刘所论便不可轻易动摇。而且,《汉书》之载也系由《史记》而来,太史公在《五宗世家》中说:"封庆于故衡山地,为六安王。"而钱大昕之刘勃衡山国都六之说似也不宜贸然否定。

至于六安国之后的封域变化,周说也有误。据《汉书·王子侯表》,汉武帝以后,六安国在汉昭帝始元五年(前82年)曾推恩分封六安共王刘庆之子刘霸为松兹戴侯,置松兹王子侯国,历子、孙、曾孙四世;汉宣帝元康二年(前64年),推恩分封六安夷王刘禄之子刘赐为富阳侯,置富阳王子侯国,"建昭二年(前37年),坐上书归印绶免八百户";汉元帝竟宁元年(前33年),推恩分封六安缪王刘定之子刘交为博乡侯,置博乡王子侯国,历子、孙二世;汉成帝元延三年(前10年),又

-150-

推恩分封六安顷王刘光之子刘宰为庸乡侯，置庸乡王子侯国。对于前三次推恩分封，周振鹤详考备极，而独于第四次不知何故未予计入。即使按周先生自己所设定的"逆推法"，成帝元延三年的庸乡王子侯国之封，也应该算在西汉六安国封域账内。

按，刘霸所封松兹侯国，为王莽篡位后免除的181个侯国之一。考其故城遗址，《汉志》云松兹属庐江郡，《清一统志·颍州府》："松兹故城在霍邱县东十五里，汉初置松兹侯国，在今安庆府宿松县界，西晋初改置于此，属安丰郡。"据此，西汉松兹侯国应在今安徽宿松县北25公里的凉亭河，旧名仙田，但该地距六安国甚远，六安王子侯国似不会分封至彼，倒是西晋的松兹县就在汉六安国安风县东，此地才应是六安王子侯当初的封地。汉松兹县于吕后四年（前184年）先以封徐厉，其地望可能就是安风县东，封六安王子后，方易地名至庐江郡，后汉省庐江之松兹而西晋复置松兹，乃还治汉初之旧地也。西汉松兹，魏复置时已改治今霍邱县城东湖东岸徐郢一带。

博乡侯国，位今六安市裕安区北分路口乡，一说位今六安市区西南57公里石婆店乡石婆店村。依《汉书·地理志》，王莽篡汉时，改为博乡县，后又改博乡县为杨陆。曹魏代汉，复改名为博安县。

庸乡为一乡之地，富阳仅八百户，亦一乡之地而已，建昭三年免侯后省入他县。

《汉志》记载，六安国有六、安风、安丰、蓼、阳泉五县。将博乡、富阳、松兹、庸乡还之六安，即得六安国元狩二年始封之领域。因松兹、博乡为县级政区，富阳、庸乡皆一乡之地，始封六安时至少应有7县之地。

西汉时六安国都六，其所属县除六县为秦故县外，余皆为汉县。其隶属为楚汉之交，属衡山国，汉景帝四年（前153年），复为刘赐的衡山国。六安国王莽时改为安风郡。

其所属阳泉县,以县治泉水之阳(北)而名。考其遗址,位今霍邱县临水镇。安风县,县名源于城北有安风津,以津渡为名。考其遗址,位今霍邱县西湖乡许集村。后王莽改为安风亭。蓼县,治今河南固始县蓼城岗。安丰县,治固始县东南。松兹、博乡县如上。

元封五年(前106年)四月,六安国属扬州刺史部。

当然,就六安国封域之来源所做的上述探讨,并不影响笔者对周振鹤《西汉政区地理》一书中的缜密考证方法的基本认同,至少,笔者认为周先生关于西汉政区地理的"逆推"考证法,是非常合理而具有使用价值的。

三、六安立国后之史事钩沉

西汉六安国的设置,是西汉专制皇权与地方割据力量对比发生变化的结果。六安立国后的历史变化,则反映了西汉封建制度的崩坏和中央专制皇权的确立。

西汉初,出于政治需要,朝廷采用"封建"与郡县并存的混合制度,皇帝与诸侯分治天下,"内地北距山以东尽诸侯地,大者或五六郡,连城数十,置百官宫观,僭于天子。汉独有……十五郡"。似此,专制皇权自然不能直接施行于王国所属的郡县。汉初又曾增设侯国与邑,前者是列侯的封地,后者是皇后、公主的食邑。邑与侯国又直属中央。此后,汉文帝接受贾谊以亲制疏和众建诸侯少其力的建议,景帝采纳晁错削藩之策。七国之乱平定以后,景帝收夺诸侯王国支郡、边郡归汉。这使得诸侯王版图大为缩小,一般仅领一郡之地,行政上"自置吏"、财政上"得赋敛"的特权被剥夺,王国地位如同汉郡,其与郡的区别主

镶银扣贴金箔漆盒盖　　铜车马器　　　　龙形玉佩　　　银箔鹤 银箔豹 金箔鹤 金箔豹

要是租税收入归诸侯王所有而已。

汉武帝时期,诸侯畏惧更激进的中央集权改革,便向主父偃行贿,通过主父偃提出推恩分封的建议。武帝权衡之后,接受了主父偃之议,颁行推恩令,逐步蚕食王国封域。推恩之外,又罢郡国盐铁,禁止郡国铸钱,使诸侯王财政收入更为锐减。

西汉后期,由于推恩策的蚕食,王国封域已远比一般汉郡还小,诸侯王地位亦随之江河日下,地方行政制度实际上已归于郡县制。所以在《汉书》中,于刘庆之后,我们只能见到各位六安王的即位、薨逝记载而鲜有大事。

其中需要一提的是,武帝之后四次推恩分封王子侯,使六安国的政区版籍逐渐缩小,到西汉之末,只剩下《班志》所载5县之地了。

据《汉书·景十三王传》,"六安共王庆立三十八年薨。子夷王禄嗣,十年薨。子缪王定嗣,二十二年薨。子顷王光嗣,二十七年薨。子育嗣,王莽时绝"。查《汉书·诸侯王表》,谓"始元四年,夷王禄嗣,十四年薨","本始元年,缪王定嗣,二十三年薨"。清夏燮《校汉书八表》卷二考云"夷王立十四年薨。传作十年。证之此表下行缪王之嗣,实止十年,则上行四字,盖衍文也";"缪王二十三年薨,传作二十二年。证以下行顷王之嗣在甘露四年,则又传之误也"。

汉武帝处理衡山、淮山王案时,尤其关涉六安史事,对六安王国造成重大影响。随后,汉廷又颁布左官律和附益法,进一步降低王国地位。

所谓"左官""附益"等律法,据说在七国之乱后便已设立。《汉书·高五王传》中说:"自吴楚诛后,稍夺诸侯权,左官附益阿党之法设。"注引师古曰:"皆新制律令之条也。"元狩元年,汉武帝在镇压淮南王、衡山王时又引左官、附益等法对两王势力进行严厉打击。据《汉书·诸侯王表》说:"武(帝)有衡山、淮南之谋,作左官之律,设附益之法,诸侯惟得衣食税租,不与政事。"

所谓"左官律",《汉书·诸侯王表》注引应劭曰:"人道上右,今舍天子而仕诸侯,故谓之左官也。"师古曰:"左官犹言左道也……汉时依上古法,朝廷之列以右为尊,故谓降秩为左迁,仕诸侯为左官也。"左官律首先就规定,在诸侯那里做官属于旁门左道,如果再犯法就更得严厉惩处了。所谓"附益法",《汉书·高五王传》注引师古曰:"附益,言欲增益诸侯王也。"《汉书·诸侯王表》注引张晏曰:"《律》郑氏说,封诸侯过限曰附益。或曰阿媚王侯,有重法也。"引师古曰:"附

古南岳山麓

益者,盖取孔子云'求也为之聚敛而附益之'之义也,皆背正法而厚于私家也。"刘向《新序》说汉武帝"重附益之法",就是说其对投靠诸侯王为虎作伥者重加镇压。据

六安王汉墓出土文物

《汉书·武帝纪》,元狩元年十一月,"淮南王安、衡山王赐谋反,诛。党与死者数万人"。这种严厉的镇压诛杀之威,不能不波及衡山、淮南之后的六安地区,使此后包括六安王在内的诸侯王在政治上不能有所作为,不得参与政事,而经济来源也只余田租一项,最终的结局,只能是逐步走向衰微。《史记·汉兴以来诸侯王年表》载:"诸侯稍微,大国不过十余城,小侯不过数十里……而汉郡八九十,形错诸侯间,犬牙相临,秉其厄塞地利,强本干,弱枝叶之势。"所说正是汉武帝统治后期形势的写照。六安国之建时值此时稍前,其风光已不能与淮南国、衡山国等同日而语。

班固认为,西汉王侯"率多骄淫失道",清代赵翼也有过类似的评说。少数例外者或能兴文崇学,如刘安、河间献王刘德等,刘寄、刘庆应属诸侯王中比较谨慎的一类,所以胶东国、六安国在西汉一直存续了下来,直到王莽时才退出历史舞台。六安国以其政治实践,证明自己做到了"六地平安,永不背叛"。刘庆统治时期,据《汉书·武帝纪》,元封五年冬,武帝曾南巡,至于盛唐,登灊之天柱山,从枞

阳而出,并作《盛唐枞阳之歌》。学者认为武帝此次巡游了六安市境,所谓天柱山即霍山南岳山。而一些传说也佐证了这一点。

王莽、东汉时,六安又有过两次建国之举,一是王莽始建国元年(9年),贬六安王为公,次年废为六县,改六安国为安风郡。到更始元年(23年),李宪据六,称淮南王。入东汉,建武六年(30年),李宪兵败,地入东汉,仍为扬州六安国,都六安(时称六);十三年(37年),撤六安国,并入庐江郡,改六县为六安县(治今裕安分路口镇裴家滩)。永平间(58—75年)封刘町为六安侯,仍都裴家滩。建初三年(78年),复以故六安国改封江陵王刘恭,为六安王国,都六安。和帝即位(89年),六安国除。

一世王族的荣耀终被风吹雨打去,而今,我们面对的终是西汉六安王墓这座千年古冢。西汉人视死如生,其丧葬十分隆厚,所以汉墓多被盗掘。2006年西汉六安王墓发掘时的情况也是如此,这也是一件十分无奈的事。如果没有盗掘之事,或许我们今日会有更多的期待,但无论怎样,今日的一切已经告诉我们:历史并未化为一片飞羽。

(马育良　安徽六安人,皖西学院历史学教授)

浅谈研究霍山历史几个问题

金崇尧

近些年来，霍山文化界研究霍山历史、利用霍山历史做文章的学者越来越多，研究的问题也更加丰富，如汉武帝问题、皮日休问题、苏东坡问题等。这无疑是种好现象，对提升霍山的历史地位，扩大霍山对外的影响力，挖掘霍山历史文化都大有裨益。但是，也还有一些问题至今众口纷纭，没有形成一致的意见，很容易对后人造成误导，这是应该值得注意的。为此，笔者想就近些年来对霍山历史众说不一的一些问题，谈一点个人的粗浅看法，以求教于霍山文化界的有识之士和史志界的方家。

一、灊县建于何时

首先，"灊"不能写成"潜"，否则很容易与现在的潜山县混淆（《简化字总表》和《现代汉语词典》第1至6版中"灊"字未简化成"潜"）。灊县，是现在的霍山县这块土地上最早的县级建置。灊

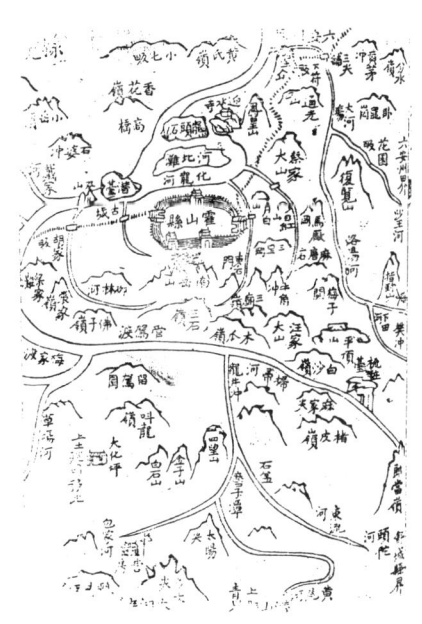

清嘉庆《霍山县志》县域图

县到底建于何时呢？不少书籍及宣传资料均写成："汉武帝元封五年（前106年），设灊县。"其实不然，安徽省地方志编纂委员会1999年出版的《安徽省志·建置沿革志》曰："（汉高祖）五年（前202年），以九江、衡山、庐江、豫章4个郡封英布为淮南王，仍都六。"清光绪《霍山县志》卷一《地理志·沿革》记载："今按《汉书》元封五年冬，上南巡登灊天柱山，是年……已有灊县矣。"另外，汉武帝元封时距汉代建国已有约100年了，行政区划和建置应该是早已完成了的事，不至于到汉武帝元封时才设县。就目前来说，笔者尚未看到除上述书籍以外记载灊县是汉武帝元封年间设置的史料。从以上记载中我们不难看出，灊县并非汉武帝元封年间设置，在汉高祖五年已经有灊县了。

二、霍山县建于何时

霍山县这个名字始于何时，目前霍山的文化界对此未形成一致意见。清代的五部《霍山县志》均记为："隋初（或开皇初）……改名霍山。"仅嘉庆县志记为"开皇元年辛丑"。现在的书籍多写成："隋文帝开皇初年（581年），废岳安、北沛两郡……置霍山县（最早出现的霍山县名）。"但据《安徽省志·建置沿革志》载："隋开皇三年（583年）废霍州及岳安等郡，改岳安县为霍山县。"清光绪《霍山县志》卷一《地理志·沿革》记载："开皇初，郡废，县始改名霍山。"嘉庆《霍山县志》卷一《舆地志·沿革》载："隋初，郡废，改岳安县曰霍山。"这里的"开皇初"和"隋初"是一个意思。笔者认为这里的"初"字只是个概数，不是确数。所以不可将"开皇初"理解为"元年"。再者，隋开皇元年也就是北周大定元年（581年）。这年的二月，隋文帝杨坚杀死北周年幼的静帝宇文阐建立隋朝，刚刚建立政权，恐怕还忙不到建置州、县上来。综上所述，笔者认为"开皇三年"似乎较为准确一点。

成书于1999年的《安徽省志·建置沿革志》，是第一届修志时，由省地方志办公室牵头，省著名历史地理学家徐学林教授任主编，聘请多位专家学者共同编写的介绍全省每个市、区、县建置沿革的一部书。该书参阅了我国历朝历代近50种地理志、郡县志，是一部比较权威的历史地理书。

三、何时重置霍山县

霍山县自隋开皇三年建县起至北宋开宝元年（968年）撤销止，计385年。在这385年中，除唐开元二十七年（739年）改霍山县为盛唐县，至天宝元年（742年）复置霍山县外，其余年间均为霍山县。

据《安徽省志·建置沿革志》记载："霍山县自明弘治七年（1494年）以原故埠镇所领开化、兴贤两乡及六安县一部（原属六安县西南部）设霍山县后奠定了霍山县的疆域。此后的变动主要在民国和新中国成立后进行的。"清顺治《霍山县志》卷一《地舆志·沿革》记载："明霍山县，弘治甲寅年（即七年）复立，今仍之。"清乾隆年间的两部县志及嘉庆县志在沿革中也都这样记载："弘治七年乃析六安开化、兴贤两乡，立今霍山县。"嘉庆县志在《艺文志》中还收录了故埠镇民钱俸于弘治甲寅上书朝廷的《奏请复增县治疏》。另外，清代的五部《霍山县志》在《秩官》一文中均有这样的记载："明，知县，弘治崔中，清江举人，七年初建县任。"崔中是明朝复置霍山县后的第一任知县，既然县志中记载是"七年初建县任"，那就是说霍山县是弘治七年复置的，如果是弘治二年复置县的，县志中应记为"二年初建县任"。

从以上记载中我们可以看出，霍山县应该是明弘治七年复置的，而

磨子潭水库

不是某些书籍中所说的"孝宗弘治二年（1489年）复置霍山县"的。

四、汉武帝来霍山是巡狩不是狩猎

《史记》和《汉书》均有这样一段记载："（元封）五年冬，行南巡狩，至于盛唐，望祀虞舜于九嶷，登灊天柱山。"这两处的"巡狩"二字，都是指天子（皇帝）出行，视察邦国州郡。虽有一个"狩"字，但绝不是"狩猎"的意思。《辞海》和《汉语大词典》是这样解释的："巡狩，同巡守（巡守，亦作巡狩）。古时皇帝五年一巡守，视察诸侯所守的地方。"汉字往往一字多义，在不同的地方，意思是不同的。特别是古代，通假字也比较多，这里的"狩"就通"守"字。

五、"小南岳"绝不是汉武帝敕封的

自从霍山出版的书籍中出现汉武帝敕封"小南岳"的信息后,霍山便有不少人以此为依据,后其又出现在霍山的其他书籍中。笔者近些年来一直在留心这个问题,《史记》和《汉书》中均无此记载,在除现代霍山以外的其他书籍和史料中也未发现,连清代的五部《霍山县志》也都未发现有关于"小南岳"的记载。因此,笔者认为"小南岳"绝不是汉武帝敕封的,此说没有史料依据。那么"小南岳"又是怎么来的呢?"小南岳"三字是1936年由时任国民政府监察院院长、大书法家于右任先生亲笔题写的,从此才有了"小南岳"的叫法,在此之前的霍山史籍中尚未发现有这一名称。于右任先生当时为何题为"小南岳",现在已不得而知。笔者猜想,可能是为了与湖南南岳衡山相区别而题写的。

六、皮日休写的是《霍山赋》还是《南岳山赋》

先了解一下皮日休,《中国历史大辞典》《中国人名大词典·历史人物卷》《辞海》《中国历史人物辞典》《中国历代名人辞典》等五部辞书是这样介绍的:"皮日休(约834—约883),唐末文学家,襄阳人。字逸少,后改袭美。咸通进士。历任著作郎、太常博士、毗陵副使。后

南岳庙宇

参加黄巢起义军,为翰林学士。巢兵败后为唐廷所杀。旧史说他因故为巢所害。或谓巢败后流落江南病死。诗文与陆龟蒙齐名,人称'皮陆'。有自编《皮子文薮》传世。"上述解释是综合五部辞书的说法,其中关于生卒年和三种死因的说法基本一致。上述结论是我们的前人,甚至几代人根据多种历史文献研究的结果,我们今天研究皮日休的人应该予以尊重。

皮日休作的那一篇赋是《霍山赋》还是《南岳山赋》呢?皮日休在其所著的《皮子文薮》一书中自写的《文薮序》中曰:"咸通丙戌(公元866年)中,日休射策(射策:古代考试方法之一)不上第,退归州(即寿州,今寿县)东别墅,编次其文,复将贡于有司。发箧丛萃,繁如薮泽,因名其书曰文薮焉……赋者,古诗之流也。伤前王太佚,作《忧赋》;虑民道难济,作《河桥赋》;念下情不达,作《霍山赋》;悯塞士道壅,作《桃花赋》。"这里不仅标明了其写的是《霍山赋》,且交代了写作的原因。紧接着在《皮子文薮》一书的目录和正文中都清清楚楚地标明其写的是《霍山赋》。李福标教授在其所著的《皮陆年谱》一书中有8处介绍到《霍山赋》,却从未见到写过《南岳山赋》。《汉语大词典》在解释"骈邑"一词时,引用的出处也是《霍山赋》。有的人为什么偏偏要写成《南岳山赋》呢?笔者猜想可能是受旧县志的影响。光绪《霍山县志》卷十三《艺文志》确实写的是《南岳山赋》,但在同一部县志中的卷一《地理志》中

霍山南岳庙

却又写："皮袭美《霍山赋》曰：'邑赘于址。其确证也。'"不仅光绪县志如此，顺治、乾隆、嘉庆时期的四部县志也是这样写的。清代的五部《霍山县志》为什么都会在同一部书中出现两个不同的名字而导致自相矛盾呢？这可能是后志沿袭前志所致。但是，笔者认为还是应该尊重原著，叫《霍山赋》为好。

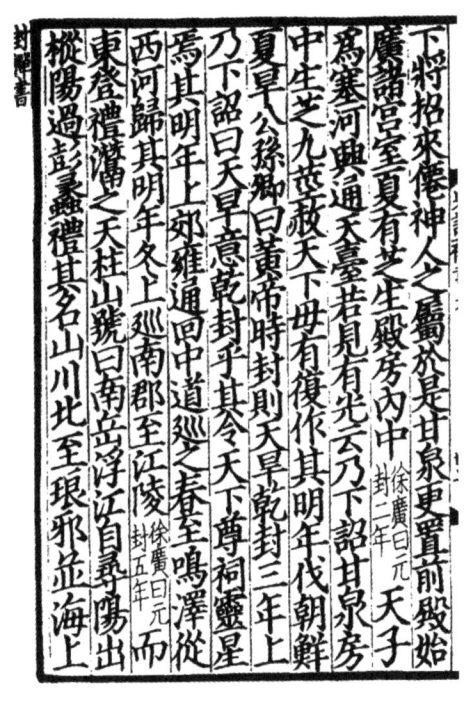

《史记·封禅书》百纳本（局部）

有人认为《霍山赋》是皮日休的晚年之作，还有人认为是唐昭宗大顺元年（890年）皮日休游南岳山时所作。这里先看一下该赋最关键的一段文字，《霍山赋》一开始就说："臣日休以文为命士，所至州县山川，未尝不求其风谣，以颂其文，幸上发辀轩，使得采以闻。六年，至寿之骈邑，曰霍山。山，故岳也。邑赘于趾。"这里的"六年"，就是指皮日休到霍山的时间，也是他写《霍山赋》的时间。既然《皮子文薮》成书于咸通七年，《霍山赋》又是收入该书的第一篇赋，这个"六年"当然就是咸通六年（865年）了。皮日休绝不可能在年轻时编写的书中收入一篇晚年写的文章，这在逻辑上也讲不过去，这些都是无须争辩的事实。我国文学界对《霍山赋》作于"咸通六年"这点从来没有人提出异议。李福标教授在他的《皮陆年谱》一书中是这样写的："唐懿宗咸通六年乙酉……皮日休至滁陵（今寿县），途经霍山，为获幸

雨后古南岳

令狐氏而作《霍山赋》。"又说:"《忧赋》《河桥赋》皆作于四年,《霍山赋》作于六年,而《桃花赋》作于七年。按时序排之,当《忧赋》或《河桥赋》为第一,然以《霍山赋》为《文薮》卷首者,除因《文薮》之编纂乃在寿州完成此一原因之外,当然更有吹捧所献对象之用意在。"还说:"由此可见作于咸通六年之《霍山赋》为获幸令狐氏,其功大焉。"据《皮陆年谱》记载,皮日休只到过霍山一次,即在咸通六年。以上记述对《霍山赋》作于何时交代得十分清楚。

七、是苏东坡墓还是苏东坡衣冠冢

霍山县城北面的高桥湾现代产业园双山庙村民组境内有座大墓,颇为壮观,墓碑正面镌刻"文忠公苏东坡之墓",墓碑左右镌刻"一任黄州居士,二游赤壁名人"。据苏氏族人介绍,此墓在"文化大革命"期间曾被严重破坏,现在的墓是1988年苏氏族人集资重新修建的。霍山档案馆藏有一套《苏氏宗谱》,系清道光十九年(1839年)所修。谱中《文忠公年谱》记载:"次年六月葬于庐州府霍山钓鱼台乡上瑞里,葬处张家湾双山苏家岩,甲山庚向。"这段文字的意思是,苏轼于死后第二年(即1102年)六月葬于霍山的双山苏家岩,即现在的墓址。

近几年来,霍山文化界的不少人士对上述问题及三苏文化进行了广泛的、深入的研究,并成立了"三苏文化研究会",这无疑是件振奋人心的大好事。研究者们大多根据《苏氏宗谱》的记载和其他方面的一些研究材料,认为位于双山庙村民组的这座大墓就是苏东坡的墓。但据笔者手里现有的书籍记载,苏东坡的墓在河南郏县。现将有关书籍的记载公布如下,以供研究者们分析研究。《宋史·卷三三八·列传九十七》记载:"轼卒于常州,过(指苏轼少子)葬轼汝州郏城(时名郏城县,今名郏县)小峨眉山。"《中国历史大辞典》记载:"苏过……苏轼少子……轼卒,营葬于汝州郏城小峨眉山,遂家颖昌小斜川。"《中国名胜词典》记载:"三苏坟,在河南郏县城西北22公里的小峨眉山麓。坟院中央兀立三墓,苏洵墓居中,苏轼、苏辙墓分立左右。"清光绪《霍山县志·卷十五·杂记·补遗》记载:"苏文忠公衣冠墓在灉台河北苏家崖。"据此,笔者认为霍山双山庙村民组的这座墓葬是苏东坡墓的可能性极小。其究竟是墓还是衣冠冢,恐怕还要待霍山文化界和省内外的有识之士做进一步的深入研究,以便尽快取得共识,避免贻误后人。

以上所言,只是笔者的一些粗浅看法,也是笔者多年来从事县志编研和编纂《霍山大辞典》过程中积累的资料,大都是前人研究的成果,本人只不过是引用而已。别人看到的史籍本人不一定看到了,本人看到的别人不一定也看到了。因此,笔者的看法不一定全面,也就难免有错。笔者的目的是写出来供大家参考,以便研究者有个比较,好去伪存真。

辉煌的上古霍山

陈月祥

霍山地处大别山北麓,岭分江淮,地界吴楚,其特殊的地理位置孕育了霍山灿烂的历史文化。在中华文明早期,霍山就是三苗部落的祖居地、东夷部落的迁居地和华夏炎黄部落南部边镇地。炎黄、苗蛮、东夷三大部落集团的文化文明在此交汇融合和发展,为霍山留下了令人骄傲的璀璨文明史。

一、三苗故里

三苗是上古时居住和活动在淮河以南广大地区的氏族部落,被中原部落称为"苗蛮"。霍山最早的居民就是三苗人,并且是三苗部落聚居的中心和"故国"。

据《战国策·魏策一》记载,战国初期著名的军事家、政治家、改革家吴起说:"昔者三苗之居,左有彭蠡之波,右有洞庭之水;文山在其南,而衡山在其北。"吴起对三苗人的活动区域讲得很清楚,其

东边到彭蠡（过去一般都解释为鄱阳湖，但据宁业高教授考证，古时的彭蠡应该是今天的巢湖，只是到汉代以后人们才把古彭蠡误解为鄱阳湖）水边，其西边到洞庭湖岸边，而南边到文山（一般认为，其具体位置不可考，但也有学者认为是武夷山），北边是衡山，即今霍山。由此可知，三苗人活动和居住的地方是东到巢湖（或鄱阳湖）、西到洞庭湖、北到大别山区霍山、南到武夷山的广大地区。

据《后汉书·西羌传》记载："西羌之本出自三苗，羌姓之别也。其国近南岳，及舜流四凶，徙之三危，河关之西南羌地是也。"从中可以得知，三苗在舜的时候被迁徙到河西走廊一带，以及敦煌三危山西羌之地，与羌人融为一体。而在这之前，"其国近南岳"，"国"即国都，或理解为古诸侯氏族部落的活动中心；"南岳"即指古南岳霍山，也就是说三苗人的故国或活动中心就在靠近南岳霍山的地方。因此我们说上古霍山是三苗故里，更是三苗故国所在地。

近几十年来在霍山各地，特别是在衡山镇迎驾厂一带出土的大量新石器晚期的墓葬和石器、玉器等可以证明三苗人在霍山的活动。原迎驾厂附近有个三星村，从20世纪60年代县砖瓦厂一带挖土取料到2014年迎驾曲酒建厂房施工期间，此地出土了大量的石斧、石钺、石剑、石锛、石箭镞以及烧陶的窑址及大量红陶土和制陶用器、黑陶残片等。据专家分析，这些器物应属新石器晚期，即三苗时期生活和使用的工具。专家认为三星的三个土丘很可能是三苗先民部落祭祀活动的祭台，而出土石斧、石箭镞的月牙塘一带应是先民们的墓葬区。三星村位于淠河岸边的台地，临水近山，是古代先民理想的聚居地，其东边土墩上自古就建有"战神庙"（当地人又称其为"战王庙"）。蚩尤古代被尊为"战神"，三星村的战神庙应是祭祀三苗部落首领蚩尤

三星村出土陶鼎和陶器残片

三星村出土带划刻花纹陶球

三星村出土石箭镞

三星村出土石梭镖

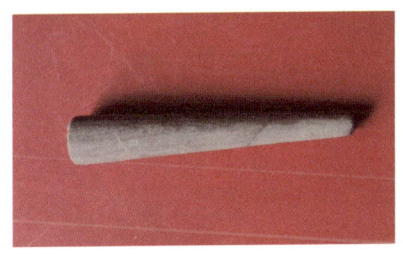
三星村出土骨簪

三星村出土石磬

的遗存。

二、皋陶封地

皋陶，也作咎繇，为上古东夷部落首领之一。曾辅佐尧、舜、禹三代，舜时为管理刑法的士，后辅佐禹平定水患，教化三苗，因其在华夏多

霍山出土新石器时期石斧

-169-

部落融合、创建统一的多民族国家过程中的特殊历史贡献,被后世尊为同尧、舜、禹齐名的"上古四圣"之一,并被奉为中国司法的鼻祖。

皋陶在尧、舜、禹时即创立了"法治"与"德治"相结合的治国安邦之道。皋陶的最大贡献是创立了五刑。《尚书·大禹谟》记载:"(皋陶)明于五刑,以弼五教,期于予治。"《急就篇》:"皋陶造狱而法律存。"皋陶创立的刑法是中国最早实施的系统化和制度化的刑法。皋陶最重要的政治主张是实施德政,皋陶"迈种德,德乃降"。为实施德政,皋陶创立"兴五教、定五礼、设五服、立九德、亲九族",谋划并实施了一系列社会制度、民风习俗、人伦秩序等方面的革新方案,以德教化民众,从而开创了"天下明德皆自虞舜始"的上古盛世。故《六安州志》说皋陶:"与禹共辅舜政,明五刑,弼五教,功不在禹下。"

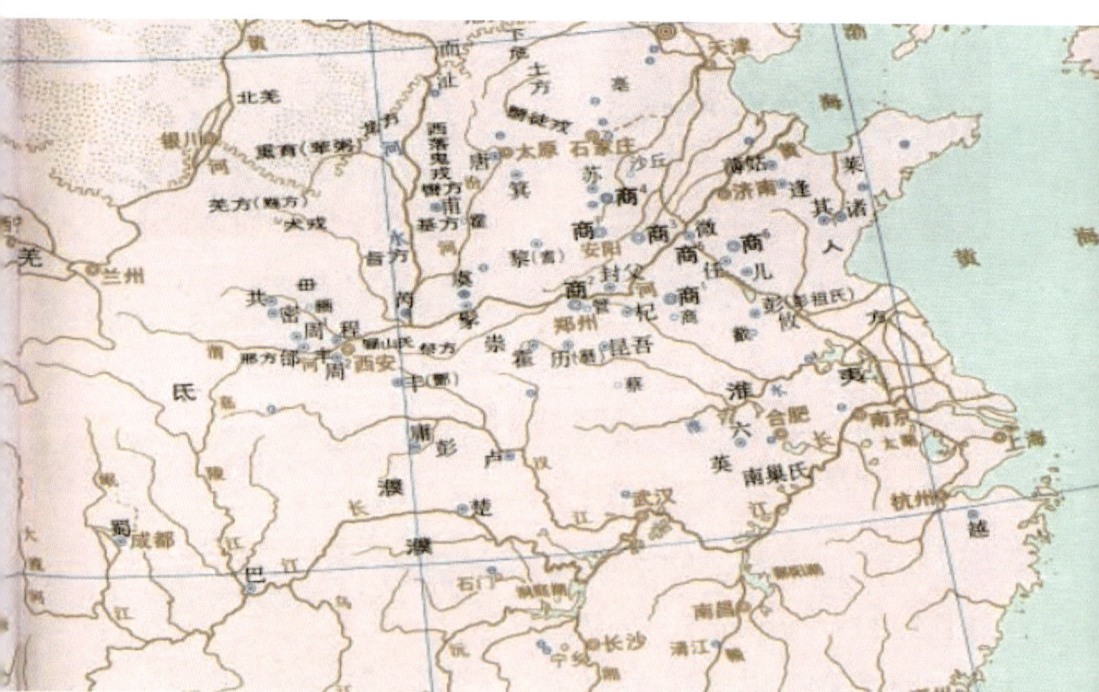

商时期地图(谭其骧主编 中国地图出版社1982年出版)

霍山出土战国青铜剑

不仅如此，尧、舜、禹时期的重大政治措施大多是皋陶谋划，皋陶的这一系列施政理念和治国思想，形成了中国上古时期的文化体系，即皋陶文化。皋陶文化深深影响了华夏民族文化的发展，在当时有力推进了华夏文明的进步，促进了部族融合，推动了国家的产生。

皋陶晚年辅佐大禹治水，和禹一样长期奔波在治水工地上，"身执耒臿，以为民先"。为保证合力治好水患，皋陶"令民皆则禹，不如言，刑从之"，利用法律手段确保治水工程的完成。工程完工后，禹和皋陶在今天的怀远涂山举行治服水患庆功宴，"会诸侯于涂山，执玉帛者万国"。皋陶晚年主要活动在淮河流域，而当时这一带正是三苗部落的聚居地，即所谓蛮夷地区。皋陶率部落进江淮之间后，在皋陶的教化下，当时江淮之间的先民不仅在农业方面先进于中原地区，而且在手工业制陶、生产工具制造和金属冶炼技术等方面都处于领先地位。江淮之间及大别山东部东夷部落和三苗部落的融合和发展，为后来禹封皋陶后裔于英、六埋下了伏笔。

鉴于皋陶的功劳，禹继位后，按禅让制惯例，举荐皋陶为继承人，并将行政大权交给他。《史记·夏本纪》载："帝禹立而举皋陶荐之，且授政焉。而皋陶卒，封皋陶之后于英、六。""英"即今霍山，"六"即今六安。英、六自此进入方国时代，成为皋陶后裔的封国，六安、霍山的建置也由此开始，时间大约为公元前2083年左右，是全国最早的几个建置地区之一。皋陶死后即归葬于六安城东，六安也因此被称为皋城。禹将英、六封赏给自己的助手、功臣皋陶的后裔作食邑和封地，并作为皋陶的祭祀之地，这是中国上古社会由氏族部落

霍山出土新石器时期石锛

制向家天下的王权国家制度过渡的重要标志性事件。霍山作为皋陶后裔封国"英"历经夏、商、西周，直至楚成王二十六年（前646年）楚灭英，"英"封国一直延续了1400多年。谭其骧教授等编著的《中国历史地图集》等书都将"英"封国标注在霍山区域。《六安州志》也记载："州西有英氏城。"

皋陶后裔随封国迁往霍山及周边地区后，东夷部落的另一支后羿部落也迁往大别山东麓的霍山、霍邱地区，东夷部落在大别山及江淮之间与原居民三苗人融合，后来成为淮夷，淮夷分九支，其中畎夷就生活在霍山。

三、华夏南岳

霍山是以黄淮中原地区为中心的华夏民族的南部边镇——南岳。霍山为南岳应早于秦汉之时。不过汉武帝于元封五年（前106年）巡狩霍山，更进一步确立了霍山为南岳的地位，《史记·封禅书》载："天子既已封泰山……其来年冬……其明年冬，上巡南郡，至江陵而东。登礼灊之天柱山，号曰南岳。"东汉人应劭解释说："灊县属庐江，南岳，霍山也。"《水经注》在解释"灊"县时也说："县南有天柱山，即霍山也。""霍山为南岳，在庐江灊县西南。"

汉武帝登礼霍山南岳后，汉宣帝于神爵元年（前61年）下诏祠五岳为常礼，诏曰："东岳泰山于博，中岳泰室于嵩高，南岳灊山于灊，西岳华山于华阴，北岳常山于上曲阳。"汉宣帝再一次明确了南岳的位置在汉时的灊县，即今天的霍山县，故南岳又称"灊岳"。苏东坡有诗云:"我有同舍郎,官居在灊岳。"

古人为什么认定"霍山为南岳"呢?这与我们华夏民族的政治地理是紧密联系的。上古之时,华夏民族的主体炎黄部落居住于黄淮之间的中原地区,其四周居住着东夷、西戎、苗蛮、北狄,其中东夷、苗蛮两大部落紧靠中原而居,东夷在山东、河北沿海一带,苗蛮(三苗)居住和活动于淮河以南的广大地区。为了争夺中原沃野,黄帝时期,苗蛮部落的一部分人在首领蚩尤的率领下,跨过了淮河,向山东一带发展,并一度与东夷部落联合,与炎黄部落发生了争夺生存空间和天下共主的战争,最后黄帝率领炎黄部落联军在涿鹿打败了蚩尤率领的苗蛮九黎部落联军,蚩尤战死,其部众又被赶回淮河以南。据史书记载,黄帝打败蚩尤后,开始"划野分州",分封百官。在九州牧之外,还设有"四岳",其时的"岳"是四方诸侯酋长的称谓,是四方边境部落首领的意思。黄帝封祝融为南岳长,祝融本是黄帝身边的火正,在打败蚩尤的战斗中,他用火攻战法打败了蚩尤军队,立下战功,因而被封为南岳,管理南方部落事务,后世因此尊祝融为"南岳神"。黄帝设立"四岳",其实也是中原之外的四方部落被列入中原炎黄部落管辖范围的标志。霍山当时是苗蛮部落的活动区域,因此,也就成了南岳长祝融镇守之地(或称南岳府衙所在地),炎黄部落势力随之进入霍山,中原文化也进入霍山,苗蛮部落在霍山与炎黄部落开始融合发展。同样东岳泰山是镇守东夷部落的东岳长的镇守之地。到了尧舜时,百官制度更趋完善,四岳已是与十二牧等朝廷22位高官并列、帝王倚重的大臣。不过这时旧时的镇守四方的

霍山出土周代五寸玉圭

岳官已与古人的山岳崇拜合为一体，岳官被尊成了山神（岳神），而四方岳官们驻地的名山成了华夏国家边防的镇山。南岳霍山，是华夏国家南部的镇山。一直到汉代，华夏民族管辖的地域仍以长江以北为主，所以霍山作为南方边镇——南岳，是一直被认可的。但随着中原文化的进一步南扩，特别是三国、两晋、南北朝后，北方动乱不断，大批中原士子"衣冠南迁"，南方得到了很好的开发和发展。隋统一后，华夏国家中央政权的统治地域进一步向南发展，南岳霍山早已失去了南方山镇的地位。于是隋文帝登基后，于开皇九年（589年）诏定湖南衡山为南岳。霍山从此失去南岳封号，但霍山从上古至南北朝一直为古南岳的地位是不可撼动的。

大别山风景道

汉武帝巡狩南岳到霍山

叶茂盛

在霍山县城西 5 公里的淠河东岸有迎驾阁,自此向西北眺望,一尊女神静躺在天地之间。她头枕西南,脚抵淠河,轻纱妙曼,秀发如瀑,忧思而眠。这就是霍山县最为著名的天然地标——睡美人。

在霍山,有这样一个关于睡美人传说:公元前 106 年,汉武帝南巡由南郡向东到灊县(今霍山县),庐江郡太守率官民至城西灉河岸边的殷家槽坊村恭迎圣驾,酿酒美女奉美酒献汉武帝,汉武帝饮后龙颜大悦。汉武帝离开霍山后,殷家槽坊村更名为迎驾厂,殷家槽坊酒

中华一绝——睡美人

有了迎驾贡酒的盛名。而献酒的美女却因龙颜一顾起相思，忧思成疾，抱病而终，化作山脉，年年期望着汉武帝的再次来访。

霍山人都知这一美丽的传说，但对汉武帝巡狩南岳到霍山的这段历史并不全然知晓。本文从《史记》中的封禅说起，探讨汉武帝巡狩南岳如何来到霍山。

一、从封禅的沿革与条件看

司马迁在《史记·封禅书》中记："每世之隆，则封禅答焉，及衰而息。厥旷远者千有馀载，近者数百载。"

又记："舜在璇玑玉衡，以齐七政。遂类于上帝，禋于六宗，望山川，徧群神……岁二月，东巡狩，至于岱宗。岱宗，泰山也……五月，巡狩至南岳。南岳，衡山也。八月，巡狩至西岳。西岳，华山也。十一月，巡狩至北岳。北岳，恒山也。皆如岱宗之礼。中岳，嵩高也。五载一巡狩，禹遵之。"

再借管仲之言曰："古者封泰山禅梁父者七十二家，而夷吾所记者十有二焉。"

然后指出："昔（秦以前）三代之君皆在河洛之间，故嵩高为中岳，而四岳各如其方，四渎咸在山东。至秦称帝，都咸阳，则五岳、四渎皆并在（咸阳）东方。自五帝以至秦，轶兴轶衰，名山大川或在诸侯，或在天子，其礼损益世殊，不可胜记。"

司马迁记南岳封禅："其明年冬，上巡南郡，至江陵而东。登礼潜之天柱山，号曰南岳。"

由此可见，"五岳封禅"之制起于轩皇，三皇五帝、秦皇汉武，都到五岳去封禅。霍山县，为古"潜"，汉初归属衡山郡、衡山国，汉

雾锁南岳

武帝巡狩时才划归庐江郡。霍山又名灊山、衡山、天柱山，在名山大川中有着崇高的地位，有着近5000年的悠久历史。

至于帝王封禅的历史条件，《封禅书》开篇就感叹道："自古受命帝王，曷尝不封禅？盖有无其应而用事者矣，未有睹符瑞见而不臻乎泰山者也。虽受命而功不至，至梁父矣而德不洽，洽矣而日有不暇给，是以即事用希。"同时又以《周官》明确："天子祭天下名山大川，五岳视三公，四渎视诸侯，诸侯祭其疆内名山大川。四渎者，江、河、淮、济也。天子曰明堂、辟雍，诸侯曰泮宫。"

这段话告诉我们：封禅五岳的帝王，必须是承受天命、德与位配的"真命天子"，并且在位时成就了一番治世的奇功，出现顺应天时的祥瑞之兆，同时五岳不在封国，必须在天子直接统治的范围。这才完全具备封禅的条件。

汉武帝从即位到元封元年（前110年）的30多年间，罢黜百家、独尊儒术，推行察举制、广纳人才，依古制研制封禅礼仪，使汉王朝的

汉武帝铜像

思想得到统一,礼法得以重建,政治得以稳定。军事上,又北伐匈奴、西通西域、南平百越与西南夷、东定朝鲜,建立了空前的大汉帝国。汉武帝的文治武功,使其成为彪炳史册的一代帝王。

"衡山"的概念在当时有两个的内涵:一是地理概念"南岳衡山",据《尚书》记载,其在轩皇时就已经定性。二是行政区域概念衡山国、衡山郡,其产生于汉武帝封禅南岳的前期。汉高祖元年(前206年),项羽以秦衡山郡置国,都邾,以境内有衡山得名。汉高祖六年(前201年),吴芮被徙封为长沙王,衡山国除为郡。汉文帝十六年(前164年),立淮南厉王刘长之子刘勃为衡山王,复置衡山国,都六(今六安)。汉景帝四年(前153年)徙刘勃为济北王,徙庐江王刘赐为衡山王,都六。南岳衡山与衡山国地域一致,汉武帝时期南郡的东面就是衡山国或是衡山郡。

汉武帝元朔二年(前127年),汉武帝颁行"推恩令",使诸侯王国析分,面积缩小。元狩元年(前122年),又出台"左官律"和"附益法",使诸侯国权力得到削减。同年,济北王以天子封禅为由把泰山以及附近的城邑献给天子。后淮南王、衡山王谋反失败,废衡山国为衡山郡,第二年又除衡山郡,分属庐江郡与江夏郡管理,五岳收归天子管辖的郡县之内。元封元年,汉武帝首封泰山,封禅的礼制得以实践并完善。元封五年(前106年),汉武帝巡狩南岳、游历霍山的所有条件已经十分成熟。

山乡秋景

二、从封禅的礼制看

《史记·封禅书》引用《周官》明确了封禅的礼制：天子祭祀天下的名山大川，视五岳如同对待三公之礼，视四渎如同对待诸侯之礼，诸侯只祭境内的名山大川。至于其他各山川、诸鬼神以及八神之类，天子路过其祠庙时加以祭祀，离去则停祭。州县以及边远地区的神祠，百姓自行供奉祭祀，不归天子设置的祝官管辖。

《封禅书》记载了始皇封禅泰山的过程：自泰山南面至巅，立石颂秦始皇帝德，明其得封也。从北面下，禅于梁父山。颇采太祝在雍祭祀上帝所用之礼。

《封禅书》还记载了汉武帝首封泰山的过程："四月，还至奉高。上念诸儒及方士言封禅人人殊，不经，难施行。天子至梁父，礼祠地主。乙卯，令侍中儒者皮弁荐绅，射牛行事。封泰山下东方，如

-181-

郊祠太一之礼。封广丈二尺，高九尺，其下则有玉牒书，书祕。礼毕，天子独与侍中奉车子侯上泰山，亦有封。其事皆禁。明日，下阴道。丙辰，禅泰山下址东北肃然山，如祭后土礼。天子皆亲拜见，衣上黄而尽用乐焉。"

这段文字明确了帝王封禅泰山需要到三地：在泰山东南麓的梁父山，设坛礼祠地主，以射牛行封礼祀泰山（玉皇顶）；到玉皇顶加封；到泰山东北麓的肃然山行禅礼。当然，因天气等多种原因，帝王不必亲自登临，但必须到其南、北两面设明堂，按射牛之事向神祇行封禅之礼。

封禅南岳如事泰山。如此说来，汉武帝巡狩南岳，衡山的南、北两面都要去。灊县也即今霍山县在衡山北面，武帝是一定要去霍山的！

三、汉武帝巡狩路程

《史记》记事必有详略，《封禅书》对汉武帝封禅泰山记述得十分详细，但对汉武帝巡狩南岳只用"其明年冬，上巡南郡，至江陵而东。登礼灊之天柱山，号曰南岳。浮江，自寻阳出枞阳，过彭蠡，礼其名山川"几句。至于巡狩恒山，则一笔带过。

其实这几句信息量甚多。汉武帝封禅南岳的时间在元封五年的冬天。汉武帝封禅南岳的路径是：从南郡的郡治江陵，向东进入南岳衡山；先到了衡山北面的灊邑（霍山），再登灊城南山，望礼天柱山；然后到了衡山的南面，从浔阳上船，沿江东去。经过彭蠡湖，从枞阳起船。以上地点都在南岳衡山的大范围之内，这也是武帝封禅南岳的大致路径。至于具体路径，当代史学家崔思棣、姚治中、王晖据史实及地名均有考证。但无论怎么走，江陵—灊—浔阳—枞阳的起止及途径的几个地点很明确。而《汉书·武帝纪》记载:"五年冬,行南巡狩,至于盛唐,望祀虞舜于九嶷。登灊天柱山。自浔阳浮江,亲射蛟江中,获之。舳舻千里,薄枞阳而出,作盛唐枞阳之歌。"与《史记》相比,其多出一个地名——盛唐,还多出了三件事,望祀虞舜于九嶷;亲射蛟江中,获之;作盛唐枞阳之歌。盛唐山即今武陟山,《读史方舆纪要》卷26六安州记为:"州西三十里。汉武南巡,尝登陟于此,因名。《汉纪》:'元封五年,南巡狩至于盛唐。'宋白曰:'盛唐县西十五里有盛唐山,当即此山矣。'"盛唐山就在霍山县的东北边。

从南郡到庐江郡的灊县,笔者认为只有浠水出沘水的官道可走。《六安州志·霍山篇》(英山县属六安州)交通篇提供的官道铺递可供参考。

霍山为皖省边邑,文牒所通,南到英山县界80公里,有8个铺

古南岳——汉武帝登礼天柱山的地方

-183-

递。县城有总铺，东至县界有一个递铺，共11铺。从六安出英山霍山县境内的铺递依次是：北望山铺、三尖铺、县城总铺、黑石渡铺、马家岭铺、祝家铺、新铺（县西80里，又名棋盘铺，前明西大路有良善铺，不知何年改至此

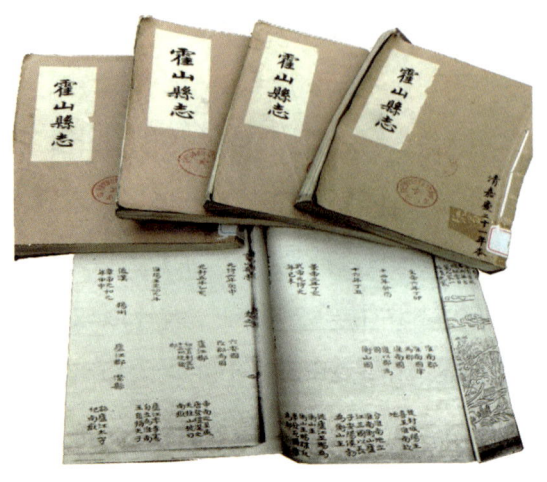

清嘉庆《霍山县志》

道，故名新浦）、道士冲铺、漫水河铺、上土市铺、深沟铺（旧名古佛堂铺）。民间传说汉武帝平定淮南王与衡山王的叛乱，淮南王后逃难、西出衡山国走的就是这条官道。

从灊县翻越天柱山到浔阳，只有白马尖（谭其骧主编的《中国历史地图集》始终标注其为天柱山）东、西两侧的黄尾河与包家河两个通道可选择。笔者认为，无论汉武帝当年选择哪条孔道，都必须到衡山主峰南面属皖邑的明堂山。按封禅礼制，汉武帝必须在此设明堂，向北行射牛事，望祀天柱山（霍山白马尖）。民间传说衡山王谋反一事遭泄密，其从六安向南逃往浔阳水军基地，选择的就是西侧包家河孔道。衡山王逃到现在白马尖南坡的长岭庵，深感负罪深重，前途渺茫，刎剑自杀。清《霍山县志》祠祀篇寺观中有"长岭庵在太阳保，汉衡山王墓侧，祀衡山王"，可供参考。

汉武帝巡狩南岳时游历了大半个霍山，留下了大量的历史遗迹，清嘉庆《霍山县志》有相关记载。如拜郊台，旧传汉武帝南巡时至此祭

告；辇街，即南门十字街，旧传为汉武辇道；凌霄树、碧桃花二者，皆在南岳山顶，传为汉武帝手植。明代吴兰作《南岳记》，云犹见碧桃；灉台寺，为汉武帝元封五年所建。

汉武帝巡狩南岳、游历霍山所形成的地名掌故有：复览山，元封五年，汉武帝南巡登天柱山，在回銮途中，乘兴登此山，复览天柱山，因此得名；指封山，《读史方舆纪要》："相传汉武南巡还，登复览山，见此山峻拔，因示群臣，封为霍岳之副，故名。"

汉宣帝于神爵元年（前61年）制诏太常："夫江海，百川之大者也，今阙焉无祠。其令祠官以礼为岁事，以四时祠江海雒水，祈为天下丰年焉。自是，五岳四渎皆有常礼。东岳泰山于博，中岳泰室于嵩高，南岳灉山于灉，西岳华山于华阴，北岳常山于上曲阳。"汉宣帝钦定的南岳祭祀的具体地点就在灉县。

到了隋朝，隋文帝认为以江淮分水的衡山为南岳已不合疆域规制，为巩固对江南的统治，迁南岳衡山至衡阳，同时封东镇沂山、南镇会稽、中镇霍山、西镇吴山、北镇医巫闾山为五镇，作为五岳之副。原为江淮分水的衡山，引用《禹贡》中的地名改名为大别山。

至洪武三年（1370年），朱元璋再次下诏，"五岳、五镇、四海、四渎"所有封爵，宜仍其旧，并刻《昭示岳镇海渎碑》以明后世。明太祖洪武皇帝朱元璋认为，大别山是明王朝的

白马尖顶峰

龙脉，明令不得破坏霍山的自然环境，以强化霍山在五镇中的神圣地位。洪武皇帝驾崩后，建文帝朱允炆继位，遣人前往霍山祭告，并刻有《霍山庙建文元年碑》。

历史上，有确切的关于帝王巡狩南岳霍山的记录的只有汉武帝，派人到霍山祭祀南岳的有后汉的汉章帝刘炟与南北朝时宋孝武帝刘骏，派人来霍山祭祀中镇的是明建文帝朱允炆。

《汉书·郊祀志下》清武英殿本影印（局部）

霍山重要考古发现

怀才高

一、古代遗址

大垅台商周村落遗址。遗址位于霍山县下符桥镇沈家畈村,距城东北约10公里,滨淠河支流熊家河南岸。址基沿河岸平行顺延,系一座长135米、宽4米、高4至5米,呈长方体的高土台。河对面的山上还遗存有古迹仙人脚。其东南面临开阔地,阡陌交错,田畴一片,远处散布着小丘陵。其东北不远处,遗有一口蓄水塘,水草丛生,面积约3亩。此地傍水依岗,利于耕稼,便于生息,是适宜早期劳动人民的栖所。遗址的临河面因长年累月被水冲刷,已形成陡壁,文化层清晰可见。断层处展现有红烧土与灰渍,呈暗褐色。采集的文物有陶罐残片、陶鬲8件和一些其他类型的陶残片屑。这些标本印有绳纹,制作粗糙,火候不精,保有商周时代器物的特征。经专家鉴定,这处遗址属商周时代的古村落遗址。其已于1986年11

霍山大垅台商周村落遗址

月经县政府批准，列为县级重点文物保护单位，立有保护和控制地带的标志。

灊邑古城址。城址与今霍山县城城东毗连，幅员约三平方公里，由邓家巷、上元街、金藏街等组成，其街名今仍沿用。

据《左传》昭公三十一年（前511年）记载："秋，吴人侵楚，伐夷，侵潜六，楚沈尹戌帅师救潜，吴师还，楚师迁潜于南冈而还。"《括地志》："灊故城在霍山东二百步。"由此可推断，灊故城在今上元街一带，历经战国、秦、西汉，存在约200余年。经勘查，在该地发现了印有车辙痕迹的铺街条石和房基残存的础石，征集有吴戟、蔡戈、车辔、马衔、青铜剑、陶罐等，属春秋、战国时期。

古灊县城址。城址在今霍山县城城西古城社区，方圆约3平方公里，残存的遗址颓垣，大多毁于建房造田。光绪《霍山县志》载有古城二："一在县东北下符桥，一在西关外即古灊县。"综合史籍记述可知，此地曾有汉灊县和唐建置霍山县的城址。南宋末年，其城垣被曹平章拆除用于修六万寨，致古城无存。仅留有清代文人的诗云："空有古城名，而无古城址；当日万人家，一片清光里。"

1974年，在城址境内挖出古狮一对、石柱等；在柳林河故道下，挖出印有车辙的铺街条石；在月牙塘挖出有古汉砖、玉器、铜带钩等。

下符桥宋代窑址。窑址位于霍山县下符桥镇下符桥村瓦屋院窑宝山，滨淠河东岸。

从窑址断面及上下层器物来看，此窑没有造型上的变更，当是同一时期连续烧造堆积而成，推断此窑存在的时间不会太久。窑座址在窑宝山南部，占地面积约5400平方米。山坡上到处都有窑废品堆积层，如陶残片、红烧土和灰渍等。窑炉是南方常见的"龙窑"型，依

霍山下符桥宋窑遗址

山坡竖向修建。多数窑洞已被破坏,仅发现一条保存尚好的窑道,长约28米,黑釉陶器残品裸露。从采集的标本看,其模式相同,时代风格一致。器物均素面无饰,仅个别的扳手上有模印"大吉"字样。器物外表古朴粗犷,别有风格,黑釉色褐光润,但因技术水平差,多变形和走釉。采集的品种中,以瓶和碗盏较多,占烧造量的80%以上,这可能是为适应北宋"斗茶"的需要。瓶的造型与"韩瓶"类型相同,六安、霍山墓葬中多有发现该窑产品。经安徽省文物考古研究所古陶研究专家鉴定,确认此遗址为宋代窑址,这在本省还是首次发现。1986年7月16日,其已由安徽省人民政府公布,被列为省级重点文物保护单位,立有保护范围和控制地带的标志。

下符桥窑黑釉陶瓶

戴家院商周台形遗址。戴家院台形遗址位于安徽省霍山县但家庙镇大河厂行政村戴家院自然村西北约50米处,处距霍山县城约10公里,因毗邻戴家院自然村而得名。遗址地处大别山东麓的江淮分水岭区域,为水网和丘陵相间分布的丘陵地带,其东南约2公里处,是海拔约400米的复览山。戴家院遗址基本呈圆形,高出周围农田约2.5米至3米,面积约1500平方米。经专家鉴定,其属于安徽常见的商周时

霍山戴家院商周遗址

期的台形遗址。

该遗址是于2005年4月为配合兴建六潜高速公路（G35）进行文物普查时发现的，由省文物局、省文物考古研究所于2005年10月下旬进行发掘。参加发掘的有安徽省各县、市文管所和博物馆的专业人员，及安徽大学4名考古专业的在校研究生等30余人。此次发掘历时60多天，发掘面积约700平方米，发现了西周时期的房址3座、土台1个、灰坑5个及其他遗迹、遗物。这表明在3000多年以前，已有先民在这里定居、繁衍生息了。

出土的器物有石范、陶鬲、陶盂、陶豆、陶钵砺石、铜斧、铜削、器盖等。据鉴定，石范用于铸造青铜器，为合范，有两块。由陶范进步到石范，说明当时的青铜器铸造工艺已达到了一定的水平。

最为奇特的是，还发掘了一个圆形土台，占地面积约30平方米，出土高度为1米，台子上方的平面有20个长形块纹饰，较为罕见。经考证，该台是作祭祀之用的。

二、古代墓葬

古木椁墓。霍山县衡山镇迎驾厂木椁墓，为木椁土坑竖穴墓葬，深5.7米，椁内一棺四厢。椁长3.9米、宽2.45米、高2.26米，用砍削的方木叠筑而成。厢内填有木炭、青膏泥；棺内有人架一具，头向西，已全朽，仅采集有头发、果壳遗物。棺室、头厢、北边厢早期被盗，已空荡无物；南边厢也大部分被破坏，从中采集有彩绘陶鼎、陶壶的残片和木俑。脚厢尚侥幸完整，清理出器物20余件，其中有彩绘陶壶、陶罐、陶黑子、漆奁、漆案、漆梳篦盒、木梳、篦、青铜镜、剑、十八楞木骰等。漆绘制品均外观秀雅，纹饰流畅，色泽鲜艳，可概见古代劳动人民的智慧和制作工艺的水平。

霍山县衡山镇南岳村刘房院木椁墓，与迎驾厂木椁墓属同类型，唯缺少脚厢。其坚实密封，保存基本完好；深5米，椁棺木稍有腐朽，漆纹依稀可见；椁长3.8米，宽2.3米，体积略小于迎驾厂木椁墓。此墓基本未被破坏，清理的随葬品大都完整，共有30余件，有陶盏、陶鼎、陶壶、漆绘双耳环、漆奁盒、木案、木俑、木梳、篦、玉质剑柄托、青铜镜等。其中的漆绘双耳环，完整无损，色泽如新，堪称佳品，有很高的史料价值。棺内人架全朽，陶罐内盛有谷物，颗粒尚清晰可见。（以上两处古墓器物经鉴定均属汉代。）

小王坟。小王坟位于霍山县城城东约15公里，今属与儿街镇百福庵村。墓基在丘陵地带，已被发掘破坏，尚剩半壁墓室，为东西走向。墓室为砖砌，长4米、宽3米、高3米。其3公里内有墓穴12处，坑内填有碎砖，表明已被开挖，当地群众以汉砖砌墙基者，比比皆是，均系就地挖出。采集的出土文物有钱纹、几何纹的汉砖、陶猪、五铢钱、黄釉陶罐等，计12件，均

霍山淮西第一桥摩崖石刻

具有汉代器物造型的特征。墓已被盗，根据出土随葬品的造型特征，鉴定其为汉墓。另在该处还发现大土墩13处，类属墓群。因传说此地有汉代王太子墓，故名小王坟。

古城畈汉墓。该墓坐落于霍山县衡山镇玉带桥村。墓顶有70厘米长的凿洞，表明墓已早期被盗。墓室长4.25米、宽2.45米、高2.84米，墓壁用几何纹、钱纹的汉砖砌成。室内无棺，未见死者骸骨，随葬品散置在室的四周。从中清理出铜镜、铜带钩、铜印章、五铢钱、陶罐、陶猪、陶豆等，计28件，这些器物特征明显，鉴定此墓为汉代中期的墓葬。

落阳河汉墓。该墓坐落于霍山县衡山镇落阳河乡马长岗村。墓向北偏东，平地起墓，封土堆高8米。该墓是由四个墓室、两个耳室、两个甬道、四道石门组成，向外并列设有两道墓门。墓壁用多种花砖砌成，墓顶以楔形花砖砌成穹隆式，甬道顶为卷棚式，北边甬道两壁设有龛。墓顶平面呈正方形，长宽均为4.1米，高3.6米；两个耳室平面长宽均为4.3米，高3.1米，前后室和耳室都有券门相通。两个甬道各有二道石门：北甬道第一道石门上有二龙穿壁石雕，第二道石门上雕以朱雀、白虎；南甬道第一道石门前有封门砖，第二道石门上亦雕以朱雀、白虎，雕工均粗简。

墓室早期被盗，破坏严重，南甬道的顶部全部被掀掉，两道石门中的一扇向外拉开，北甬道的两道石门被砸坏一扇。墓室内积水和淤泥深约50厘米，葬具、人骨腐朽无存，仅有两具石棺床放在南前室。棺床长167厘米、宽79厘米、厚22厘米；四角有足，足长25厘米、宽20厘米、厚8厘米。整个墓室建筑坚固，保存较完整。

这座墓的随葬品因被盗而遭破坏，每个室内都发现有大量残漆片，残留的器物中，陶器有灯、壶、磨、仓、罐、盒、奁等；装饰品有玛瑙珠、银耳环、银钗、铜带钩等,其余还有铜钱、铜镜、铁锛、石案、石礁及青釉瓷碗等,仅有几件较完整,余皆残破不全。

惜墓早期被盗,墓内没有纪年的物件,故只能依据墓葬的形制结构、出土的货币制样、铜镜等随葬品的特征及石雕的风格来判断其年代。经省文物考古工作者鉴定,其应为东汉后期或稍晚的墓葬。

此墓规模较大,结构讲究且少见,死者生前有较高的身份地位,是本县首次发现的大型砖室墓。

三、珍贵文物

错金铭文吴戟。出自一座春秋晚期吴国将领的墓葬中,与错金铭文蔡戈、铜殳、车辔、马衔等同时出土。此戟系青铜铸品,通残长18厘米,援长16.5厘米,狭长而微扬,中起平脊,下刃微内凹;胡长10.2厘米,阑侧有四穿,内已断失,具有春秋战国戟的特征。援的两面分别铸印有错金铭文:一为"攻敔工差",一为"自作用戟"。字体类鸟虫书。铭文上的错金灼亮如新。戟体呈青褐色,刃口锋利,光洁无锈,制作工艺精湛,堪称文物瑰宝。现被定为国家一级文物。

霍山出土战国错金铭文戟

错金铭文蔡戈。与"错金铭文吴戟"出自同一座墓内,系青铜铸品。此戈在出土时,前锋已残缺,胡、内折断,通残长21.1厘米,残援长14.5厘米,微扬,中间起脊。长胡、阑侧有二穿,内上有二

霍山出土战国错金铭文戈

六乳鸟纹镜（汉代）

穿。援的两面分别铸饰有错金花纹，援至胡铸有错金铭文"蔡侯申之用戈"6字。据专家考证，"申"就是蔡昭候名字。此物距今已有2500余年，为出土文物中之珍品。

桥形纽四系罐。1982年5月文物普查时，在霍山县原高山铺乡栗树岭张家湾农民家中，收集到一只造型均匀、外观秀雅的"桥形纽四系罐"，据说其是在一座墓内出土的。罐通高14厘米，胎质坚硬，外施乳白色釉，素面无纹饰。釉层薄而均匀，无流釉和积釉现象。口沿器底与器身黏合处无另接痕迹。器内白胎无釉，圆鼓腹，最大腹径略偏上，弧斜收至底。肩附桥形纽四耳系，间距4.5厘米。圆唇口、直沿，口径8厘米。颈短，高3厘米。矮圈足，仅高1厘米，径6厘米，底平内凹，不施釉，罐身完整无损。

罐盖呈圆形，径8厘米，正面中斜起，有"人"字形绳纽。底面起沿，内径6厘米，无釉。因类唐代白瓷，价值很高。

影青斗笠碗。1982年6月，霍山县城南上元街一位小学教师献出一只影青斗笠碗。此碗出自一座宋代砖室墓，敞口，唇沿微侈，浅弧腹斜收至底，矮圈足，底平不施釉。器体胎质较薄，全施影青色釉，光泽亮鉴，类景德镇窑产品。碗内壁刻画有水波纹，影现4尾鱼形，为戏游状，形象逼真。碗的口径为17.7厘米，底径5.5厘米，通高6.7厘米。

此碗保存完好，制作精细，款式雅致，风格独特，反映出我国宋代高超的制瓷工艺水平。1986年，此碗被选

影青双鱼纹碗（宋代）

入安徽省文物普查暨文物珍品展览。

青铜剑。出自战国晚期木椁墓,位于棺内墓主的左肩部,外有皮质剑鞘。剑通长43厘米,身中起脊,无纹饰,剑底宽4厘米,柄长8.5厘米,格与首之间有圆形双箍。剑体呈青褐色,完好无损,且光亮无锈,刃口锋利。

铜镜(汉代)

青铜镜。出自战国晚期木椁墓椁内脚厢,与漆木案上下排列,完整无损。体呈青褐色,色泽暗淡,有锈迹。背面纹饰线条清晰,无铭文,圆钮。直径13.6厘米,厚约2厘米。

木骰。多面圆形木质,有十八楞面,直径4.5厘米,通体髹深褐漆。每楞面阴刻篆体数目字,从一至十六,边缘勾画有方形线。另在对称面上,一刻"骄"字,有取胜之意;另一字由"妻"和"畏"组成。今从"骄"

霍山博物馆

十八楞木骰（西汉）

和"畏"在骰上的位置来看，显然是一对反义词，也即是"胜"与"负"的含义。此骰，亦是《古博经》一书中所说的"宗棋"，为我国古代的"陆博"用物。其年代为西汉时期，已被定为国家一级文物。

青铜矛。年代为战国，矛通长194厘米，重1.05公斤，外形匀称，制作精良。矛头长20厘米，中有脊，体呈青褐色，一旁有环纽，刃口仍锋利。矛柄直径为3厘米，呈深褐色，光滑圆润，灵便得手。柄的尾端饰有

霍山出土战国长柄青铜矛

青铜镦，镦长10厘米，也未锈蚀，仍光泽如新。该矛于1986年12月在一座早期汉墓中出土，现已被定为国家一级文物。

（怀才高　安徽霍山人，曾任霍山县博物馆馆长、副研究馆员、省考古学会理事）

《读史方舆纪要》霍山县

顾祖禹

霍山县,(六安)州西南九十里。西北至河南商城县百六十里,西南至湖广罗田县二百八十里,北至河南固始县二百七十里,南至安庆府潜山县三百六十里,东南至舒城县百四十里。汉灊县地,属庐江郡。晋因之。后魏分置岳安郡岳安县,属霍州。北齐因之。陈大建五年,别将任忠克霍州。十一年,为周所陷。隋开皇初,郡废,改县曰霍山,属庐州。唐武德初,改置霍州于此。贞观初,州废,以县属寿州。神功初,改

磨子潭

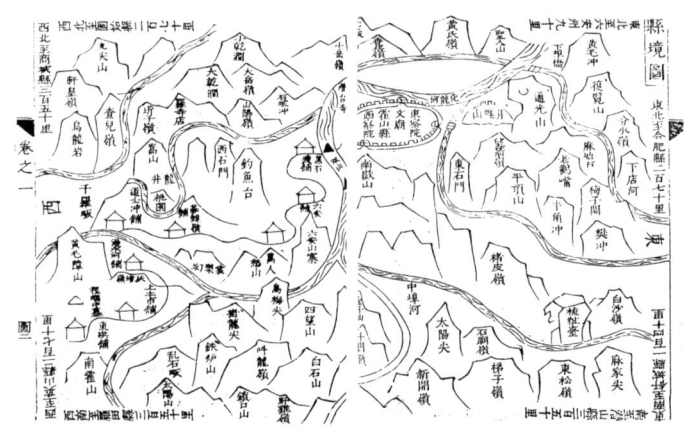

清嘉庆《霍山县志》（局部）

曰武昌。神龙初，复曰霍山。开元二十七年，又改曰盛唐，移治骓虞城，即今六安州也。天宝元年，复置霍山县于此。宋省为故埠镇，属六安县。明弘治七年，以六安、英山相距险远，于故埠镇立今县。城周三里。编户十二里。

灊城，县东北三十里。春秋时楚之潜邑。《左传》昭公二十七年："吴子因楚丧，使公子掩馀、公子烛庸伐楚，围潜。"又三十一年，吴人侵潜、六，楚沈尹戍帅师救潜，吴师还，楚迁潜于南冈，是也。汉置灊县，属庐江郡。后汉及晋因之。刘宋为庐江郡治。齐属庐江郡。梁亦为庐江郡治，并置霍州。东魏因之。高齐时州县俱废。

浠水废县，在县东。梁置北沛郡，治新蔡县。东魏因之。陈大建五年，吴明彻等伐齐，别将湛陀克新蔡城，是也。后周亦为北沛郡。隋开皇初，郡废，改置浠水县，以新蔡县并入。唐废。颍川废县，在县西北。魏收《志》霍州有北颍川郡，领颍川、邵陵、天水三县，盖萧梁置。《梁书》：天监初，魏拔关要、颍川、大岘三城，白塔、牵城、清溪皆溃。关要诸城戍，皆近县境也。今白塔、清溪，见巢县。大岘，见名山岘山。

霍山，县南五里。本名天柱山，亦曰南岳山，又名衡山。文帝分淮南地立衡山国，以此山名也。《封禅书》："元封五年冬，巡南郡，至江陵，而东登礼灊之天柱山，号曰南岳。"《洞天记》："黄帝封五岳，南岳衡山最远，以灊岳副之，舜南巡狩至南岳，即霍山也。汉武考谶纬，皆以霍山为南岳，故祭其神于此。"后汉建安四年，袁术饥困，乃烧寿春宫室，奔其部曲陈简等于潜，为简等所拒。五年，庐江盗梅乾等寇江淮，操表刘馥为扬州刺史，乾等遁潜天柱山，张辽等击斩之。晋义熙十一年，霍山崩。《水经注》："梁立霍州，治潜之天柱山。"隋开皇九年，诏定衡山为南岳，而废霍山为名山。《唐六典》："江南道名山之一曰霍山。"是也。贞元十四年，淮西帅吴少诚遣兵掠寿州霍山，杀镇遏使谢祥，侵地五十里，置兵镇守。长庆四年，霍山山水暴出为民患。《志》云：山顶有天池，北有龙湫，南有风洞，旁有试心崖，其峰高千一百三十丈。

指封山，县东三十里。旧《志》"在六安州南九十里"，盖接壤也。相传汉武南巡还，登复览山，见此山峻拔，因指示群臣，拟封为霍岳之副，故名。又复览山，在县东二十里，即汉武南巡还，登此顾瞻处也。南宋时，置戍守于此。又通光山，在县东北十里，道出六安。三回山，在县西南二十里，一名三曲山，中有小港达县治，水随山势，萦回三湾，因名。又四望山，在县南六十里，高千八百丈，登其顶，宜于远眺。（此文摘自《中华书局》2005年出版的《读史方舆纪要》）

（顾祖禹　江苏无锡人，清初历史地理学家）

古岳史话

源远流长的迎驾贡酒

王慧

美酒总是与五千年中华文明密不可分。一杯美酒传承的是中国传统礼仪文化,盛满的是中华民族的神韵与气度。霍山迎驾贡酒有着2000多年的历史,她浸透着大汉的气息,继承了华夏酒文化的精髓,以古老而独特的醇香,氤氲大地,流淌古今,誉满天下。

《吕氏春秋》记载:"仪狄作酒。"仪狄是夏禹时代司掌造酒的

迎驾集团总部

官员,相传是我国最早的一位女性酿酒师。仪狄生于淮水之滨,长于舜帝身侧,精通礼仪,巧工酝酿,是淮河流域酿酒技艺的集大成者和传承人。据《酒诰》记述:"酒之所兴,肇自上皇。或云仪狄,一曰杜康。"意思是说,在上古三皇五帝的时候,就有各种各样的造酒方法流行于民间,是仪狄或杜康将这些造酒方法归纳总结起来,使之流传于后世。《战国策》记载:"昔者帝女令仪狄作酒而美,进之禹,禹饮而甘之。"仪狄所酿美酒,虽然受到了禹王的赞赏,但是大禹认为"后世必有以酒亡其国者",出于对酒的警惕,疏远了仪狄,导致她流落于淠水之滨。从此,仪狄的酿造技艺便传扬于淠水两岸,她也因此被敬奉为酒业圣祖、至尊酒神。迎驾贡酒正是根于淠淮之间,魂系仪狄一脉。

春秋战国时期,皖西一带由于地处吴楚要冲,逐渐成为当时南方的政治、经济、文化发达区域,酿酒业也相当繁荣。《六地志》载:"酒肆林立,前店后坊,星罗棋布,槽坊尤胜。"明代进士吴兰《咏槽坊》诗:"淠河衣带远通淮,古有长津利往来。酒皆村酿人欲醉,临流牵马一徘徊。"生动地反映了古时霍山迎驾厂槽坊村一带的酒风之盛。

霍山的礼仪文化与酒文化在汉朝达到一个兴盛时期。2006年,考古工作者对西汉六安王刘庆墓进行发掘时,发现黄肠题凑的内墓道里有许多盛酒的铜器。虽历经两千多年,铜器内的粮糟味仍比较浓郁,表明在汉朝时期酒文化兴盛。霍山受到汉文化的滋养,兴起了更加成熟的酒文化,而迎驾贡酒正式得名,正在这一时期。

一、汉武南巡　迎驾得名

汉武帝一生周遍名山大川,足迹遍布五岳四渎。他曾五次修封泰山,而南巡只有一次。他与"迎驾贡酒"的故事,便是发生在南巡之时。

元狩元年(前122年),汉武帝平定淮南王刘安、衡山王刘赐的谋反叛乱,又取"六地平安,永不反叛"之意,封胶东康王少子刘庆为六安王,管辖这一地区,皖西六安由此得名。

西汉元封五年(前106年)冬,汉武帝率文武百官、亲兵爱将等组成巡狩队伍从长安启程,开始南巡。此次出行的主要目的是到盛唐(六安城西)登礼霍山南岳。汉武帝一行经过南郡后,从江陵向东而行,长驱直达盛唐。

一日,在刘庆等人的陪同下,武帝一行乘龙舟逆水而上,乘兴览胜,宣扬皇威。清风徐来、水波不兴,山势高耸、翠竹披岚。汉武帝看到两岸屋舍俨然,男女往来劳作,一片盛世景象,心情大好!突然,汉武帝闻到清爽的河风中夹杂着阵阵酒香。他叫来刘庆问道:"何来酒香?"刘庆忙答:"应是从前方槽坊村飘过来的。臣知村上有大小槽坊十多家,以殷家槽坊所酿之酒最佳,远近闻名。每年秋冬之交,臣都要差人不远百里去殷家槽坊买酒。"汉武帝听得饶有兴致,吩咐手下满扬船帆,全速前进。不过片刻,船行至灊县(今霍山县)城西槽坊村附近的水陆码头。武帝上岸后,庐江郡守率灊县县令等一众官员跪地迎接,口中齐呼:"恭迎圣上大驾光临!"武帝龙颜大悦。只见一清丽女子手捧酒樽,飘然来到武帝面前,体态窈窕,温婉娴静,气质自华。"灊地素产美酒,臣特寻殷家槽坊百年陈酿恭迎圣驾。"郡守道。汉武帝一饮而尽,连声赞叹:"好酒!好酒!"武帝执樽问道:"此等美酒,为何不进贡?"县令慌忙跪地道:"臣知罪。以后定当年年进贡。"由此,殷家槽坊所产之酒就成为了贡品,名扬天下。

次日,武帝辇驾经过殷家槽坊时,殷氏父女一起跪求武帝为殷家

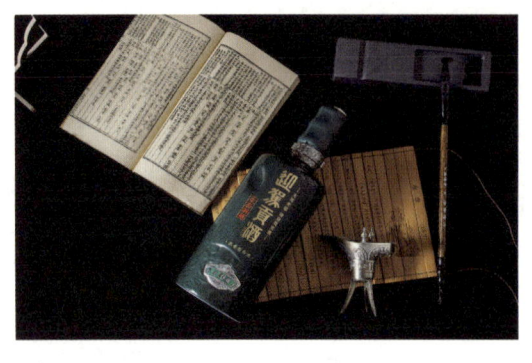

迎驾贡酒

槽坊题匾。因其濉地口音甚浓,武帝未能听清,问郡守要提何字。那郡守想到殷女献酒迎驾之事,灵机一动,说道:"请圣上赐'迎驾槽坊'四字。"武帝笔走龙蛇,欣然题下"迎驾槽坊"四个大字。"迎驾槽坊"便一直沿袭下来,"迎驾贡酒"和迎驾品牌由此诞生,汉武帝与"迎驾贡酒"的故事也广为流传,渐成佳话。自此,"迎驾槽坊"成为汉武帝的御用贡酒槽坊,各地准备迎驾的酒食供具之中都要有迎驾贡酒。

正是汉武帝对迎驾美酒的喜爱之心、品味之情,才造就了"迎驾槽坊"的醇厚绵长,成就了"迎驾贡酒"的名扬天下。

邂逅迎驾美酒之后,武帝率众登上盛唐山,设台遥祭九嶷山的舜帝冢,礼敬祈告先贤圣王。随后他登礼霍山南岳,用美酒拜祭南岳诸神,实现了遍礼五岳的夙愿。

二、御封贡酒　　流传后世

淠水悠悠千古流,水魂化作迎驾酒。美人当年奉上的美酒,从当初敬献大汉天子的贡品成为文人雅客追捧的珍稀之物。东晋八大名相之一的何充,就是霍山人。他居宰相之任,刚强果敢、度量过人、正气凛然,为世人所称赞,被誉为托国重臣。何充好佛,且能饮酒,曾经在武帝登封南岳之地招待朝廷官吏,并特意奉上珍藏的"迎驾贡酒",与友人把酒言欢、共叙桑麻。东晋名士刘尹说:"见何次道饮酒,使人欲倾家酿。"历朝历代的霍山贤士名流也让"迎驾贡酒"的美名和武帝南巡霍山的事迹广为流传。

晚唐著名诗人皮日休晚年曾来到霍山游历南岳山，当地士子以迎驾贡酒为他接风洗尘。畅饮迎驾贡酒后，皮日休写下了著名的《霍山赋》。许是霍山的山水和醇厚甘洌的迎驾贡酒打动了他，自此以后，皮日休隐居在霍山古佛堂，传业授道，过着诗酒自娱、怡然自得的隐士生活。

大文豪苏轼谪居黄州（今湖北黄冈）期间，有不少闲散工夫。他过英山、翻越土地岭，到舒城看望好友，游览霍山。苏东坡在霍山喝过迎驾贡酒之后，流连忘返，每每称赞："此乃天下之美酒也。"一日，苏东坡与好友相聚在灉台寺，酒意阑珊，看这淠水之滨的灉台好似那长江之赤壁，便即兴挥毫泼墨，写了三个遒劲大字"小赤壁"。南宋初年，苏

汉武帝霍山巡狩雕像

氏后人迁居霍山，实在是缘分使然。后来，清朝举人李廉泉将这三个大字镌刻在石壁之上，成为霍山一大胜景。

在霍山当地，有一座英姿灵秀的山峰，书写着跨越千年的倾慕。传说汉武帝南巡霍山之时，向武帝敬献美酒的清丽女子与其一见倾心，相互爱慕。刘彻不得不与美女相别，可又不忍心告诉她。他们在淠河畔一边谈笑，一边饮酒，武帝的特别侍卫——一头雄狮子就在旁边守护着。月是十五的满月亮，好圆呀；人是乡村的山妹子，好美呀；酒是当地出产的殷氏土窖酒，好醇呀！武帝心里有事，喝了一碗又一碗。女人呢，冰雪聪颖。她猜透了武帝的心思，而又不忍心去道破，心里面痛苦啊，喝了一杯又一杯。不知什么时候，他们俩都醉了，睡着了。那头狮子也睡着了……

武帝醒来时，已经是晨曦初露，天色迷离。他看着心爱的人熟睡的样子，不忍心叫醒她，亦没勇气与她道别，更不放心她一个人留在这荒郊河畔，于是他给雄狮下了一道这样的圣旨：狮儿啊，你就永远永远守护着她吧！

从此，在这大别山北麓、淠水河畔，就多了一道奇特的景观——狮子美人山。现在，我们登临迎驾阁，向那座山峰望去，但见"美人"秀发飘逸，静卧于淠河西岸。夕阳西下，红日渐隐，霞光尚存，逆光西望，此山恰似一少女覆纱仰卧，香梦酣然，犹如"睡美人"。2000年，著名文学大师王蒙亲临"睡美人"游览，为之惊叹，挥毫题下"中华一绝睡美人"。作家鲁彦周目睹"睡美人"芳容后，作词赞曰："迎驾美人，清丽如月。面对苍穹，繁花四合。风鬟雾鬓，神情飘逸。头枕山林，思绪如织。往事已矣，美酒胜昔。嗟乎自然，美哉奇迹。"

白云庵银杏树

三、传承千载汉文化　　铸就迎驾新辉煌

从殷家槽坊到迎驾槽坊，一杯美酒跨越了几千年的时光，成为如今的"迎驾贡酒，国人的迎宾酒"。历经千年风雨的迎驾，在这片酒香氤氲的美丽土地上继续绽放。

1955年，霍山县三家公私合营槽坊联办的霍山县酒厂成立，这就是今天迎驾集团的前身，赓续于古时的迎驾贡酒；1958年前后，霍山酒厂改为国营佛子岭酒厂；1992年，霍山县人民政府组建霍山县酿酒食品总厂；1997年，原国营佛子岭酒厂改制重组，"佛子岭酒"正式还原为"迎驾贡酒"，当年敬献汉武帝的美酒也变得越发甘醇，以更厚重、更质朴的姿态呈现在消费者面前。2015年，迎驾贡酒在上海证券交易所A股主板上市，成为白酒行业第16家上市企业。现如今，迎驾已成为跨地区、跨行业、多元化发展的大型股份制企业，构建了"三水一草"的发展格局，即激情之水——迎驾贡酒；健康之水——迎驾山泉；快乐之水——迎驾文旅；生命之草——魂之草（霍山石斛）。一座产城融合、文旅配套的"迎驾大庄园"已具规模，"大驾光临，请喝迎驾贡酒"，"迎驾贡酒，国人的迎宾酒"的品牌定位家喻户晓。

为了实现长远发展，迎驾成功将多粮工艺与单粮工艺相结合，打破了"川外酿不出五粮型好酒"的神话，形成了迎驾贡酒"绵、甜、醇、净、香"的典型口感特征，生产出醉得慢、醒得快、有点甜的生态美酒。

根植于2000多年的历史，依托于霍山得天独厚的自然生态环境，迎驾集团根据酿酒规律，探索中国白酒的生态之道，逐渐形成了"生态

迎驾阁

迎驾酒文化博物馆

产区——构筑酿酒环境前提；生态泉水——打造酿酒水源基地；生态酿艺——创新酿酒技术体系；生态循环——突显酒企社会责任；生态洞藏——锤炼迎驾酒体风格；生态消费——赋能国人健康生活"六位一体的生态体系。在中国酒业协会的指导下，迎驾集团与江南大学、北京工商大学、中国食品发酵工业研究院联合成立中国生态白酒研究院，开创中国白酒的世界语言，成为中国生态白酒第一品牌。

迎驾贡酒先后获得"国家地理标志保护产品""中华老字号"等殊荣，迎驾贡酒传统酿造技艺被列入"非物质文化遗产名录"，迎驾酒厂被认定为"生态环境最美的酒厂"，6次荣获"中国白酒酒体设计奖"。"迎驾贡酒·大师版"被评为"中国酒业青云奖——年度高端产品"，"迎驾洞藏"荣获中国酒业最高奖——"青酌奖"，位列浓香第一。

从2000多年前的殷家槽坊到如今的迎驾贡酒，汉武帝与迎驾贡酒的传奇故事仍广为传播。迎驾紧扣"国人的迎宾酒"和"中国生态白酒第一品牌"两大定位,深度挖掘礼仪文化、汉朝文化和生态文化,生动讲述迎驾故事、生态故事、中国白酒故事,让这杯跨越千年的佳酿贡酒走进千家万户,成为消费者心目中健康好喝的酒、当之无愧的"国人的迎宾酒"!

（王慧　安徽霍山人,安徽迎驾集团企业文化中心策划专员）

霍山：汉武帝所到之地的前世今生

汪德国

大家知道玛雅文化、埃及金字塔、古代巴比伦王国以及中国的神农架野人的故事吗？大家知道它们有什么共同点吗？它们同属神秘的北纬31度、宽度一两千公里的带型区域！同时，这里也是尼罗河、长江、密西西比河等许多大河的入海口。这里有让无数个世纪的人类叹为观止的远古玛雅文明遗址、令人难解的狮身人面像之谜、神秘的北非撒哈拉沙漠达西里的"火神火种"壁画、死海、巴比伦的"空中花园"、传说中的大西洲沉没处、以及令人惊恐万状的"百慕大三角区"，这些令人惊讶不已的古建筑和令人费解的神秘之地均汇聚于此，不能不叫人感

到异常的蹊跷和惊奇。

你大可不必过于惊诧这些神秘和惊奇,尽管程度可能有些不同,但在我们家乡、我们的身边,就有许多奇观异景:突兀的山峰、陡峭的峡谷、深邃的洞穴,我们不是都有领略过它们诱人的风采吗?处于大别山北麓的霍山,正处于北纬31°03′—31°33′与东经115°52′—116°32′之间。若说霍山是一片神奇的土地,没有人会不同意。这里的山,俊朗而雄奇;这里的水,明净而清澈。不要说"巍巍大别山,主峰在霍山"的白马尖,也不要说云雾袅袅、灵异秀美的铜锣寨,单说那座高不足500米、山顶面积不足2000平方米的南岳山,就让人感到神奇无比、充满敬意和艳羡!早在2000多年前,汉武帝就带领文武百官登临此山,参拜天地,封禅祭祀。那么,武帝在霍山去过哪些地方呢?

其实,"四岳封禅"之制起于轩皇,三皇五帝、秦皇汉武,都曾巡狩封禅。霍山县,为古灊邑、灊县,汉武帝巡狩时划归庐江郡管辖。要知道这个"灊"是专为霍山县而设的一个字。当时,汉武帝进一步推进了国家的统一,公元前119年,卫青、霍去病大败匈奴;前111年,平定南越;前110年,平定东瓯,并将其人口迁到江淮之间。公元前106年冬季,汉武帝巡狩南岳霍山。据《汉书》记载,从前110到前90年,汉武帝共八次登临泰山,封禅泰山无疑是重中之重,而《汉书》记述汉武帝封禅南岳衡山的内容又特别详细,表明淮南(及皖西)地区在西汉前期加强皇权与巩固国家统一过程中有着极其重要的作用。

据《史记·封禅书》记载:"(元封五年)上巡南郡,至江陵而东,登礼灊之天柱山,号曰南岳。"如今霍山县城关附近的南岳山、指封山、复览山等地,应是当年武帝在此举行宏大典礼、盘桓多日的历史投影。从霍山县城关往西南去，有迎驾厂、留驾园、宋家河、尚驾园（还有相关之地黑石渡、祥云寨）等，直抵南岳山脚。今六安市区鼓楼街南黄大街有巷口名"等驾拐"，传说就是当年六安王刘庆恭候武帝大驾之地。

一、武陟山（盛唐山）

武陟山位于今六安市裕安区分路口镇，离城大约15公里。武陟山也属于大别山余脉，附近另有四座山峰，由于发音接近且五峰连绵，常常被六安人叫作五指山。这座山不算很高，但是对六安的历史却有很重要的影响。"武"，指汉武帝；"陟"是一个会意字，初见于商代甲骨文，表示登高、攀登的意思。武陟山就是指汉武帝曾登临的山。

《古今图书集成·庐州府山川考三》中记载："武陟山，在州西三十里，汉武帝南巡登封霍岳驻跸于此。"这句话是说，汉武帝巡狩霍山的时候，曾经在此驻跸。《汉书·武帝纪》记载："五年冬，行南巡狩，至于盛唐，望祀虞舜于九嶷，登灊天柱山。"《汉书》原文中"至于盛唐"的"盛唐"二字很关键。这个"盛唐"在哪里？最关键的是要找到西汉时"盛唐"在哪里。我国著名的历史地理学家谭其骧教授编制的《中国历史地图集》，第二分册《西汉·扬州刺史部》一图中，将"盛唐"标在六安国六县西南，紧靠六县。《中国历史地名大辞典》记载："盛唐县：唐开元二十七年（739年）改霍山县置，属寿州。治所在驺虞城（即今安徽六安市）。《寰宇记》卷129，六安县：'县西二十五里有盛唐山，因为名。'北宋开宝四年（971年）改为六安县。"汉武帝自江陵而东行，到达盛唐后，望祀虞舜南巡仙逝之处九嶷山，再由盛唐到"灊之天柱"，即今霍山南岳山。

迎驾阁

二、射弩台

射弩台，也称弩台，就是弩箭发射台。唐朝皮日休《馆娃宫怀古》诗："弩台雨坏逢金镞，香径泥销露玉钗。"射箭在我国有着久远的历史，可谓是中国古代体育项目的鼻祖。据考古发现，它在距今2.8万多年前就已经出现了。考古工作者在山西峙峪人文化遗址，曾经发现了一件距今2.8万多年前的石箭头，这是用石头磨制的箭头，绑在木杆上作为当时射箭的用具。摩尔根在《古代社会》一书中，把弓箭的发明使用，作为由中级蒙昧社会向高级蒙昧社会开始过渡的一个重要标志。他说："由于有了弓箭，猎物便成了日常食物，而打猎也成了普通的劳动部门之一了。"弓箭的使用对于上古社会的进步起了极大的促进作用。由于具有强大的杀伤能力，增加了人类征服自然的威力，弓箭便成为冷兵器的代表，受到兵将们的青睐。据《六安州志》记载,位于六安西的盛唐山上建有一座射弩台,相传汉武帝南巡时,曾试弩于此。因常年征战,武帝神力过人,当他站在射弩台墙头凹口处向远处瞭望之时,正巧一只山羊在百米外奔跑。说时迟,那时快,武帝从随从手中拿过弩箭,似乎瞄都没瞄,"嗖"的一声,利箭便向那只山羊飞去,山羊应声倒下,弩台上顿时欢呼雀跃起来,"吾皇威武!吾皇万岁!"之声此起彼伏,然后武帝一行便下山向南岳衡山飞奔而去……

"横看成岭侧成峰,远近高低各不同。不识庐山真面目,只缘身在此山中。"庐山以雄、奇、险、秀闻名于世,素有"匡庐奇秀甲天下"之美誉。南岳山的个头、体魄自然不能与庐山相比,但三皇五帝、秦皇汉武这些古代帝王们之所以如此器重南岳山,禅封南岳山,绝对有着他们作为帝王的战略眼光。那时候,霍山古城这块"小平原"上的

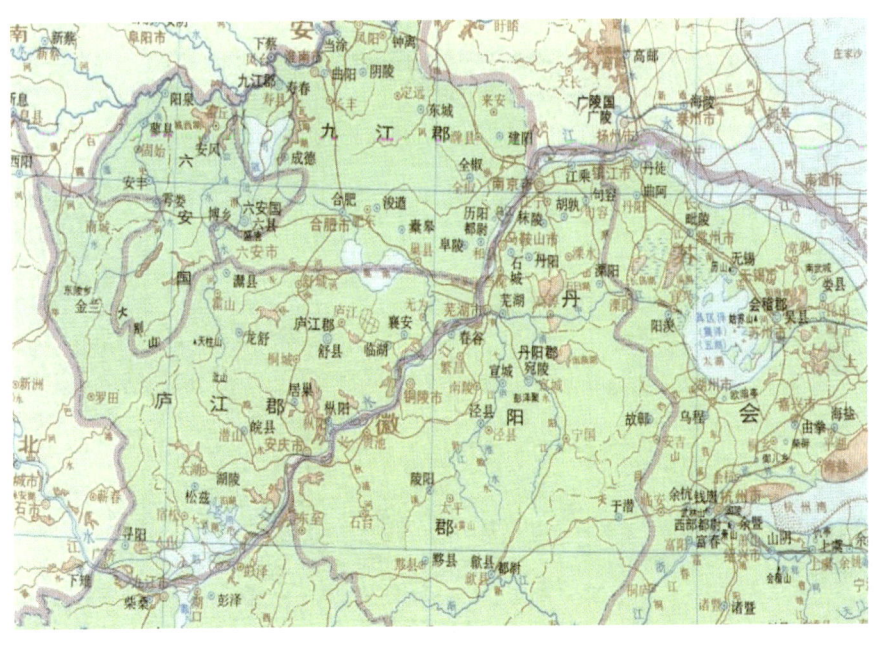

西汉扬州刺史部(谭其骧主编 中国地图出版社1982年出版)

最高建筑可能就是两层的小木楼吧,没有现在这些水泥楼峰的碍眼捣乱,从远处仰望南岳山,它会显得那样高大,孤独地擎立于大地和苍天之间,不是"天柱"一般的存在又是什么?而从南岳山顶向四周望去,远处起伏的群山,高者不高,低者不低,它们似乎都在肩并着肩向南岳山鞠躬致敬呢!连绵起伏的群山像一只飞鸟,用自己宝贵的羽毛紧紧地把一只"神鸟"呵护在怀抱里,多么娇宠,多么尊贵啊!"大山宫小山"应该就是这个意思。这样看来,一座不太高的小山被崇祀为南岳,也是一种历史的必然了。

三、南岳山

南岳山,也称霍山,古称英、灊,亦名衡山、天柱山,自古为天下名山。公元前106年,汉武帝巡狩霍山,登礼南岳,今庙宇西门尚

南岳山

有"汉帝敕封"四个大字。清嘉庆《霍山县志》记载："凌霄树、碧桃花二者，皆在南岳山顶。传汉武帝手植。"明代吴兰作《南岳记》，云犹见碧桃。另据民间传说，从县城看南岳山，它极像个"衡"字，这可能也有点道理。

南岳山闻名遐迩，千百年来已成为文人墨客心动神驰、向往登览的名山，留下了许多历史名人的足迹和著名诗文。据商代甲骨文记载，商王曾到过霍山。据《尚书·舜典》记载，舜曾登临南岳山。东晋史学家、文学家干宝在其所撰的《搜神记》中留下了"汉武徙南岳之祭于庐江灊县霍山之上，无水。庙有四镬，可受四十斛"的记载。东晋穆帝永和年间的宰辅何充登过南岳。南朝梁武帝天监年间的宰辅何敬容登过南岳。南朝时的何求、何点、何胤，人称"何氏三高"，曾分别谢绝宋、齐、梁三朝的多次征召，隐居南岳山麓，潜心著述。据郭沫若的《李白与杜甫》一书记载，诗仙李白曾于唐天宝七年（748年）西游霍山。晚唐著名诗人皮日休，咸通六年（865年）因进士落第，寓居于寿州（今安徽寿县）的东别墅，此间他游览了南岳山，写下了著名的《霍山赋》。南岳山也因皮氏之赋而闻名华夏。宋代状元焦焕曾于南岳山建造书堂，闭门读书三载，传因受南岳阳气，终于金榜题名。宋末抗金名将曹平章曾率义军驻扎南岳山。明代著名文学家、戏曲作家冯梦龙登临南岳时留下了《登岳》的著名诗篇。明代霍山籍进士、国子监丞、礼部主事、内阁兼翰林院典籍吴兰，晚年筑居南岳山下，偕其弟吴槐著书数卷，今留有《南岳山碑记》于世。明末霍山籍进士、时称天下第二清官的张孙振曾遍游霍山风景名胜，留下多首诗篇。南明大臣张煌言为联系农民军抗清曾途经南岳，住宿山上。清代霍山籍安徽著名诗人张继曾、皖西著名女诗人朱坤然游览南岳，留有诗篇。曾任过清朝刑部、户部、吏

远眺古南岳

部侍郎并京官考核一等的霍山人士吴廷栋也曾登览南岳并写下《登南岳》的著名诗篇。他们都为南岳山的历史增添了无限的光辉。

　　南岳山是霍山县也是皖西地区一处历史悠久的风景名胜区。据清代《霍山县志》记载，旧时南岳山"有天池、龙湫、风洞、石窗洞、白虎崖、试心崖诸胜；南岳祠、御风亭、万卷堂、云狮雨虎㸈、凌霄树、碧桃花诸迹"。如今除天池、龙湫（井）、风洞、石窗洞、白虎崖、试心崖等自然景观仍不失它旧有的风采外，御风亭、万卷堂、凌霄树、碧桃花等早已不复存在。其中，最为可惜的是南岳祠。南岳祠始建于汉代，距今已有2000多年的历史，是一座极为古老的庙宇，也是皖西地区最负盛名的古刹之一。1986年安徽省规划设计院在考察南岳山的时候，在山上发现了多块汉砖，这与史料记载的南岳庙始建于汉代是相吻合的。但南岳祠命运坎坷，历尽劫难，唐、宋、明、清时期曾多次毁于战火，原存的唐、元、明等朝代的数块碑刻早已荡然无存，房屋险遭拆尽,给后世造成了无法弥补的损失。

改革开放后,霍山县委、县政府审时度势,与时俱进,大力实施"旅游兴县"战略,从而为霍山的旅游事业揭开了新的篇章。县政府逐渐加大对旅游事业的投

一叶扁舟

入,修通了南岳山景区的柏油马路,兴建了景区的北大门和南岳山南大门,铺设了由南岳山南侧上山的1000余步台阶,建造了湖心亭、吟松亭、步云亭等多处凉亭,整修了百步阶。特别是1992年,县里全面修缮南岳祠,还整修了天池,从此千载古祠再显熠熠之光。

南岳南移,是伴随着隋文帝杨坚把隋朝的统治地域由江北推向江南这一历史进程而发生的。所以,我们一定要弄清楚这样一个概念,霍山南岳山是"古南岳",而现代所说的"五岳"之中的"南岳"指的是"湘南衡山"。

霍山古城具有几千年的历史,是中国历史上"四大古城"之一,这非常值得我们骄傲和自豪。20世纪五六十年代出生的人,大多还记得霍山老县城的样子,也听说过这样一句话"霍山县扁担城,发的是外来人"。不要小看了这句话,其实在这句顺口溜

南岳山石刻

霍山古城老街

里，可以看出霍山人豁达的胸怀和包容的精神。正是这种精神，才使霍山这座历史古城有了不平凡的"前世"，也有了更为精彩的"今生"。

四、霍山古城（衡山镇）

迹以人传，千古入昨，不畏其迹，唯其人也。霍山南岳区划于轩皇，肇祀于虞舜。宇内之迹莫古于此。汉武帝来到衡霍之后，几日辗转，在霍山古城留下了足迹。霍山建城时间之早，也是有迹可寻的。《史记·夏本纪》记述了夏王朝建立前夕的四个城市：阳城、英、六、许，"英"即霍山最早的称谓。由此可推定，霍山是文献记载中华夏最早出现的城邑之一，建城时间迄今已有4000多年。皖西学院教授姚治中对此曾有讨论，其立论的依据有四：一是《史记》有载。《史记·夏本纪》："帝禹立而举皋陶荐之，且授政焉，而皋陶卒。封皋陶之后于英、六，或在许。而后举益，任之政。"据此可知，皋陶原为禹之禅让对象，其

衡山镇

逝后，禹才封皋陶之后于英、六，并另举益为禅让对象。二是考古有证。1978年，当时的霍山县大沙埂公社（今与儿街镇大沙埂村）出土了一批青铜器，学界鉴定其为英氏器，专家因而确定英氏国的中心在今霍山县东北大沙埂。三是地图有标。谭其骧等主编《中国历史地图集》将"英"标定在霍山县东北。四是《辞海》反证。2002年版《辞海》英山条载，"南宋置县"，直到南宋才从霍山分出单设。由诸多记载论证可以推知，霍山最古老的城址在今大沙埂一带，然后逐渐西移，汉高祖五年（前202年）正月置潜县，为霍山境内建县之始，至汉武帝巡狩时，其址就在今霍山旧城一带。清嘉庆《霍山县志》载："拜郊台，南门内，旧传汉武帝南巡，至此祭告，今废。"也即是说在清朝嘉庆年间，拜郊台已经荒废。又载："辇街，即南门十字街。旧传汉武辇道。"皇冠凤辇，前呼后拥，汉武帝当时经过辇街的那种盛况，似曾可见。

还要说一说开运寺巷，它位于老城文盛社区。此巷位于原开运寺东侧,故名。此巷原为汉时辇街和拜郊台所在地,北起文盛街,南至南护城河。巷宽4米,长200余米。巷中有一口水井,水质特好。传说汉武帝到辇街时,亲口尝过这口井里的水呢!现在这里处于衡山镇城区中心地带,南潭(坛)社区所在地。

霍山现存古城为明代所建,民国时期把城墙向东延伸700余米,增高增厚,以东、中、西大街和文盛街为骨架,有太平巷等2条巷道贯通南北。20世纪70年代初在中大街和文盛街交汇地带建百货、邮电、书店大楼,此处渐成新的商业中心。1976年开始建设新城,80年代开始改造老城。霍山古城南靠汉武帝登礼的南岳山,北临苏轼游历的东淠河(龙溪),东接复览山,西望睡美人,境内环境优美、交通便捷,为皖鄂重要通道。从古至今,霍山古城都是有着灿烂文化、辉煌历史和重要影响的名镇。

衡山镇原名叫城关镇,2003年经省政府批准,以原城关镇为中

文庙连廊

复览山下稻花香

心，成立以南岳衡山冠名的衡山镇，为霍山县的政治、经济、文化中心。

五、复览山

复览山，原名扑龟山，距霍山县城东10公里。因汉武帝登此复览南岳，故而得名。此山为县境东域最高峰，海拔391米，山的南北各有一条小河，山下四周为开阔地，此山犹如一头雄狮伏卧在大地上，甚是奇特。汉武帝君臣在扑龟山兴致勃勃地游玩了一整天，行色匆匆地赶往迎驾行宫，忽然被一条小河拦住了去路……

鎏金银铜竹节柄熏炉（西汉）

西边的天空红霞万朵，一抹残阳挂在西山。夕阳落在小河里，将每个随从的脸上都映得通红。一幅人与自然和谐宁静、交相辉映的大美极景，呈现在人们眼前。汉

复览山龙泉禅寺

武帝一生戎马倥偬,从未如此安详悠闲地欣赏过这壮观景象,随口吟咏:"落阳,落阳,小河,小河。"于是这条无名的小河便有了一个响亮的名字——落阳河。后来,人们为了简便起见,把这条河写成洛阳河。2009年8月,其划归衡山镇东城社区管辖,建有洛阳河村民组,霍山高铁站将坐落于此。

　　清咸丰初,邑诸生龚春艺等以黄土夹石修缮城墙,设四门,略具城垣规模。寨墙因山势地形垒筑,高约4米,顶宽1米,总长1500米。虽已大部被毁,现仍依稀可见,四门框架仍保存完好。山顶原建有复览山寺,1930年被大火焚毁,今残存的寺庙门楼上正面书刻"汉帝重游",北面书刻"龙泉禅林",故亦称龙泉寺。山顶有三眼天然水井,名曰"圣泉",清馨异常,久旱久涝,不涸不溢,又有"龙井""龙眼""龙泉"之称,还有天成"石臼",完好无损。近年,当地政府和群众加大对复览山开发保护的力度,已重修山顶寺庙大殿,山下养生谷石斛基地和霍

指封山

山东部果岭现代农业田园综合体建设正稳步推进。

六、指封山

指封山，位于霍山县与儿街镇东南部，距县城15公里，地处与儿街镇中心地带。《霍山县志》写道："一峰耸秀摩空，横若麟游，侧如凤翥。"旧传汉武帝登复览，见此山特异，指封为灊岳之副，故名。指封山山势险峻，风光秀丽，境内还有一座碧波荡漾的邵家湾水库，旅游资源较为丰富。

在霍山古城城西1公里，有个叫作"双山湾"的地方，以前这里有一座小山，叫作"双眉山"，也非常有名气。这里河宽水深，可以通航，灊台寺和双眉山都在大河中间，将淠河分成三个支流，到苏家岩方才合流为一。当年这座小山上栽种有千万株桃树，桃花盛开之时，花瓣随风飘落,别有一番意味,还有个"双山桃浪"的美称。可惜这座山太矮小,已经被水沙淹没了,这个美丽的名字也被世人淡忘了。清朝庐州知府、书画家张纯修题写的"灉臺"石碑还孤独地立于林荒之中,石碑一旁的小纪念亭也静待着人们的光临和呵护,但真正的"小赤壁"已经被时光和砂石湮没在淠河河底了。只有河对面苏家岩的东坡遗冢(苏氏族谱载为苏东坡墓)被修葺打点得相当不错。每年清明,霍山、金寨的苏氏后人都会来扫墓,祭拜他们的祖先苏东坡。此情此景,让人不禁生出一些感慨来,正如一首小诗所写:

兴之所至寻古寺,荒芜山丘无踪影。
文墨古碑荒坡立,清清河水在沉吟。

七、灉台寺

灉台寺,在霍山县城西郊,今柳林河与淠河交汇处,淠河南岸,有孤礅矗立,是谓"灉台"。汉初建有灉台寺,寺后建枕流亭(又名观澜亭),其时茂林修竹掩映上下,前人有"山山围水水围山,赤壁天然宛在间"的描绘。后因河水改道南徙,灉台之孤礅半没于沙渚。1970年,改滩造田,筑坝防洪,使得"小赤壁"永沉沙底,不再复现。

清《霍山县志》载:"灉台在县西威远门外五里,平川突起,孤石如台,砥柱中流,有古刹,汉武帝元封五年敕建,后石磴有亭曰枕流(初名观澜),古木修篁掩映上下,亭之左临河,斗壁如削,昔李公廉泉镌'小赤壁'三字于其上,劲逸端妍,绝肖坡公笔法。国初知县栾、李诸公时觞咏其间,辑有《灉台志》,与岳顶天池、西山瀑布、故埠帆联、黑石待渡、会胜钟声、六寨晴霞、古城夜月同为八景。雍正五年亭为蛟水所圮,河溜趋南北流渐塞,非复旧观。道光季年,知县朱甘霖因址建亭,题

潜台寺

曰'仰苏',咸同时并毁于贼,贼平寺重建,而'小赤壁'三字昔须仰观,今半没于沙渚,须陶疏磨洗乃见。"与瀓台寺石壁相对的是淠河北岸的双山,据《霍山县志》载:"双山一名双眉,在县西五里,两小石埠并峙水中,与瀓台寺壁相映。昔时夹岸植桃花,放水流灿烂如锦。"

八、三板桥

武帝在巡狩霍山时,曾被一条小河挡住了去路。士兵们把找来的三块大木板搭在河面上,才使君臣顺利渡河。为了方便百姓过河,武帝下旨这座由三块木板铺设而成的小桥不许拆除。从此,这座简易小桥就叫"三板桥",三板桥这个地名也一直被沿用,其址位于今霍山城东。2002 年 7 月,这里成立了霍山经济开发区,如今这里也成为了霍山对外交通的枢纽。

从三板桥继续往前又有一条小河,传说当年汉武帝经过这里时,让士兵们跳到河里洗尘,从此以后,人们就把这条小河取名为洗脚河。这条小河由东向西并入化龙河,环绕古城汇入淠河。

九、迎驾厂

迎驾厂距霍山古城西约5公里,是群山之下的一片平坦之地。公元前106年,汉武帝南巡霍山,从南郡即现在的湖北江陵县向东而行,当地的诸侯、官吏和百姓在这里为汉武帝举行了盛大的迎驾盛典。自此,这个淠河岸边的平坦之地便被称为迎驾厂(场)了。

现在的迎驾厂属于霍山县衡山镇,总面积约5平方公里。1950年初设立迎驾厂乡,1956年撤销;1985年设迎驾厂镇,1992年撤销;2004年10月在进行村级规模调整时,原三星、柳林河、迎驾厂三个

迎驾厂

村合并而成迎驾厂行政村。迎驾厂村还建设了迎驾智慧工业园、迎驾体验馆、迎驾春风研学行基地。

在迎驾厂西面、佛子岭旅游区大门东面、迎驾阁南面的三角地带矗立着一座汉武帝狩猎雕像,这是一尊铜质现代雕塑,由安徽省美术家协会会员朱叶鸿先生设计,安徽迎驾集团于2002年12月投资兴建。雕塑的整体造型是身披盔甲的汉武帝端坐在昂首奋蹄的骏马上,他左手拉着缰绳,右手紧握弯弓,目视远方,威风凛凛,器宇轩昂,是一处极具特色的人文景观。在六潜高速霍山出口处,还矗立着另一座武帝巡狩雕像,更加威武、有气势。

十、祥云寨

武帝去过迎驾厂后,便来到东淠河,向河对岸望去,只见对面那座齐齐整整而又高耸的大山像墙一样挡在面前,武帝随口说道:"此乃一座墙也!"后来人们就把这座山叫作"墙寨"。汉末左慈隐栖于此,炼丹修行,左慈和弟子们在山顶上垒灶炼丹,终日烟雾袅袅,远观如祥云一般,于是人们又称此山为祥云寨。桐城派张纯有《咏丹灶》诗:"长啸空山裂,青开一线天。曹公竟何许,元放已成仙。鹤唳丹台月,鹃啼铜雀烟。簪缨与萝薜,去就定高贤。"

十一、黑石渡

相传在汉武帝巡狩霍山前的元狩元年(前122年),淮南王刘安谋反事败露,王后苏氏身怀六甲,从淮南逃至霍山东淠河东岸渡口,此时,天降暴雨,河水陡涨,没有渡船。苏氏坐在岸边一块大黑石上悲痛不已,想着前无渡船,后有追兵,自己死了倒无所谓,只是可怜了

黑石渡大桥

腹中将要出生的孩子。于是,豆大的泪珠滚滚而下,砸在她坐着的大黑石上。忽然,大黑石变成了一只大乌龟,驮着苏氏一行渡到西岸,黑石渡因此而得名。现在,雄伟的黑石渡大桥已成为连接淠河两岸的重要交通要道。

十二、梁家滩

传说汉武帝一行来霍山巡狩,途经一个山冲时,天空突然乌云密布,狂风大作,暴雨倾盆,大军找不到避雨之所,武帝只得和大军一起冒雨前进。此冲因此就被叫成大雨冲,因"大雨"与"打鱼"谐音,久而久之,就成了打鱼冲。后来,大雨渐渐停了下来,雨过天晴,阳光普照,大军到达一片沙滩,干净的河沙在阳光的照耀下金光闪闪。武帝见此,遂让将士们卸下盔甲,在沙滩上晾晒,晾甲滩由此得名,因"晾甲滩"与"梁家滩"谐音,后来以讹传讹,就成了现在的梁家滩。

梁家滩在清顺治时是全县有名的9镇之一,乾隆时是全县有名的22镇之一。旧时,这里水深河阔,船、排停靠方便,亦名艨艟湾,水运发达,商业兴盛。清道光三十年(1850年),梁家滩遭洪水淹没,民国期间,沿河建成半面街,市场冷落清静。1952年,打鱼冲处的新中国第一个大坝——佛子岭水库动工兴建,六(安)佛(子岭)公路紧傍小街过境,新建房屋沿公路两侧延伸,店铺日渐增多,梁家滩小集镇虽然都是茅草房,但市场逐渐兴旺,梁家滩逐渐成为手工业、商业中心,市场繁荣、购销两旺。现在的佛子岭水库为全国重点文物保护单位,佛子岭风景区为省级著名风景旅游区,佛子岭镇已蝶变成一个风景优美的现代化水边名镇。

记得那次我们到佛子岭水库游览的情景,乘船而上,水面如镜,清

汉武帝狩猎雕塑

佛子岭水库

风徐来,微波荡漾。尤其是在驶离老丫岭、金石山,进入洪家冲、操场河之后,水天开阔,碧水轻柔,群山默然,真是令人难忘。山水之情比磨子潭深沉,比白莲岩厚重。佛子岭的山水,清纯羞涩,似乎有着太深的情愫和太多的绝美……灰色的木船行驶在平静的湖面上,船驶过之处,溅起白色水花,那纯白的水花在青青的湖水上开放,令人心动。佛子湖的水,仿佛是一块巨大的玉。那玉面上有细细的纹理,有玉的肌肤、水的灵魂。寂静窒息的绿水中,只有小木船的马达声,带着我们一行走进了另一个世界。木船行驶到水域深处,同行告诉我:这水下有一座千年古镇,她的名字叫管驾渡。

十三、管驾渡

汉武帝南巡至霍山古城南 15 公里处,须渡灉水(淠河上游)。当地官府在管驾渡早早就设立了机构,专门负责迎驾的相关事务,管驾渡也由此而得名。古时候，东淠河上游人口稀少，森林覆盖率高，雨量充沛，河水泱泱。沿淠河而上，向南经过现在的太阳乡，再到现在的岳西、潜山，就是历史上重要的茶马古道。这条茶马古道的沿途有诸多的民间传说，汉武帝南巡曾从这里至寻阳（今湖北黄梅）。在太阳乡所辖船仓村马槽河岸边金鸡山的石壁上，还可看到许多断断续续、清晰可见的古栈道遗迹。管驾渡处河宽水深，离河道不远有一片地势平坦之地，是这条古道上的一个重要渡口。管驾渡古镇曾经是霍山南乡的最大集镇，亦是淠河的重要渡口和码头。1954年佛子岭水库建成后，该地被划为淹没区。现在这个曾经繁华一时的镇子，已经躺在佛子岭水库深水下60多年了。

十四、睡美人

站在黑石渡大桥东端远望，西边的那座山俨然是一位姿态安然的睡美人啊！你看她长发飘逸、乳峰高耸，头枕诸佛庵，脚蹬淠河岸，由西北向东南而卧，实为大自然界的奇迹之一。

据传，汉武帝南巡时与献酒的女子结下了一段亘古罕见的旷世奇缘。不久，汉武帝不得不与美女相别，可又不忍心告诉她。在一个月朗星稀的晚上，武帝约女子在淠河之畔相见，饮酒作乐，交谈甚欢。不知什么时候，他们俩都睡着了，武帝的特别侍卫——雄狮也睡着了。武帝醒来后，不忍叫醒熟睡的女子，便令狮子在此守护她，自己则踏上了归程。谁料女子在此苦候，最终和狮子化作一道奇特的景观——狮子美人山。睡美人的婀娜身姿，迷人容颜，让人感佩而不敢亵玩；睡美人的爱情故事，感人肺腑，被人传唱至今。

十五、留驾园

留驾园村位于佛子岭镇南部、佛子岭水库上游，距霍山约20公里。汉武帝南巡霍山后，过三十岭、管驾渡，曾停留并住宿于一徐姓地主的庄园之中，此园因此得名留驾园。徐家后代在此园修建了祠堂，此园因汉武帝曾留宿之故而名气大增，徐姓也因此逐渐发迹，一直到现在还是当地主要姓氏。徐氏祠堂虽几经战火，然保存较好，仍有四五十间以上房屋之规模。整个祠堂青砖小瓦，雕梁画柱，档次极高。1969年，拆祠堂之材料，建成了留驾园初级中学。

十六、宋家河

俯瞰宋家河，就像徐徐展开的美丽画卷：巨型水车汩汩转动，等待人们穿越风车彩道、儿童游乐园，跨越千年古村落，开始文化寻根之旅。亭台楼榭，小桥流水，山水画廊，农耕文明，这里有浓缩的精

留驾园

宋家河（送驾河）

华，极致的美景。流连在山水中，野花、茶园、蝴蝶、吊桥，相映成趣，溯流而上，一条小河从铺满鹅卵石的河床中间流过，哗哗流淌的河水，像是在向人们诉说着二千多年前官吏百姓在这里送别汉武帝的情景。

离开留驾园之后，翻越了几座小山，汉武帝一行来到了宋家河。当地官吏在霍山南方深山区的一条小河畔恭送圣驾，此地便得名送驾河，后因年长日久，被叫成宋家河，一直沿用至今。汉武帝同百姓告别后，在山边一户庄园中上了御驾，此地得名尚驾园。武帝一行车驾启程，沿着驰道继续向南而去。

我们从这些故事可以看出，汉武帝南巡、祭祀南岳，是霍山县历史上最为浓墨重彩的一笔，它对于之后霍山社会的发展和历史的赓续，都有着十分重大而深远的影响。

（汪德国　安徽霍山人，中国散文学会会员、中国诗歌学会会员、安徽省作家协会会员、六安市作家协会会员，霍山县作家协会副主席兼秘书长）

老城沧桑

金崇尧

位于安徽省西部大别山北麓东段的霍山县，是一处历史悠久的古城，有史料记载的历史就有2700余年。公元前646年，楚国消灭英后在今霍山县东北的下符桥设置灊邑，这是历史上最早建设在霍山县境内的城市，今霍山县城这块地方即属灊邑。《左传》昭公三十一年（前

霍山县城

511年）："秋，吴人侵楚，伐夷，侵潜、六。楚沈尹戌帅师救潜，吴师还。楚师迁潜于南冈而还。"这里的"南冈"就是今衡山镇锥子山村邓家巷村民组一带。汉高祖五年（前202年）正月，改衡山国为衡山郡，在今霍山县境内设置灊县，这是霍山县境内有县的建置之始。县治（县衙驻地）即在今锥子山村邓家巷村民组，这便是霍山县最早的县城。《唐书·地理志》记载："故城在霍山东二百步。"（旧制一步约为1.7米。）

南朝梁天监二年（503年），在霍山县境内设置霍州，时霍州州府即在今老城区。当时霍州曾管辖17郡36县，大多为侨置郡县（东晋南北朝时期，为了安置因战乱而大量南迁的人民，便以其故乡地名于流民聚集地设置州、郡、县，称为侨置郡县）。今衡山镇境内设置

文庙大成殿

的侨置郡县有：南陈郡、岳安郡、南陈县、岳安县、安城县、义兴县。隋开皇三年（583年），废霍州及诸郡，改岳安县为霍山县，县城在今老

文庙厢房

城区，这是霍山县以霍山为县名之始。唐武德四年（621年），以霍山、应城、灊城三县复置霍州，治所仍在今老城区，辖境约今裕安、霍山、金寨等区县。同年，设置灊城县，县城在今邓家巷村民组境内，贞观元年（627年）被废，和应城县一起并入霍山县。唐武则天神功元年（697年），改霍山县为武昌县，县治在今老城区。神龙元年（705年），复名霍山县。唐开元二十七年（739年），霍山县改置故埠镇，镇治仍在今老城区。唐天宝元年（742年），故埠镇复升为霍山县，但改县治于今衡山镇玉带桥村古城村民组境内。（该县城北临淠河，长2公里，宽1公里，有4座门。20世纪70年代前，北门和东门尚有明显遗迹，还在该地区发现了石狮、石柱、车辙条石、墙基等。据清嘉庆县志记载，嘉庆年间，此古城南埂尚在，此城毁于南宋末年曹平章率军抗元时拆古城建六万寨。）北宋开宝元年（968年），又废霍山县为故埠镇。明洪武十四年（1381年），设巡检司于故埠镇，镇、司治所均在今老城区。明弘治七年（1494年），重建霍山县，至今未改，县治仍在今老城区。从以上记述可以得知，今衡山镇辖区内曾有三处为县治所在地：一是在城东邓家巷村民组境内，前后约有800年历史；二是在城西古城村民

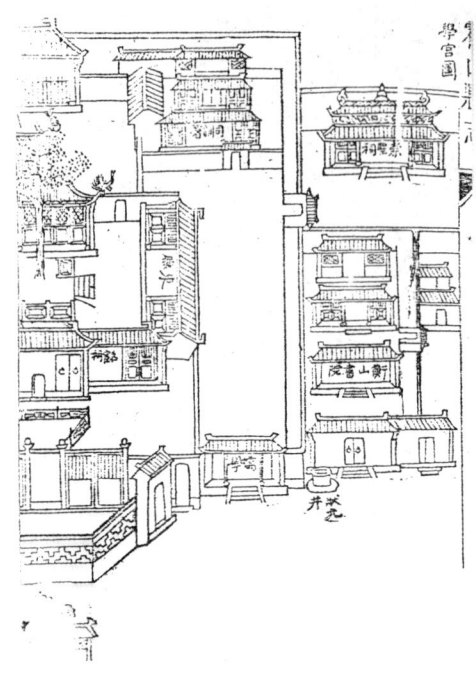

清嘉庆《霍山县志》学宫图（局部）

组境内，前后约有200年历史；三是在今县城老城区，从建城算起前后应有1500余年的历史。

霍山老城，旧时指护城河以内的地区，创建于南朝梁天监二年，因置霍州、岳安郡、岳安县而建。时霍州在今霍山县境内及邻县部分地区设17郡36县，这些郡县大部分在霍山县境内，当时老城区曾是1州、2郡、4县的首府。老城区在历史上曾称霍州、岳安郡、岳安县、霍山县、故埠镇，作为县及县以上行政区驻地有800余年的历史。霍山老城在南北朝时为州、郡、县诸多行政中心。当时，北方先进文化逐渐融入霍山，东晋南北朝时期霍山出了10位"宰相"（包括相当于宰相之职）、4位驸马、3位皇后。

宋代时霍山是州县的属镇，谈不上县城建设。直至宋末，才在老城区垒土为城，为南宋遗臣曹平章抵抗元军栅寨。明弘治七年，在建县之前，老城仅是一座"砖街四条，小巷十三条，城门四座，东西长三里，南北宽一里"的古土城。建县后，知县崔中、吴霖就土城旧址相继增筑，挖掘护城河，改巡检司署为县衙，筹建文庙（现为省级重点文物单位），整修原递铺、仓库，建设东（启明）、西（长庚）、南（崇寿）、北（拱辰）4座城门，东西城门外还建有楼堡，古城得以重建。正德、嘉靖年间加高城墙,扩建城北防洪石堤;隆庆、万历年间,再次增筑石岸,修补城墙,"城始相接如环"。明末老城毁于战火,清代又相继修葺,逐渐恢复如初。清光绪《霍山县志》记载:"乾隆之际,民物殷富,城内街市多莫能容,蔓延至四外。"这是霍山县明、清两代最繁华的时期。当时,顺城北至淠河兴建了顺河街,淠河岸边有航运码头和堆场。西门外建了西外大街(20世纪70年代前,城西门南北均保留有旧城墙),再向西三里有古城街。城东赤栏桥(即石担桥)而东有金藏街,光绪《霍山县志》记载:"金藏街北为戚家巷,再东二三里许有街曰邓家巷,州治东来之道也。"(20世纪90年代前,这里仍有一条长约1000米的草街,新中国成立初期,客运车站即设在此街中段。)南门外建有南坛(即社稷坛)和拜郊台,南门内有辇街。光

早期的霍山文庙

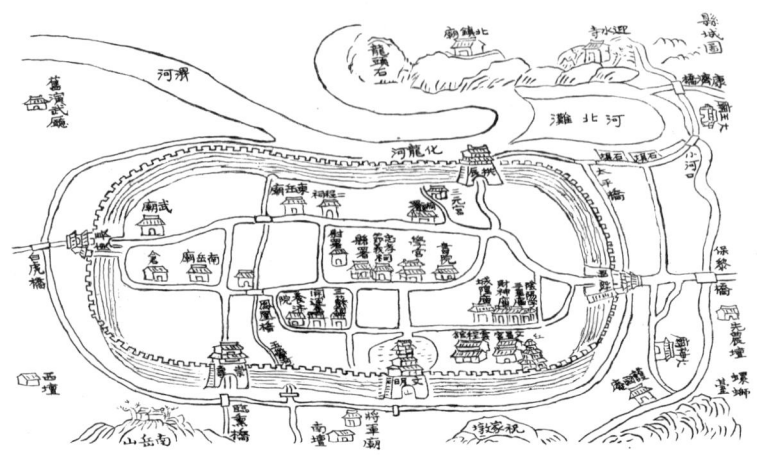

嘉庆年间霍山老城城池图

绪《霍山县志》记载："（乾隆时期）自西外大街横贯鼓楼，经东门大街（指今太平巷口至文峰路）出东关（位于龚家巷南巷口，今文峰路与东大街交汇处），直至赤栏桥闸檐相接，为霍中奥精华萃焉。""贸易民物之盛，十倍于今。""剧园酒肆歌吹沸天，灯火万家达旦不息，以故四方辐辏称巨镇焉。"清乾隆、嘉庆时期，老城先后在城东恢复建设了城隍庙、财神庙、三皇庙；城东南建有文昌宫、云程馆；城西南建有三苏祠、开运寺、养济院；城北建有三元宫、二程祠、东岳庙；城西建有南岳庙、武庙、仓库；城中心县衙东有忠孝节义祠和学宫、书院等。道光五年（1825年）知县朱士达为倡导崇儒学风，重建文峰塔。道光三十年（1850年），老城遭受大水灾，顺河街被荡为平地。咸丰年间，太平军八次占领霍山城，迫使清政府于咸丰十年（1860年）在六万寨建土城以作临时县衙，至同治四年（1865年）县衙搬回老城时，老城已破败不堪。民国时期，老城加宽加深护城河，把城墙向东延伸700余米，并增高培厚。1930年4月12日，全省第一个红色政权——霍山县苏维埃政府在老城西大街（距今城西小学东约50米）成立，这是老

霍山老街

城最辉煌的一段历史。

1949年前后,老城东大街多为米店、土烟店、蒸炸店、糠店、豆腐店及修理业店铺;中大街多为小百货店、洗涤店、杂货店、中药店、理发店及服务业店铺;西大街多为土布店、山纸店、饭店、炭行等。习惯上称为东大街、中大街、西大街的3条街,实际上就是从东向西横贯老城的一条街。以东、中、西大街和文盛街为骨架,太平巷、一人巷、龚家巷、澡堂巷、周家巷等12条小巷贯穿南北。霍山老城在历史上屡遭战火和洪水的冲击,饱经沧桑,逐渐淹没在历史长河中。如今,一座现代化的霍山新城日益锦绣辉煌,与昔日相比已是翻天覆地、天壤之别,我们已很难想象老城的面貌了。抚今思昔,感慨万千,如果老城能保留至今,那可能又是一番景象了!

何尚之：元嘉时期的名相

姚治中

东晋亡于公元420年，此后宋、齐、梁、陈4个王朝，都以建康（今南京）为国都，统称为南朝。东晋和南朝大多依靠世族地主的统治，随着经济社会的进步，世族地主逐渐趋向没落，南朝潜县（今霍山县）何氏家族的兴衰便体现了这个历史进程。

何充的侄儿何悰，侄孙何叔度都只当到郡太守一级的官。何叔度的儿子何尚之，年轻时也如一般的世家子弟，游手好闲，特别爱赌博。何尚之年事渐长，见家道逐渐中落，开始有所悔悟，决心修养心性，下功夫钻研学问。因门第高，他当了一任县令，南朝宋武帝刘裕北伐长安前，把他召到帐下管理文书账册，受到刘裕的奖励。宋武帝的继承者也欣赏他的才干，他逐渐被提拔为吏部郎，参与朝廷官吏的任免。有回他请假回家，满朝文武到码头送别，到了家里，何叔度问儿子："听说不少人送你，风光得很啊！有多少人？"何尚之回答："大约有几百。"何叔度笑道："这些人是在送吏部郎，可不是送何尚之啊！"这类教导使何尚之在仕途中始终保持清醒的头脑。

何尚之主要活动于宋文帝（刘义隆，年号元嘉，424—453年在位）统治的中后期，南朝初年世族地主越来越腐朽，如王导的玄孙王僧达，一年升了五次官还不满意，想当司徒司空；不好好做官，却看斗鸭，放鹰犬打猎，操刀屠牛；见有的和尚富有，就向人家索取，否则就派兵丁去抢；强迫同族的侄子和自己搞同性恋，人家不愿意，他在后花园挖个大坑，企图将此人骗来活埋。这样的人实在不堪任用。何尚之有学识，办事务实，在当时的高门大族中可谓鹤立鸡群。

宋文帝博览经史，写得一手好隶书，他任命何尚之为丹阳尹。何尚之上任后，在建康南门建立学校，邀集著名学者讲学，使其成为当时最著名的学校，从而在京城周围营造了浓郁的学术风气。宋文帝执政后，在都城设立4个学馆：玄学馆、史学馆、文学馆、儒学馆。何尚之受命主持玄学馆，传授生徒，讲求学问。在教育与学术研究的实践中将文学、史学、哲学各自独立，作为独立的学问有区别地进行研究与传授，这是一个创举。

元嘉年间是南朝政治最清明、国力最强盛的时期，何尚之长期担任宰辅，发挥了重要作用。那时世族掌权，王僧达之流不在少数，有个世族子弟提出要当吏部郎，何尚之说："应该根据官职需要来选人，哪有随心所欲选官当、要官当的。"当时，高门大族依仗门第索要官职已成风气，何尚之当宰相多年，从来不推荐亲戚或家属当官，理直气壮地顶住了要官当的歪风。后代史学家说，元嘉年间，"吏无苟得"。何尚之的作用显而易见。

从西晋到元嘉年间的100多年中，国家动乱不休，经济破坏严重。公元430年，宋文帝铸四铢钱（1铢=0.667克），结束了两晋100多年国家来没有官方铸币的不正常现象。宋文帝时的四铢钱名称与实重一致，铸造的数量适中，流通比较稳定，基本上没有私自盗铸的。447年起，民间开始有人用从古钱上剪下的铜铸造轻而薄的"四铢钱"，造成货币流通的混乱，高门大族趁机大肆偷铸牟利。有人建议铸"大钱"以代替四铢钱，所谓"大钱"，重不过5铢，却要被当成两个四铢钱用，这

绿水青山赛金山

明摆着是掠夺百姓财富。何尚之对皇帝说,这种政策只利于有钱人盗铸大钱,却增加了穷苦百姓的困难,劝他不要这么做。宋文帝不听,硬着头皮执行了一年,引来怨声载道,不得不下诏停铸大钱。如今的南京城里的玄武湖是元嘉年间开凿的,宋文帝本来打算在湖中堆起三座"神山",花巨资在"神山"构建传说中的"蓬莱仙境",何尚之谏阻了这项工程。

  世族地主在东汉末曹魏时形成,到刘宋时已200多年了,其中,大多数人养尊处优,思想空虚,想当官想得入了迷,却又忸怩作态,把退隐林泉作为"清高"的表现,不关心百姓疾苦,一点对国家和社会的责任感也没有。公元452年,何尚之年老致仕,不久宋文帝派王玄谟等北伐,想到何尚之曾跟随刘裕北伐,有经验,于是请他重新出仕并委以后勤重任。世家大族中有人写文章讽刺何尚之,王僧达甚至跳出来说:"我家养一条老狗,放它出门却无家可归,这又跑回来了。"这些人自己不务正业,却反对别人干实事;自己醉生梦死,却嫉妒别人勤恳工作。何尚之以朝廷大局为重,不被这些无聊的讽刺谩骂动摇,不计去就,认真实干。

何尚之生活俭朴,不讲排场,妻子去世便不再另娶,也不养妾蓄婢;位居宰相却不贪恋权势,不搞拉帮结派,不任人唯亲,虽招致一些人的误解,但称赞他正派的人更多。如他这样务实而有责任感的人,在当时世家大族中真是不多,"元嘉之治"是南朝国力最强的时期,何尚之为此做了重大贡献。

南朝是世族地主走向没落的时期,灊县何氏家族在刘宋后期及以后的兴衰沉浮,具有相当的代表性。

何尚之的儿子何偃没染上纨绔子弟的习气,有学识,也能干事,后得到皇帝的赏识,被提拔为侍中,掌管皇帝诏令的起草。南朝时的侍中掌握丞相实权,是事实上的丞相。这时,何尚之是司空、尚书令,位居首辅,父子同时为相,掌控朝廷枢要,文武大臣无不敬畏三分。但何尚之父子诸事都能把握分寸,最终得到朝野一致好评,这是很不容易的。何偃继承了父亲的施政风格,也有自己的特点。他向皇帝提出

霍山县太阳乡金竹坪村狮子包

三条根本性的政见：第一，抓住农业这个根本，体恤农民的艰难；第二，精简官吏，加强考核，督促官吏提高施政能力，提高俸禄，防止贪赃枉法；第三，慎选地方首长，军政分开，保持相对稳定。这些意见都很有针对性。可惜何偃缺乏艰苦环境的锻炼，没有他父亲那样坚强的意志。险恶的世族地主官场，争权夺利，明枪暗箭，他招架不住了，人到中年就神思恍惚，疑虑重重，于是上表辞去官职。他的政见虽然超人一等，却不能实施。皇帝挽留他，他在任上空谈"玄学"，没做出实绩。他的儿子何戢娶了宋孝武帝的女儿山阴公主，这位公主见吏部郎褚彦回长得英俊，便要求皇帝派他来"侍候"自己。褚彦回誓死不从，后来还与何戢成了好朋友。何戢虽然也当过侍中、吏部尚书，但并没什么建树。

何家世代信佛。朝廷按门第给何尚之的孙子何求官做，他隐居在和尚庙里，"足不出户"；提升他为永嘉（今温州）太守，他跑到山里隐居不出。何求的弟弟何点，博览群书，口才极好，成天披头散发，见到公卿贵人，昂首而过，对下人倒平易近人。何点常坐着一辆柴车，装一壶酒，悠悠然游荡于道路上，有一天小偷将他放在车后的衣服"拿"走了，他看着却不叫唤，别人抓了小偷带到他跟前，他把衣服送给小偷，小偷不敢要，他说："不要，就将你送到官府去。"小偷只好收下。何求的三弟何胤，好享受美味珍馐，每餐都要操办满桌的好酒菜。南齐时何胤当了太守，对百姓讲究诚信，每逢年过节，就把大牢中的囚犯放出，让他们回家团聚。说来也怪，这些犯人都能准时回来，没有一个逃跑的。何胤对《诗经》《易经》《礼记》都有研究。何求三兄弟被当时人称为"何氏三高"。

西汉衡山王刘赐

陈厚俊

西汉时,霍山即是衡山,《霍山县志》《六安州志》谓之"古南岳"。此地曾被汉家朝廷析为衡山国,第二任衡山王刘赐之墓的遗址就在霍山县太阳乡的长岭庵。县内落儿岭镇的太子庙是当地百姓为纪念衡山王太子而立的。霍山民间有不少关于衡山王的传说,大都表达怀念怜悯之情。那么,衡山王刘赐及其太子到底是怎么死的,又有哪些故事呢?

其父淮南王刘长的生与死。刘赐是汉高祖刘邦的孙子,其父刘长是刘邦的少子。刘长的出生颇具戏剧性。汉高祖八年(前199年),刘

衡山王墓遗址——长岭庵

邦带兵攻打韩王信的残余势力时，经过赵王张敖的王都。张敖是与刘邦一起打天下的张耳的儿子、刘邦和吕后的女婿，娶的是鲁元公主。这次刘邦远征来到赵国，赵王张敖想好好孝敬自己的丈人、大汉的天子，于是专门献美人赵姬以陪伴刘邦。刘邦离开以后不久，赵王就发现赵姬有孕在身，不敢使其再住王宫，专门建了一所宫室为赵姬居所。

之前，刘邦在平城（今山西大同）被匈奴围困，逃回长安时经过赵国，对赵王张敖肆意斥骂，甚是傲慢。赵相贯高、赵午等看不惯刘邦无礼于赵王，心生怨恨。刘邦这次经过赵国时本来准备在柏人县留宿，贯高等人想借此机会谋杀刘邦。刘邦得知此地县名后心里一惊："柏人者，迫于人！"他没有住下就走了，一场惊天动地的谋杀就这样落空了。

第二年，贯高的冤家向朝廷告密了谋杀事件。朝廷逮捕了参与谋杀的一干人等，赵王张敖的母亲、兄弟、美人等全部被羁押在河内郡（今河南卫辉市）监狱。得幸于刘邦的美人赵姬也被羁押，她告诉狱吏："先前我得幸于皇上，现在身上有孕了。"刘邦当时正在怒愤中，未来得及理睬赵姬的事。赵姬弟弟赵兼托关系找到吕后的恩人及情人辟阳侯审食其，托付他把赵姬怀有皇家血脉的事告诉吕后。吕后嫉妒赵姬，不肯为其求情，辟阳侯也没有尽力劝说吕后。

赵姬强忍悲愤，在狱中生下一男孩，就是刘长。刘长出生不久，母亲赵姬愤恨刘邦无情，在狱中自杀了。狱吏抱着刘长觐见刘邦，他颇有悔意，即令吕后抚养，并厚葬了刘长的生母（葬在河北正定，赵姬的家乡）。

汉高祖十一年（前196年），淮南王英布反汉，刘邦又亲自率兵击灭英布，立刘长为淮南王。淮南国当时地域广大，有30多个县，由此可以看出刘邦对小儿子的厚爱。

刘邦去世后，吕后专权，为了加强吕氏势力、保住专权地位，她陆续残害刘氏诸王。等到吕后死时，刘邦的儿子只剩下汉文帝刘恒和刘长了。刘长因为由吕后抚养长大，从小就依附于吕后和吕后的儿子汉惠帝才得以保全。

到了汉文帝时代，刘长才有了风光人生。当时的刘汉朝廷里，他和皇上最为亲近。加之刘长身材魁梧高大，力能扛鼎，因此日渐骄横傲慢，恣意妄行，屡不奉法。汉文帝三年（前177年），刘长奉诏进京入朝。刘长因早年审食其不救其母，怀恨在心，于是借此机会召见审食其，并将其当场锥杀，为母报仇，然后肉袒向汉文帝请罪。文帝感伤其志，加之是至亲，便赦免了他。刘长的仗势欺人和任性，就连文帝的母亲薄太后以及太子、大臣们都忌恨三分。

刘长归淮南国后更加专横，自制法令，出入僭用皇帝的警跸，向朝廷上书时也不讲君臣之礼，桀骜不驯。文帝为了规劝刘长，不得不令薄昭寄书刘长，晓以君臣之礼、社稷之重、皇族之亲、安身之要，劝其改过自重。薄昭是文帝舅舅，当时统领朝廷军队，地位最为尊重，可见文帝用心良苦。刘长得书后不悦，渐起反叛之心。

汉文帝六年（前174年），刘长命令大夫但等70人联合棘蒲侯柴武的太子柴奇一起密谋，以40乘车反于谷口（今陕西淳化县境内），并联络闽越、匈奴准备一起攻汉。朝廷发觉后逮捕了所有谋反的人，并派官吏把淮南王刘长召进京城长安。案子审理清楚后，丞相张苍等上奏了刘长谋反以及隐匿叛乱者、杀人灭口、滥杀无辜、僭越无度、擅为法令、私毁南海王上给朝廷的文书等事实，刘长依律当弃市（闹市执行死刑）。汉文帝不忍治刘长的死罪，只是废除其王位，流放到蜀地邛县，命令他所宠幸的姬妾10人跟从，并安排好居所和所有用度，由沿途各县相继传送。

刘长性格素来刚强，年轻气盛，受不了这样的打击，传车西离长安后就绝食而死。传送的几个县不敢报告，到了雍县（今宝鸡市凤翔区）后，县令才报告了朝廷。汉文帝闻讯失声痛哭，说："我只想教训他一下，让他吃点苦头就召回，没想到害死了淮南王。"为了不背负杀害弟弟的恶名，汉文帝处死了各县传送不尽职、不报告刘长之死的官吏和侍者。

朝廷推恩分封刘长诸子。淮南王刘长共有四子，长子刘安，其余三子依次是刘勃、刘赐、刘良。汉文帝八年（前172年），刘长四子都到了七、八岁的年纪，文帝伤感淮南王刘长之死，下诏分别封刘安为阜陵侯、刘勃为安阳侯、刘赐为阳周侯、刘良为东城侯。贾谊看到文帝封刘长四子为侯，知道将来还要封王，心中不安，上书文帝说："分封淮南王诸子皇上没有和臣下仔细计议过啊。淮南王叛乱天下人谁不知道呢？所幸陛下仁厚，宽恕放逐了他，他自杀而死，天下人有谁认为他死的不应该呢？今天您重用了淮南王的儿子，是辜负了天下对淮南王的谴责。儿子们长大以后难道能忘了他们父亲的仇恨吗？如果给他们很多民众，让他们积累很多财产，他们不会像伍子胥、白公胜那样公开起兵报仇，也会派像专诸、荆轲这样的刺客进行暗杀行刺。让仇人据有危及汉朝的资本是失策的，犹如把武器借给盗贼、让老虎添了翅膀。请陛下要留意啊。"

汉文帝十二年（前168年），长安民间传出歌谣："一尺布，尚可缝；一斗粟，尚可舂。兄弟二人，不相容！"文帝听闻后哀叹说："过去尧舜放逐骨肉，周公杀管叔、蔡叔，天下都称颂其为圣贤，认为他们不以私害公。淮南王死了，难道天下人都认为朕想贪占淮南那块地吗？"于是他恢复了淮南国，采取贾谊的建议，把淮南国北部几城划给淮阳，徙城阳王刘喜为淮南

衡山王墓

王，安抚淮南国的民众；追谥刘长为淮南厉王，恢复了他的诸侯王身份，按诸侯礼设置淮南园用于供奉刘长的祭祀。

汉文帝十六年（前164年），刘长的儿子渐渐成人，汉文帝顾念淮南王刘长，五月下诏徙当时淮南王刘喜复为城阳王，将淮南国一分为三，分别分封刘安为淮南王，都寿春；刘勃为衡山王，都六（今安徽六安）；刘赐为庐江王。刘良已死，没有后代，故不得封。

到了汉景帝三年（前154年）正月，吴、楚等七国举兵反叛，吴王刘濞派使者邀淮南、衡山、庐江三王一起反汉。淮南王刘安本想发兵响应，谁料其国相领兵后坚守城池，不听淮南王调遣，反而为朝廷守淮南地。朝廷后来派兵救淮南，淮南得以完好无失，刘安也得以无虞。吴王使者到衡山国，衡山王刘勃坚守封地，没有二心。吴王使者到庐江国，庐江王刘赐虽不答应起兵，但频繁和南越互通使者。可见，刘赐早期也不是太安分。

次年，朝廷平了吴、楚等七国叛乱，召刘勃入朝，汉景帝认为刘勃忠信，认为南方地理气候潮湿，便徙刘勃为济北王，以示褒扬。庐

护国寨

江王刘赐因与南越接壤（时庐江国在江南），经常遣使往来，景帝恐其有变，徙刘赐为衡山王，回到江北。因此，刘赐就成为了汉朝最后一个衡山王。

齐家治国一团糟的刘赐。到了汉武帝时代，衡山王刘赐进入了壮年，本来可以好好齐家治国以续此爵位，但是其结局十分悲惨。刘赐第一任王后乘舒，育有三个儿女，长子刘爽为太子，次女刘无采、少子刘孝。乘舒死后，立徐来为王后，育有四个儿女，美人厥姬生子二人。

刘赐对王后徐来和美人厥姬都很宠幸，徐来和厥姬相互嫉妒。厥姬在太子刘爽面前诽谤徐来，说徐来指使奴婢用巫蛊诅杀了太子的母亲，于是太子开始怨恨王后徐来。徐来的哥哥来衡山时，太子与他饮酒，席间太子用刀砍伤了徐来哥哥。王后徐来因此恼恨太子，经常在刘赐面前诋毁太子。

太子的妹妹刘无采出嫁后被夫家休回，与衡山王宾客通奸，太子多次责备她，她不高兴，也就不与太子来往了。徐来知道后，就去笼

佛子岭水库

络刘无采。太子的弟弟刘孝从小失去母亲，亲附徐来，徐来借机笼络刘孝。这样，他们一起在刘赐面前诋毁太子。衡山王刘赐因故多次鞭笞太子刘爽。

汉武帝元朔四年（前125年），有人暗地里打伤了徐来继母，刘赐认为是太子派人干的，就鞭笞太子。后来刘赐病了，太子称病不去伺候，刘孝、刘无采又一起诋毁太子："他其实没病，是他自己说有病，说的时候还很高兴。"刘赐大怒，想要废掉刘爽的太子之位而立刘孝为太子。王后徐来知道刘赐决定要废太子后，又想将刘爽、刘孝兄弟一起废掉，立自己的儿子刘广为太子。徐来有个侍女擅长歌舞，刘赐也十分宠幸。徐来就让这个侍女勾引刘孝，以构陷刘孝淫乱。太子刘爽知道王后屡次要陷害自己，不知何时是个头，于是听从一个谋士的建议，想用淫乱罪名来陷害王后。有天王后饮酒时，太子借着敬酒祝寿之名非礼王后。王后大怒，将此事告诉了刘赐。刘赐又把太子绑起来鞭打一顿。太子心中愤懑难平，就说要到京城告发刘赐。刘赐恐惧，亲自把太子追回来关在宫中。

衡山王刘赐和淮南王刘安虽为亲兄弟,但是兄弟两人一直以来相互指责抱怨,矛盾不断。衡山王听闻淮南王在准备反叛所用的物资,也暗中招揽宾客贤士以备应急之用。

汉武帝元光六年(前129年),衡山王刘赐依例到长安朝拜,他的谒者(相当于现在的秘书)卫庆会方术。汉武帝敬事鬼神,经常召集和重用一些方士,卫庆就想上书去服务天子。衡山王不高兴,弹劾卫庆犯有死罪,并强迫他认罪。朝廷派到诸侯国负责治安的长官内史认为此案不实,未上报朝廷。于是,衡山王就派人向朝廷上书,状告内史。内史被讯问时,指出衡山王心术不正,多次侵占他人田地、毁坏别人坟墓占为田地。汉武帝汲取藩王屡次叛乱的教训,加强了对藩王的监管,陆续采取了一系列削弱藩王、加强中央集权的措施,其中包括严厉处罚藩王的不法行为。于是,朝廷有关部门请求逮捕衡山王并治罪,汉武帝没有允许,只是剥夺了衡山王任命二百石以上官员的权力。衡山王刘赐很不满,因此怨恨朝廷,就与奚慈、张广昌密谋,寻找会用兵占卜星术之人,策划谋反。

太子刘爽被关起来后,刘孝越来越讨衡山王的喜欢了。衡山王看重刘孝的才能,给他戴上王印,号为将军,令他住在其外祖父家,资给大量金钱,用以招贤纳士。投奔的宾客得知淮南王、衡山王有谋反计划,就顺势煽动。于是,衡山王指派刘孝宾客枚赫、陈喜制作战车、弓矢,刻天子玉玺及将军、丞相等官印,日夜招募像周丘一样的壮士,多次议论吴、楚七国反叛时用的计策。刘赐不敢像

霍山出土汉大布黄千

霍山文庙

淮南王刘安那样去夺天子位,但要防范淮南王起兵吞并自己,希望淮南王起兵西进后,他就可以发兵占有江淮一带。

汉武帝元朔五年秋(前124年),衡山王刘赐依例进京朝拜;六年(当时以十月为纪年,秋为年末,冬为年初,时间前后相随),路过淮南(寿春),淮南王刘安就和刘赐"热心地"叙起兄弟情谊,继而相约共同谋反。刘赐听从了哥哥的话,就上书称病不去朝拜,汉武帝也就同意了他的请求。

不久,衡山王刘赐派遣使者正式上书朝廷请求废掉太子刘爽,立刘孝为太子。刘爽知道后,马上派好友白嬴到长安上书,告发衡山王刘赐和刘孝父子要一起谋反,以及刘孝与侍女淫乱等。白嬴到长安还没来得及上书,淮南王谋反事发,白嬴因涉嫌淮南王的案子而被逮捕。刘赐听说后,怕他泄露秘密,便上书告太子刘爽大逆不道,朝廷将此案交沛郡(今安徽淮北)来审理。

汉武帝元朔六年(前123年),朝廷审理淮南王刘安谋反时,刘赐为其弟，依律应当连坐。负责此案的官吏请求逮捕刘赐，汉武帝说："诸侯各以其国为本，不应当株连。"这才暂时没有牵连到衡山王。

汉武帝元狩元年（前122年）冬十一月，寒风凛冽，大雪纷飞。史籍记载,这一年冬雪下得特别大，老天也感伤如此。中尉（负责京师治安）司马安和大行（负责朝廷宾客接待）李息带着一干人马，千里奔袭来到衡山国，把王宫围个水泄不通。他们闯进王宫找到刘赐，询问是否有谋反之事。在证据面前，刘赐不得不如实招供了。官吏继续围守王宫，司马安、李息回到京城奏明皇上。公卿大臣要求派宗正（掌管皇族事务）和大行与沛郡太守一起查办衡山王。刘赐听说后就自杀了，年在五十七八岁。之前在淮南王刘安自杀前后，朝廷追捕涉嫌淮南王谋反的嫌犯时，在刘孝家抓获了陈喜。朝廷官吏弹劾刘孝藏匿陈喜。刘孝听说依律自首可以免除罪责，又害怕陈喜和白嬴揭发衡山王父子谋反的事，就抢先自首并交代出参与谋反的枚赫、陈喜等人。此案经朝廷执掌刑狱的廷尉张汤审理，衡山王刘赐等谋反证据确凿，要求逮捕治罪。汉武帝说："不要抓。"于是就有了开始的一幕。刘孝虽免除了谋反罪，但因与衡山王婢女通奸，弃市；王后徐来因害死前王后，太子刘爽因告王父为不孝，亦弃市；其他参与谋反的人全部伏诛，衡山国废除为衡山郡。

元狩二年（前121年）七月，汉武帝分封自己的亲侄子刘庆为六安王，取六地平安之意，王衡山王故地。不过，其封地进一步被削减。到了元封五年（前106年），灊县（霍山）已从六安国划出，六安国只辖不到七县，其余属庐江郡管辖。

衡山王刘赐在当时的地位是十分尊贵的，是汉高祖刘邦的亲孙子，疆场千里，位列诸侯，《史记》《汉书》用大量篇幅记载了衡山

渭河朝霞

王的事件。刘赐的结局如此凄惨，可能也不是他所能选择的。刘赐自幼丧父，没有得到很好的教育，"好邪计而亏大义"，加上哥哥刘安野心很大，带头和鼓动他反叛以报父仇，他又怎么能独善其身？

太子刘爽活得憋屈，死得冤屈。汉武帝可不像汉文帝那样仁慈，他要为了大汉政权的稳固，抓住机会清除异己，不留后患。同时又要做足文章，给足诸侯的体面，体现皇家骨肉之情，让刘赐一干人等自杀并厚葬他们，有效消除皇族对朝廷的怨愤。现在，我们就能理解，为什么霍山县落儿岭境内的太子坟与衡山王墓相距甚远，后世还专门在旁边建太子庙来祭祀衡山王太子了。县志记载，落儿岭是衡山王后生产儿子的地方，此地很可能是太子的外祖父家。

彩绘木轺车（西汉）

今天我们叙述的这段历史说明，霍山自古是藩王分封之地。历史源远流长，山川饱受沧桑，人文经典厚重。走进霍山，鉴往观今，你就会感叹她的神奇和魅力。

古岳新声

复览山

谢明

复览山之称谓，系汉武帝大驾光临，后人的妙口所得。

清乾隆年间《霍山县志》记载："汉武南巡，回銮登此，复览南岳，故名。"汉元封五年，武帝南巡至盛唐（今六安西），祭拜南岳山。回銮途中，见此山山峰崛起，如异兽蹲踞，便登临此山，再回首遥望南岳山河，御口溢美，令人久久盘桓，恋恋不舍。

今天，在霍山县城向东瞭望，复览山宛如雄师，独卧于城东十多里处。山的四周，缓慢延伸，孕育了万顷良田。山的南北，山王河、洛阳河两条河流簇拥左右，如玉带起舞。

在明清时代，复览山周边为舒（城）、六（安）主要孔道，各驿重要隘口，历来为兵家必争之地。相传，古时居民以复览山为天然屏障，在山顶修筑山寨，"流寇时至，乡民皆择附近崖谷最险峻处，筑垒环之，各移家室于其中。寇退则出耕，寇至则入守。近可密相救护，远亦遥作声援"。据清朝嘉庆年间《霍山县志》记载：清朝年间，兵燹频繁，杀戮之惨，胜于水火。咸丰年初邑诸生龚春艺，为抵御贼寇侵犯，率一干弟子，以黄土夹石，依原有的山崖寨墙残基，筑垒加高，略具城垣规模，以阻犯敌。其寨设有四门，东门坡陡路窄，盘岩嶙峋，常人很难攀顶；北门控但家庙，居高临下，贼寇难侵；西门扼洛阳河，湍流阻隔，天险自成；南门窥伺大沙埂，视野开阔，一目了然。此番筑垒，可谓布局严谨，配合得宜，固若金汤。因此，这里曾多次抵御外域戎寇的进攻。

大自然鬼斧神工，复览山生得体魄雄骏，孤矗耸立，傲视群峰，加之汉武帝的攀援、登临与溢美之词，复览山的身价日益高了起来。

在一个阳光普照、春回大地的早晨，我和几位文友慕名前往复览山。我们一行，寻求刺激，释放心情，从最为险要的东坡攀登，蹚过湍急漩涡不再的洛阳河，过膝的流水有些凉意，却不能阻碍我们前行的步伐。我们在逼仄的山路上，一路负芒披苇，披荆斩棘，忽略了沿路的风景，那些临风向上的玉树、亭亭玉立的修竹、夹杂其间的野花……为了目标，我们只能辜负它们的多情。

登上孤峰之巅，俯视山下，只见无垠的原野宛如绿色绒毯倾覆大地，微风徐来，又如风撵绿波，摇曳多姿，妩媚诱人。山下的乡村，一幢幢农舍，鳞次栉比，错落有致，情趣盎然。一汪汪池塘，像月照夜空，星星闪烁，给人无限遐想。

复览山

山顶地势比较平坦。据史书记载，山顶原建有复览山寺，为四合一式庙宇，根基均为条石垒砌，砖木结构，分前后殿各五间，东西包厢各二间，中间是天井院。站在依稀可见的寺庙残址，周边散落的断壁残垣，仿佛在诉说被洗劫的苦难与辛酸。残壁上端有雕花缕纹，图案精致，色彩鲜艳，现仍清晰可见，似乎在向我们展示曾经的辉煌与灿烂。据一位吴姓老人介绍，复览山寺，1930年被大火焚毁。今残存的寺庙门楼，可窥见其造型雅朴。门头的上方，镶嵌横匾一方，正面镌刻"汉帝重游"，背面镌刻"龙泉禅林"，字类颜体，苍劲浑厚。老人说，这是当年建门时所嵌，历经劫难，保留至今。

寻觅"龙井"是我们此行的既定目标之一，《霍山县志》记载，复览山"上有圣泉三，清馨异常，亦名龙井"。在距离门楼约15米处，有一"圣泉"，泉的周围是鹅卵石垒成，其间泉涌喧腾，其水清冽甘甜。据看山的老人介绍："此泉旱涝之年，不涸不溢。"无怪乎当地人称之为"龙眼"。据说饮用此泉水可消灾避祸，助人逢凶化吉，万事顺意。听此传说，不知是口渴的利害，还是绝妙传说的心理暗示，我们几人都情不自禁地抔起清澈的泉水，喝了起来。不管有没有那绝妙的功能，清凉爽口，饮泉止渴，沁人心脾倒是实在的！

小憩后，看山老人陪同我们一行，沿着残存的昔日寨墙游转，粗略算来，残墙围长约1500米，平均高度约4米，宽尚有1米左右。不过，由于长年的风雨残剥，有些地方已经坍塌了，原建造的东西南北4扇门框，仍夹在残垣中，保存完好。在我停下脚步的原寺庙西隅，有一处高4米多的石壁，其石根底成斜坡伸延，渐次平坦，表面光滑如洗，其面有人工开凿的石眼7个，成双排列，深有70厘米，直径20厘米。据专家考证，这是古代战事时为树立旌旗所凿。

告别复览山的时候，回首品悟，复览山就像一颗熠熠闪光的宝石，有种别样的力量蕴含其中！

（谢明　安徽霍山人，曾任霍山县人大常委会副主任，作家）

南岳山：我心中的一朵莲

张颖

> 端庄秀丽、只此青绿的南岳山，是我心中的一朵莲。
>
> —— 题记

站在霍山县城的政务中心广场，目之所及，是鳞次栉比的高楼大厦。若隐若现的黛色山峦，仿佛腰线似的装点出楼宇的生机和灵动。而西南方向的天空下，一座苍山怡然呈现在楼宇间的敞阔处。那现代文明标志的铁塔，像旗杆一样耸立其上。不用多说霍山人也知道，它是汉帝登礼的南岳山。

霍山人对南岳山有着一份与生俱来的眷顾和依恋。新春期间，常常能看见成群结队的霍山人登上南岳山，迎新祈福。一年四季，很多霍山人都喜欢在南岳山脚下散步、竞走，乐此不疲。南岳山见证了奋进的霍山人创新、发展、融合、创造的过程，也见证了奋进的霍山人对高质量绿色发展的追求和美好生活的向往。

北宋文学家、哲学家周敦颐喜爱水生植物菡萏的"出淤泥而不染，濯清涟而不妖，不蔓不枝，香远益清，亭亭净植，可远观而不可亵玩"。而端庄秀丽、只此青绿的南岳山，也是我心中的一朵莲。

南岳山海拔 400 余米，位于霍山城南一隅，似停泊于港湾的一艘方舟，陪伴着霍山人岁岁年年。据史料记载：公元前 106 年，汉武帝南巡、登礼此山，亲祭南岳。南岳山集自然险峻的山、石、洞、池于一体，以"小、全、秀"的特色风光而著称，被誉为"皖西第一山"。汉武帝登礼南岳的典故轶事，也通过晚唐著名诗人皮日休的《霍山赋》，明代著名文学家冯梦龙的《登霍岳》以及清代文人吴兰的《南岳记》等名篇佳作广为流传。

我们来到这个世上，只有跟如莲一样芬芳洁净的灵魂倾心相见，才不负生命一场。当壬寅秋天像个酣畅淋漓欢饮后满面映彩的汉子时，我有幸赴良师益友之约，携侣同游南岳山，感受旧貌新颜的南岳山所承载的历史文化彰显出的持久魅力。

记得第一次登南岳山还是母亲带着我来的，那时登山入口只有东边土地堂一处，且山脊的小道仅容双人比肩。而今，南岳山成功被评为国家AAAA级风景区。南岳山新增有南大门，两边入口都铺上了两米宽的石阶。沿道架设的登山护栏，全程护佑四面八方的游客登临览胜。

东边土地堂的入口处立有高大的石牌坊。旁边一块赭色的导览标牌清晰标出了南岳山景区的景点：南岳天池、南岳庙、青檀银杏古树、南岳山保卫站旧址、步云亭、旗杆石（一云天柱石），每个景点示意方向的箭头，一律朝上，仿佛赛场上的发令枪，个个令人心潮澎湃、热血沸腾。前进！前进！

沿着山脊而铺设的石阶拱桥，可供6人并行。随后便是可供两人相互扶掖前行的山道台阶。我们一行人一边稳健登山而上，一边聊着霍山文化、南岳古迹，不知不觉间到了百步阶前新建的天王殿。走出天王殿，就是陡峭的百步阶。传说，唯诚信良善之人才能准确无误地数准百步阶，大家可以来试一试喔！

到了南岳山山顶的平阔地带，有一座南岳庙，原为"南岳祠"，是

南岳古庙

皖西地区久负盛名的古刹之一，为市级重点文物保护单位。南岳庙始于汉代，现存主体建筑为砖瓦结构，分前后殿、观音殿、南岳殿等共十六间，东西各建有门楼。庙内供奉释迦牟尼、文殊、普贤、十八罗汉、弥勒、观音、地藏、华佗及南岳大帝等，照应了历史上南岳文化与佛教的融合。

民国元老、书法大师于右任亲书的"小南岳"匾额，至今镶嵌在庙正门的门楣上。其实，研究南岳历史后你就会知道，霍山应为"古南岳"。东门楼的门楣上有曾任全国政协副主席、中国佛教协会会长赵朴初先生亲笔题写的"南岳庙"匾额。西门楼的门楣上嵌有"汉帝敕封"石刻。南岳庙正殿的两圆立柱上分别刻着金色的二十八字长联，是曾任全国政协副主席、民革中央主席屈武先生亲笔题写的："天柱耸秀，佛子波清，更有山花烂漫，霜叶流丹，赢得心旷神怡，登临胜境；汉皇敕封，于公题额，咸期人杰地灵，物丰财茂，毋忘言传身教，造福家乡。"

南岳山沉静内敛，积淀了古色古香的文化底蕴，涵养了一代又一代霍山人。南岳山历久弥新，绽放出高贵清雅的文化气场，浸染每一

天柱石

位霍山人。犹有霍山的文艺青年,每每兴起,抬腿迈脚就往南岳山去了。观午夜未央,南岳天池映星子流天;摄晨曦暖空,百步阶前看日出东方。文青们编制的南岳风光美篇、短视频,即刻在朋友圈里获得频频点赞。

莫道霍山南岳小,登峰极目任多娇。在此不忘提及霍山的文化品牌——小南岳文学社。若说端庄秀丽、只此青绿的南岳山是霍山人的眷顾和依恋,如一朵莲清雅绽放在我的心中。那么,"映日荷花别样红",小南岳文学社作为南岳山涵养孕育的一个文化品牌,在霍山历史的长河中,可称"小荷才露尖尖角"。

改革开放之初,百废待兴。在安徽省全省文化馆工作会议期间的闲谈交流中,霍山被少数人议论为"文学的西伯利亚"。知耻而后勇,在霍山县文化馆馆长张书圣的指导下,一群风华正茂的青年于1984年10月金秋组建了文学社,并以南岳山为文脉之根基,命名为小南岳文学社。时至今日,秉承"开拓作家视野,培养文学新人,繁荣文学创作,传承文明发展"的宗旨,社团已持续开展读书创作活动近40个春秋。

聚是一团火,散是满天星。小南岳文学社涌现出了创作实力派的谢家军,国字号作家队,还有受到全国总工会表彰的自学成才的山音女子文学团体。以小南岳文学社的历届社长为领头雁,追逐缪斯之神的"老文青"仍不离不弃,挥笔吐芳书正声;民间的新会员也络绎不绝,雏凤清于老凤声,摘取梦中的彩虹。他们以《小南岳》为社刊名,刊发、推送、出版的原创文字数以千万计,各种文学奖项也捷报频传。小南岳文学社成为霍山不可或缺的文化品牌。

已成立1年多时间的霍山县作家协会,充分利用会员中的优秀人力资源,积极运筹"小南岳文学"微信公众号。在这喧嚣的时代,他们把目光投注到最简单也最丰富、最质朴也最深刻的文字世界,在文化传承和创新的道路上一往无前,始终如一。

在新时代背景下,以"小南岳"命名的霍山文学彰显出霍山人的文化自信,展示出霍山文学创新发展的激情与活力。"名山大川,孕秀毓奇……钟灵兹岳,为天下之英迈乎?"知否?知否?明朝先人吴

南岳古庙

赵朴初题南岳庙匾额

兰在《南岳记》中念兹在兹的厚望与夙愿，终将代代传承，实现"毋忘言传身教，造福家乡"。

（张颖　安徽六安人，中国散文学会会员、安徽省作家协会会员、安徽省文艺评论家协会会员，曾任霍山县小南岳文学社社长）

寻踪灊台寺

汪德国

一

2023年3月的一天，我兴致勃勃地去寻找过去霍山的一大胜景——灊台赤壁（灊台寺旧址）。说是灊台寺，其实我并没看到寺的影子，只是看到了一个类似小山丘的土高台。拾级而上，在东边台阶旁竖着一个石碑，上书"灊臺"两个繁体字，书法浑厚有力。土台顶端建有一个六角亭，听说叫作枕流亭，以前称为观澜亭。这个土台就是灊台没错了。现在我们一般把灊台的"灊"字，写成"潜"；把"臺"字，写成"台"。但"灊"和"潜"古时并不是一个字。相传，黄帝封霍山为南岳。古书所载虞舜南巡所至的南岳，即为霍山。霍山县县名亦因古南岳霍山而得之。霍山还是华夏民族最早的封国之一。《史记·夏本纪》载："帝禹立而举皋陶荐之，且授政焉，而皋陶卒。封皋陶之后于英、六，或在许。""英"即今霍山，霍山建置建城由此开始，迄今4100余年。英封国历经夏、商、周三代1400多年，后为楚所灭，楚废英封国降其为楚邑，称"灊"。公元前646年，楚在今下符桥镇设灊邑，作为大别山通道中的重镇。汉高祖五年（前202年）置灊县，为本土建县之始。灊县的历史长达近800年，灊台名便是由此而来。

站在灊台寺的观澜亭中，我们似乎可以做出这样的推测：汉武帝到霍山之后，一定会循着古圣贤走过的路线祭拜。先是到南岳山顶，举行这一趟的主祭奠仪式——祭拜天神。之后，祭拜者们就应该到灉台这个地方祭奠，主要是拜山神和水神。因为灉台这个地方可以算是坐北朝南，山神在上，面对而拜，严肃而真诚。灉台背后就是霍山的母亲河淠河，祭拜河神，就是祈求风调雨顺、百姓丰收的意思。至于是先有台还是先有寺这个问题，我认为，肯定是先有祭祀用的纯自然的石礅高台，在很多年以后，才有了纪念祭祀这项活动的人文建筑——寺。《霍山县志》记载，灉台寺建于西汉初年。后来由于年代久远，日晒夜露，风吹雨打，又没重视修葺，这座寺就逐渐破败倒塌了。直到清道光年间，知县朱甘霖因址建亭。

明嘉靖进士吴兰曾书《重修灉台碑记》一文，文中有："吾霍介吴楚之间，溪自西来经东流逾黑石而东，至二三里许石山突起者曰灉台，二小山居灉台之上流者曰双眉，如鼋龙戏珠之状，宛然一水口落星也。"那时候，淠河的河床比现在低凹，水流也是自然流淌，此处有两座小山坐落于河流中间，说这两座"鼋龙戏珠"的小山丘是"水口落星"，当然可以，若说其如两颗珍珠镶嵌在淠河当中，也不失贴切。这两颗明珠给整条淠河增添了无限的魅力。明清时，骚人墨客，官宦政绅，接踵畅咏其间，极一时之盛。明六安副使何庆元在这写了一首抒怀诗："往来乘醉踏歌行，此日观澜即大瀛。烟景千秋孤岛在，云霄万里一毛轻。天连叠岫虚生影，石打奔涛静有声。只恐风来欲飞去，潜灵为我驾长鲸。"清霍山知县赖允文作《灉台感怀》诗："一拳秀石枕中流，古寺萧森汉代留。老树嘶风清磬响，孤亭落日碧山秋。问余家住红菱渡，此境幽于白鹭洲。最忆小山同赤壁，廿年不泛月明舟。"

我就不去列举其他先人们的美诗美文了吧，仅就这个亭子的两个名字来说，我们就能看出无限的风景。在整个漫长的农耕时代，灉台

灉台赤壁

  这个地方,作为霍山城外的休闲观景胜地,为人们带来多么惬意的享受呀!站在灉台之上,如果没有现在的高楼大厦遮挡,四周的景色一定会一览无余:远处群山环绕,近处炊烟袅袅,霍山小城魅影绰然。当然,风景更优者为东淠河与柳林河。古时淠河波深浪阔,是县内水上交通要道,下通正阳关、入淮河。城北一带帆樯林立,舟楫穿梭,蔚为壮观。柳林河发源于桃花寨北侧,北流而下,经通水灌、三星、西门畈后于灉台寺入东淠河干流。柳林河在灉台寺这段水流平缓,溪流潺潺,略有波纹,显得相当温柔。两条河水在这里汇合,加上这里的高台、小寺及美亭,使人流连忘返,颇有几分范仲淹《岳阳楼记》里面所描述的意境!

  游人在风和日丽、春和景明的日子里来这里欣赏风景、心旷神怡之后,有时会入了迷,产生一种昏昏欲睡的感觉。这时可以在亭子里的凳子上躺下,柳林河轻柔的流水声,就像一曲绵绵的轻音乐,伴着游客进入梦乡。这不正是名副其实的"枕流亭"吗?

到了夏季多雨时节,这里又是另一番情形了。"小河有水大河满",山里的雨水一股脑儿都涌向了浠河。到了灉台寺处,河床几乎与河岸平齐,上游水流湍急,下游水流平缓,浩浩汤汤的大水随时可能在此处漫上河堤,令观者心生畏惧。一些文人墨客见此壮景,遂将此亭命名为"观澜亭",并一直流传至今。

霍山博物馆老馆长张书圣对霍山的历史尤其是对灉台的历史有很深入的研究,他为灉台赤壁写了许多首诗歌,现选一首,与大家分享:

灉台赤壁

观澜亭外趣,三月尽芳菲。
先人留墨迹,代代赞口碑。

走下亭子,到了柳林河堤上马路,会经过一片桃树林,那里的桃花正娇羞地绽开着,煞是好看。在桃花林尽头有一段小台阶,顺阶而下,便来到了小山的背面。与南面截然不同,小山的北面是九十度的绝壁。大部分石壁都凹凸不平,但有一段石壁十分平整光滑,陡峭如削,绝似赤壁。旧时,石壁下可见"小赤壁"石刻。相传"小赤壁"三字为苏东坡亲笔所写,后来由清朝举人李廉泉镌刻在绝壁之上,其笔法俊逸端妍,刚毅遒劲。或认为"小赤壁"三字就是李廉泉所写,也未可知。后来因柳林河改道,上刻"小赤壁"的

灉台石碑

灞台石磴就被半没在沙渚之中了。当年灞台对面开满桃花的双眉山，也早已没有了踪迹。时过境迁，令人感慨万千。倒是从张书圣先生描写双山桃浪的诗句中，仍可读出那幽幽的香气来：

双山桃浪

> 曾记桃盛开，花纷逐浪来。
> 相恋天地久，双山共徘徊。

看到灞台赤壁，不由让人想起苏轼，就准备去寻东坡墓。苏轼是北宋中期文坛领袖，在诗、词、文、书、画等方面都取得了很高成就，是中国文学史上令人仰止的大文学家。苏东坡与霍山有何渊源，其墓地怎么会在霍山？

沿着当地村民所指，上得山来，没走几步，一座坟茔便出现在我们面前，墓碑正文镌刻"文忠公苏东坡之墓"，墓碑左右刻联："一任黄州居士，二游赤壁名人。"据苏氏族人介绍，老墓碑于20世纪60年代被毁，现在的墓碑是1988年重立的。明朝时霍山县城还建有三苏祠，后不幸毁于战火。据《霍山县志》记载，三苏祠基址东至卜家巷街心，西至开运寺东首墙角根，南至王家巷口街心，北至祠后王姓墙角。皖西学院历史学教授姚治中先生认为，"那个年代，墓葬迁移主要靠水路运输，从常州的运河到淮河再到淠河"，苏轼的

小赤壁摩崖石刻

墓在霍山县是有可能的。

拜别东坡墓，我们一行也踏上了归途。回望灞台寺，那个别致的六角亭还伫立在那里，向人们诉说着此地的历史与人文。

观澜亭

武陟山

喻本荣

登临武陟，以观淠水。

悠悠淠水，源远流长。几千年来，这条古老沧桑的母亲河滋养了一方土地，哺育着淠河水岸一代又一代勤劳而善良的子民。也许是武陟山的缘故，淠水在六安城西拐了一个大弯，这里清流潺湲，滩涂宽阔，河廊青碧。一山一水，天荒地老地相守相望，山有了灵气，水有了傍依。

一

武陟山在汉代名为盛唐山。据考证，西汉之盛唐，中心在六安老城区黄大街至草市街一带，位于西汉时六安王国辖下六县西境。"盛唐"地域相当于今六安市裕安区，古代这里曾经是中华民族南北交流的枢纽。这里还演绎了许多历史故事，汉武帝"望祀虞舜"之后，离开盛唐，登礼灊（今霍山县）之天柱山（南岳），再从寻阳（今湖北黄梅）浮江至枞阳。

公元前121年，淮南王刘安、衡山王刘赐谋反案发，二王自杀，汉武帝取衡山内六县、安风、安丰等县首字，别衡山国为六安国，封刘庆为六安王，取"六地平安，永不反叛"之意。"六安"之名，沿用至今。《古今图书集成·庐州府山川考三》中记载："武陟山，在州西三十里，汉武帝南巡登封霍岳驻跸于此。"《六安州志》有诗曰："漫言警跸汉皇踪，且喜寒凝少女峰。田父煨炉烧槲松，瓦盆倾倒祝三农。"穿越时光隧道，一代帝王登临武陟山，眺望苍茫静美的大别山，喜看清丽的少女峰，青松摇曳，残雪艳阳，顾盼生姿，相映成趣。晨钟暮鼓，山里农人日出而作，耕田归来，以松枝煮炉，妻儿绕膝，男耕女织，一茶一饭，衣食清欢。

宋代时山上首建"武陟书院"，宋建炎年间文、武两位状元焦氏兄弟曾读书于此。关于兄弟二人中状元还有一段趣事：据说焦焕赶考途中，仆人从旅店里捡到一只金环，离店几天后被焦焕发现，立命仆人返回将金环交还失主，这样来回一跑，耽误了原定的试期。谁知京师临安城（今杭州）的考场，恰因失火而推迟了考期，因而焦焕正好赶上应试，最终中了状元。《六安州志》云："不得南方火，怎得状元焦。"此谚语一直在六安民间流传至今。次年，其弟焦炳也考中了武状元。

武陟山属大别山余脉，和附近四座山峰联袂相依。传说武陟山南有一块上马台，当年穆桂英挂帅从这里上马，一脚踩下去，五个脚趾头挤出五座山来，由于发音类似易误读且五峰连绵，武陟山常常被六安人叫成五指山。"寺北一峰对峙，有石突出，状如龙首"，即龙首石。西南—东北走向的山脉如一条巨龙般蜿蜒起伏，长达数公里，横卧在平川之上，蔚为壮观。

"山不在高，有仙则灵。"很久以前，武陟山山顶有座宝教寺，元泰定五年（1328年）建，明正德六年（1511年）僧道善重修。当地百姓流传，此寺日暮时分，常有一白头雪须的老者端坐山峰之上，时隐

武陟积雪

时现,应是神灵在此。逢年过节,山上香火鼎盛,祈福的香客人流如潮。据说清末动乱时寺庙被毁,寺门前只剩下一口水井和一棵千年银杏树。20世纪70年代,山上驻军,武陟山成了军事重地。2011年,九华山有一位高僧云游到此,在武陟山旁的大金山上兴建了现在的金山禅寺。

明代张藻有诗曰:"武帝曾将翠辇过,陟山从此著名多。"当年武帝登临,称尊绝顶,势遏行云;看华盖满峰,旌旗蔽日;留得轶事千年,风雨名山传圣迹。遥想当年,汉武帝刘彻登高望远,观巍巍大别山之气象,盼六地之平安。从此,厚重的历史文化在这里沉淀,王侯将相的英豪之气融贯于逶迤几百里的大别山脉,造化了这片红色的土地。古老的大别山人追求光明,发奋图强的精神代代传承,在那烽火连天的岁月,皖西这块红色的土地上,将星璀璨,人物辈出,走出了32位开国将军。中将梁从学、军需功臣杨植亭、红色作家蒋光慈等都诞生在武陟山下。

二

清代邱时成有诗曰："林峦不似旧，西望玉堆成。雁影净疑没，山腰瘦忽平。""六安古八景"之一的"武陟积雪"在历史上就极负盛名。

想起故乡武陟山，我的记忆多半是雪。每一个飞雪的日子里，我都恍若听见时光那头，墨在纸上走路的声音。一时间，光阴之上，马不停蹄的乡愁和稠密的幸福，席卷而来。

武陟飞雪，是我年少时最美的风景。只是那时笔下的文字还难以形容那一场又一场曼妙的飞雪。雪景的美，离不开漫山遍野青松的映衬，雪压青松，苍茫壮观，美不胜收。

那时候，雪下得大，常常一夜之间便铺天盖地，千树梨花万树雪，让人感动而敬畏。登上山顶，临风沐雪，松涛声声，像是在召唤游子。美的事物总是短暂的，就像这雪，穿越千山万水，像一片片无字的信笺，在天空中开出一朵朵洁白的情愫，落在树梢、瓦楞、山边，优雅纯粹，如一瞥惊鸿，以美的姿态，惊艳了时光。

小时候，我和外婆家只隔着一座武陟山。留守外婆家的冬天，日子清苦，没有太多的期盼，最巴望下雪天去武陟山踏雪，以抵御我童年的寂寞与无趣。每每踏雪归来，我都和外婆围炉煮酒，或生一盆火，烤几枚干果，燃一屋松脂的清香，享受雪天的宁静，听外婆唠叨着陈年旧事，说那山中日月长。

外婆家的四合院草房子就坐落在武陟山的南坡，雪天里，茅屋低矮，蹲在山脚下，房屋上、树上、道路、田地……全白了，白得心无旁骛，白得惊涛骇浪。那年纪，只知道欢喜。只是快雪时晴，眼见着那一堆一堆的白，渐渐消瘦，最终成为背影，成为往事。

武陟山（古盛唐山）

雪后放晴，我常常和外婆一起进山拾柴、放牛、挖野菜、打松子……日子久了，我便把武陟山喊作外婆山。这么喊山，很南方、很民间、很想念。雪是游子的乡愁，也是人到中年的情怀。我想，要是乡愁有颜色，那也该是雪一样的洁白。我总忘不了在我最美的时光里，站在武陟山上看大雪纷飞的情景。

那年我17岁，离开外婆，离开武陟山，在六安师范读书，读到武陟山悠久的历史和厚重的人文，于是更加深爱故乡这片土地。试想在古朴的武陟书院内，灯火映雪，红泥小炉，绿帐轻飘，屋内暖若春深，屋外雪若天尘……那雪夜，那书香，无以言说的美好，读书人也该醉了。又一个飘雪的日子，我回到母亲的祖屋，驻足仰望屋后银装素裹的武陟山，万千思绪，乡愁青绿。时光深处，故乡的那些事儿，桩桩件件，都遗落在一片一片雪花里。没有不变老的东西，一座山也是这样，它像一位慈祥的母亲，默默地守望着远行的儿女。

时光流水，我不眷恋四季，武陟山的雪天，是我唯一的归期。

三

雪化了，便是春天。

又一年桐花万里，春到武陟山。好像春风一回头，所有的草儿都开花了，山中野花开得无比的好，曼舞清扬，从山顶一直开到山脚下，开进外婆家的小院。是啊，没雪的日子里，仍有一些花开，一些好光景。

我打西山而上，这里地形我熟悉，西山背阴，有一大片野茶园。记得小时候，每年谷雨前后，我都跟着外婆来西山采茶。采回家的茶草，会被外婆手工炒制成茶叶，这是家里常年待客的上品。多少年来，每每回味起外婆的手工茶，那苦苦甜甜，略带煳味儿的茶香，如乡愁缠绕在心间，袅袅升腾。

斗转星移，沧海桑田。一条河、一座山的眷顾与恩泽，也让生活在这块土地上的百姓丰衣足食。武陟山犹如一位满腹经纶的智者，岿然坐落在淠水一方，温厚博大，令后人仰望。

如今，一条城市历史文化走廊，东起龙穴山，西至武陟山，成为古城六安的文脉。中蒙俄万里茶道之五百里六安茶谷从这里起航。

吾心归处是故乡。乡情像一条坚韧而绵长的彩线，在我行走的日子里，伴我一路远行。山隔不断，水剪不断，一头系着故乡，一头系着游子。

（喻本荣　女，安徽六安人，高级教师，安徽省作家协会会员）

咏汉武巡狩霍山八首

汪昌陆

南岳山

一山奇崛聚峰巅,旖旎风光在眼前。
南岳天池为八景,苍松古刹越千年。
神龟探海觅云梦,汉帝登临入史篇。
将相王侯东逝水,功名利禄化尘烟。

复览山

峰体不巍峨,雄狮背上驮。
四周开阔地,山下洛阳河。
三眼龙泉井,千年石臼磨。
乡村美如画,复览唱新歌。

指封山

一峰耸秀映晴空,横若蛟龙凤蕴雄。
汉帝指封山上望,三河四顾记心中。

灉台寺

淠水悠悠穿史空，灉台赤壁没沙中。
双山桃浪炫人眼，怀想当年花正红。

梁家滩

乌云密布雨倾盆，雾散天晴滩上屯。
晾甲金光多少事，桑田沧海变花园。

睡美人

头枕雄狮脚踏河，乳峰高耸羡嫦娥。
只因邂逅汉皇帝，一梦两千年岁多。

西江月·汉武帝南巡霍山

汉武南巡祭拜，官民接驾恭迎。龙行天下马蹄铿，大汉任由驰骋。
香梦酣然依旧，衡山古岳新声。花红柳绿鸟争鸣，绿水青山作证。

满江红·灉台赤壁

淠水滔滔，观澜处，已成遗迹。忆往昔，双山桃浪，帆樯林立。东淠柳林河汹涌，枕流亭上听声急。客至此，不见旧灉台，空悲寂。

烟浩渺，流水碧。河对岸，山林密。往事越千年，田连阡陌。昔有双山禅寺庙，今存苏轼题书壁。抬望眼，旧貌换新颜，双飞翼。

（汪昌陆　霍山县人大常委，中华诗词学会会员）

咏古南岳霍山五首

李贤龙

霍山南岳

闻道此山有瑞龙，寻仙汉武觅无踪。
路逢隐者来相问，已入云端数万重。

登南岳怀古

独立危巅放眼收，浮云落叶两悠悠。
若闻汉武旌旗猎，忽现弥陀钟磬稠。
斗转星移千载事，寒来暑往几春秋。
王侯将相终归土，唯有衡山万古留。

霍山文峰广场

南岳天池

南巡汉武敕封山,岳麓为巅非等闲。
天赐绝峰仙隐处,池中神瑞保民安。

白马尖

绿水青山云雾间,一峰耸峙可擎天。
李白至此传佳话,汉武梦回白马尖。

西江月·睡美人山

话说谁家庶女,恋生一代君王。奈何缘浅苦无方。化作青山守望。
本应铭心刻骨,岂知过眼流光。多情总被薄情伤。聊作后人吟唱。

(李贤龙　安徽霍山人,中华诗词学会会员)

古岳遗韵

题嵩山逸人元丹丘山居（并序）

李 白

　　白久在庐、霍，元公近游嵩山[1]，故交深情，出处无间，邑信频及，许为主人，欣然适会本意。当冀长往不返，欲便举家就之，兼书共游，因有此赠。

　　　　家本紫云山[2]，道风[3]未沦落。
　　　　沉怀丹丘[4]志，冲赏归寂寞。
　　　　朅来游闽[5]荒，扪涉穷禹凿[6]。
　　　　夤缘[7]泛潮海，偃蹇陟庐霍。
　　　　凭雷蹑天窗，弄景憩霞阁。
　　　　且欣登眺美，颇惬隐沦诺。
　　　　三山[8]旷幽期，四岳[9]聊所讬。
　　　　故人契嵩颍，高义[10]炳丹雘[11]。
　　　　灭迹遗纷嚣，终言本峰壑。
　　　　自矜林湍好，不羡朝市乐。
　　　　偶与真意并，顿觉世情薄。
　　　　尔能折芳桂，吾亦采兰若[12]。
　　　　拙妻好乘鸾，娇女爱飞鹤。
　　　　提携访神仙，从此炼金药[13]。

（李白　字太白，号青莲居士，唐代诗人，748年曾游霍山）

注 解：

[1] 庐山：在今江西九江、南康二府界内。霍山，在今江南庐州界内。嵩山，在今河南登封、洛阳、巩、密四县界内。

[2] 紫云山：王琦注："在绵州彰明县西南四十里，峰峦环秀，古木樛翠，地理书谓常有紫云结其上，故名。冈来自北为天仓，为龙洞；其东为风洞，为仙人青龙洞，为露香台；其西为蟆颐，为白云洞；其南为天台，为帝舜洞，为桃溪源，为天生桥。有道宫建其中，名崇仙观，观中有黄箓宝宫，世传为公元唐开元二十四年（736年）神人由他山徙置于此，宫之三十六柱皆檀木，铁绳隐迹在焉。此山地志不载，宋魏鹤山作记，载集中。太白生于绵州，所谓'家本紫云山'者，盖谓是山欤？"

[3]《梁书》："道风素论，坐镇雅俗。"

[4]《楚辞》："仍羽入于丹丘兮，留不死之旧乡。"

[5] 闽，今福建地，在唐时为建州、福州、泉州、漳州、汀州五郡之地。东瓯与闽地相连接，在唐时为温州、台州、处州三郡之地。秦时立闽中郡，合东瓯在内。至汉始分东瓯，以立东海王。太白生平未尝入闽，而温、台、处三州则游历多见于诗歌，疑此诗所谓"闽荒"者，指东瓯之地而言也。

[6]《说苑》："禹凿龙门，辟伊阙，平治水土。"

[7] 左思《吴都赋》："夤缘山岳之岊。"

[8] 三山：谓海中三神山。

[9]《左传》：四岳三涂。杜预注："四岳，东岳岱，西岳华，南岳衡，北岳恒。盖古称四岳，不兼中岳在内，后世兼中岳而言，故称五岳也。"

[10]《史记·扁鹊传》："窃闻高义之日久矣。"

[11]《尚书·梓材》："惟其涂丹雘。"孔颖达《正义》："'雘'是彩色之名，有青色者，有朱色者。""炳丹雘"即炳若丹青之义。

[12] 颜延年诗："芬馥歇兰若。"李周翰注："兰若，香草，幽兰、杜若也。"

[13] 金药：金丹，上药也。

东坡八首

苏 轼

余至黄州二年,日以困匮。故人马正卿哀余乏食,为于郡中请故营地数十亩,使得躬耕其中。地既久荒为茨棘瓦砾之场,而岁又大旱,垦辟之劳,筋力殆尽。释耒而叹,乃作是诗,自愍其勤。庶几来岁之入,以忘其劳焉!

一

废垒无人顾,颓垣满蓬蒿。
谁能捐筋力,岁晚不偿劳。
独有孤旅人,天穷无所逃。
端来拾瓦砾,岁旱土不膏。
崎岖草棘中,欲刮一寸毛。
喟然释耒叹,我廪何时高?

二

荒田虽浪莽,高庳各有适。
下隰种粳稌,东原莳枣栗。
江南有蜀士,桑果已许乞。

好竹不难栽，但恐鞭横逸。
仍须卜佳处，规以安我室。
家童烧枯草，走报暗井出。
一饱未敢期，瓢饮已可必。

三

自昔有微泉，来从远岭背。
穿城过聚落，流恶壮蓬艾。
去为柯氏陂，十亩鱼虾会。
岁旱泉亦竭，枯萍粘破块。
昨夜南山云，雨到一犁外。
泫然寻故渎，知我理荒荟。
泥芹有宿根，一寸嗟独在。
雪芽何时动，春鸠行可脍。

四

种稻清明前，乐事我能数。
毛空暗春泽，针水闻好语。
分秧及初夏，渐喜风叶举。
月明看露上，一一珠垂缕。
秋来霜穗重，颠倒相撑拄。
但闻畦陇间，蚱蜢如风雨。
新春便入甑，玉粒照筐筥。
我久食官仓，红腐等泥土。
行当知此味，口腹吾已许。

五

> 良农惜地力，幸此十年荒。
> 桑柘未及成，一麦庶可望。
> 投种未逾月，覆块已苍苍。
> 农夫告我言，勿使苗叶昌。
> 君欲富饼饵，要须纵牛羊。
> 再拜谢苦言，得饱不敢忘。

六

> 种枣期可剥，种松期可斫。
> 事在十年外，吾计亦已悫。
> 十年何足道！千载如风雹。
> 旧闻李衡奴，此策疑可学。
> 我有同舍郎，官居在灊岳[1]。
> 遗我三寸柑，照座光卓荦。
> 百栽倘可致，当及春冰渥。
> 想见竹篱间，青黄垂屋角。

七

> 潘子久不调，沽酒江南村。
> 郭生本将种，卖药西市垣。
> 古生亦好事，恐是押牙孙。

---

[1] 灊岳指霍山。

家有一亩竹，无时容叩门。
我穷交旧绝，三子独见存。
从我于东坡，劳饷同一飧。
可怜杜拾遗，事与朱阮论。
吾师卜子夏，四海皆弟昆。

八

马生本穷士，从我二十年。
日夜望我贵，求分买山钱。
我今反累生，借耕辍兹田。
刮毛龟背上，何时得成毡？
可怜马生痴，至今夸我贤。
众笑终不悔，施一当获千。

（苏轼　字子瞻，号东坡居士，北宋文学家、书画家，谥号文忠公。此组诗为苏轼被贬到黄州即湖北黄冈的作品。《六安州志》《霍山县志》都有文载霍山漉台对面双眉山有苏轼遗塚）

望晥山马上作

王安石

亘天青郁郁,千峰互嶒崒。
放马倚长崖,烟云争吐没。
远疑嵩华低,近岂潜衡[1]匹。
奚为鲜眺览,过者辄仓卒。
吾将凌其巅,震荡睨溟渤。
旁行告予言,世轨于此忽。
邃深不可俯,储藏尽妖物。
踊跃狠虎群,蜿蜒蛇虺窟。
惜哉危绝山,岁久沉汩没。
谁将除茀涂,万里游人出。

(王安石 字介甫,晚号半山,封荆国公,北宋政治家、思想家、文学家)

---

[1] 潜衡指霍山南岳。

霍山赋（并序）

皮日休

臣日休以文为命士，所至州县山川，未尝不求其风谣，以颂其文。幸上发辀轩，使得采以闻。六年，至寿之骈邑，曰霍山。山，故岳也，邑赘于趾。至之二日，离邑一舍。望乎岳，将颂之文也。及见之，则目乎戆，手乎弹，心乎竦，神乎瞀。始欲狂其文，写其状，如丹青之不差也；颂其风，文其谣，如金石之永播也。既而其精怯然搏敌，躁然械囚，纷然棼丝，恍然堕空，浩然涉溟，幽然久疹。则知才智之劣，如耄而加疾，将杖而奔者。於戏！霍山之灵哉！霍山之灵哉！将阒其神而愚之邪？抑有所达而讬之邪？其辰既浃，其精忽渝。怯然而胜，躁然而适，纷然而静，恍然而安，浩然而济，幽然而愈。如壮而能决，将阵而敌者。于是狂其文，写其状。其辞曰：

太始之气，有清有浊。结浊为山，峻清为岳。其山厥臣，其岳惟君。惟南之镇，曰霍为尊。岳之大，与地角壮，与天勍势。荆豫华嵩，青沂兖岱，如垤而秀，如块而锐。岳之高，千仞万仞，苍苍茫茫，日月相避其光，望之数百里外，为天栋梁。岳之尊，端然御极，耸然正位，静然而听，凝然而视。其体当中，如君之毅，其属者如骈其拇，如枝其指。若卑其仪，若肃其位。岳之气，其秀为春，其清若秋。其翠如云，云不能丽；其色如烟，烟不能鲜。若雨收气爽，丹青满天。岳之灵，其神不朕，其报如响。若雨用淫，岳能霁之；若岁用旱，岳能泽之。岳之

-302-

德，生之育之，煦之和之。开菡染卉，凄凄迷迷，藻绘数百里。岳之形，有云骛骛，其勃如怒；有泉烈烈，其来如决。叱丰隆，奔列缺，轰然霹雳，天地俱裂。岳之异状，其势如危，或不可支，若不可维。或仰而呀，有如吮空；或俯而拔，有如攫地。其晓而东，有如贯日。其暮而西，有如孕月。有水而脉，有石而骨，有洞而腹，有崿而节。或锐而励，或断而截，或回而驰，或低而折。其经之怪之，祥之诡之，千种万类，繁不可得而详记。因神狂不能自主，殆而梦，寐一人绛衣朱冕，怪貌魁形，曰："余，祝融之相也。霍山，余君之故治也，尔赋之，诚形矣胜矣，怪矣典矣。然义有弗备，帝俾余荏。夫古有五岳，霍居其一，所以五岳相迩者，唐虞之帝，五载一巡狩，一载而徧。上以觐侯，下以存民。侯有治者陟，不治者黜；民有冤者平，穷者济。洎唐虞以降，皆燔柴于霍，我帝用飨其礼。至周旦，册而命我，与诸岳星列中国。自汉以后，乃易我号，而归于衡。故祝融迁都，命余守霍。今圣天子，越唐迈虞，而废巡罢狩。余之封内，有可陟可黜，可平可济者，是圣天子无由知之。尔能以文请于执事之达者，易衡之号以归于我，请天子复唐虞陟黜之义。故尔之将赋，余闭遏尔怀，而不尔文。帝曰：'有衡既远，有狩必劳。惟霍之迩，斯号可复。赋者有能言，胡不俾传？帝命余锡尔文，尔无忘也。'臣曰：'请惟神命。'"既觉而书，呜呼！异哉！

（皮日休　字袭美，号逸少，唐代诗人、文学家）

登霍岳

冯梦龙

封禅千年事,犹存副岳题。
万山排急浪,一径蹑危梯。
龙去方池静,风高古洞迷。
忽疑左元放,尚在此中栖。

(冯梦龙 字犹龙、耳犹、子犹,号龙子犹、茂苑外史等。明末文学家、思想家)

题王处士草堂壁画衡霍诸山

刘长卿

爱此衡霍近，卷帘如可攀。
能令堂上客，见尽湘南山。
青翠千万壮，飞来方丈间。
归云无处灭，去鸟何时还。
胜事日相对，主人常独闲。
清阴满四壁，佳气生重关。
颇与宿心会，看看慰愁颜。

（刘长卿　字文房，河间今属河北人，唐代诗人。此诗摘自《霍山县志》，出自《唐文粹》）

南岳山

张孙振

岳前森拱象峰高,俨若朝宗分莫逃。
五月狩巡虞肇至,万年封禅汉重劳。
风生虎洞声长啸,云护龙湫影自韬。
雨虎云狮行处有,山巾冒顶辄飞膏。

(张孙振 字公武,号古岳,霍山人,明末进士,官至太仆寺少卿)

灊台寺

张孙振

一

一峦岺嵂拄河流，两派清漣合尾洲。
不是龙行来逆水，何为珠引在前邱。
昂昂欲逐西山去，止止还于淠水留。
赤壁若经苏子赋，胜游未必减黄州。

二

帷下灊台四十春，再来不啻说前因。
招提劫后成余烬，钵锡存今见几人。
无那蚩尤戕屿竹，谁教舴艋渡烟津。
何时顿脱尘缘网，得坐矶头理钓纶。

霍山八景诗

丁钺

岳顶天池

南岳峰头水接天，芙蓉倒插浸寒莲。
不知汉武祠封后，能润山前几处田。

灜心赤壁

一石巉岩出水波，飞云傍月影婆娑。
濯缨含笑清流远，壁立秋风挂紫萝。

西山泉涌

细吐寒泉海脉深,瑶光一片挂东岑。
临风为唱沧浪曲,开濯庄周万古心。

故埠帆联

贾子烟波下远舟,帆樯映日水边浮。
西风雁落霜华白,夹岸芦花动客愁。

六寨晴霞

千尺青峰百尺松,兵戈故垒忆从龙。
平章去后山容壮,日暮飞霞昭万重。

会胜钟声

山北天南千夜风,钟声径度楚王宫。
苍茫曙色迎千户,绝胜朝阳出海东。

迎恩鼓报

画鼓遥传雨露盈,天开喜气瑞华生。
君恩只在青霄上,双凤飞来到楚城。

古城夜月

日落荒城紫雾生,藤萝掩映月增明。
秋空独立悲千古,满地黄花一样清。

(丁钺　字克武,霍山人,明代文人)

题霍山顶凌霄树

杨懋魁

我闻扶桑树，三万六千尺。
冰蚕挂瓮茧，朝影蔽红日。
于兹有凌霄，撑拒固相敌。
根盘压祇土，枝干拂娲石。
秀钟岳渎灵，苍染河汉色。
皱皮饱雪霜，老态阅今昔。
地高五松爵，势挽千牛力。
遗封侈故事，残碣留陈迹。
我来事吊古，扪访极颠末。
乃知神化妙，恍惚庸可测。
蛟龙挟风雨，终岂山中物。
奈何匠石眼，伦拟等樗栎。
同行二三子，感叹声啧啧。
长歌下山去，晴空片云白。

（杨懋魁　清代文人）

南岳

杨守鲁

汉家南岳始登封,玉检金泥秘霍踪。
天柱峰头疏辇道,日华岩下起炉烽。
虚闻春仗迎宸幄,无复仙班集觐容。
七制灵光俱寂寞,千年佳气尚葱茏。

(杨守鲁 湖南长沙人,清朝霍山县推官)

游南岳

王继宗

南岳巍峨古翠悬,传闻汉武陟其巅。
千峰挟雨排层浪,一柱撑云耸碧天。
树间凌霄根已古,洞寻少室脉相连。
左慈丹药今难再,醉后归来俨若仙。

(王继宗 江苏句容人,清朝霍山县学教谕)

霍山高

马世俊

霍山秦汉关京,余垂髫友也,不相见者几四十年矣。燕京一晤,共理曩昔,如梦中事。赋《霍山高》一篇赠之。

霍山高,高插天,岩嵝突兀摩云烟。美人家住霍山下,手弄白日如飞仙。四十年前洮湖集,尔祖吾师父吾执。灯火青荧照纸窗,雨风萧瑟随行笈。板桥一别情仓皇,乡园消息两茫茫。江南江北多鸿雁,音书不到徒相望。我游帝京苦不早,知交落落长安道。忽闻姓名如梦寐,岂知颜色俱枯槁。揖君谛视犹恐误,坐久须臾问亲故。当时耆旧已为鬼,生死寻常似朝暮。天涯把臂共忧喜,此来不为叨青紫。红尘滚滚起芦沟,白发丝丝愁易水。我为天子赋瀛台,长杨五柞何有哉?君亦怀书到阙下,公孙东阁应为开。禁城柳色暗郊陌,折取长条话今昔。人生离别亦何常?霍山美人燕山客。

(马世俊 江苏溧阳人,清朝状元,翰林院修撰)

望岳

赖允元

霍山为古南岳。虞帝巡狩之典，远不可考。汉武帝巡南郡，登礼潜之天柱山，表曰南岳。至隋开皇九年，始更衡山为南岳，而霍副焉。皮袭美作赋，慨然有怀古之思。戊戌夏杪，余初宰兹土，启南窗，天柱虽未得登眺，而晓霞暮霭，湿雨晴烟，领略一二，因赋长篇。异日蹑屐寻真，当如旧识尔。

峨峨南岳之高，雉堞相距才咫尺，一柱撑天天补石。翠光排荡入窗来。满幅玻璃布研席，家近幔亭彩屋间。到此未蜡游山屐，荒署秋高桂吐香。案牍无多书满床，山灵对我真知己。朝朝暮暮遥相望，遥相望，望潜霍。里计二百五十盘，丈计三千七百崿。当日却月那敢行，熊熊魂魂光灼爗。司命之府不可窥，雨虎云狮纷拏攫。烟迷雾合霹雳交，潜虹夜走神龙跃。春然气爽开鸿濛，五色文章飞鹭鹜。昏旦变幻绝端倪，目迷手弹神悚怍。虞帝巡狩广乐张，武皇登礼陈珪璋。试心厓畔凌霄树，碧桃花间万卷堂。飞花金瓶应瑞出，神胆灵爪献祯祥。吾皇他日修祀典，愿赓时迈歌芝房。

（赖允元　福建延平人，清朝霍山县令）

春日游瀿台

赖允元

瀿台，霍旧迹也。距城西不到五里，一拳秀出湃水中。虽无层峦古洞，曲阁修廊，而孤亭老树，梵宇竹林，自汉武帝迄今，陵谷变迁，长杨五柞，在榛莽间，杳不可识。此地独不鞠为茂草，岂非川岳之所钟灵者，厚与余闽人也？闽多嘉山水，丁酉谒选，避暑武夷，仿真西山朱徽国诸前贤遗迹，留连不忍去。奉命来此，日事簿书，尚未一至，吏真俗哉。壬寅孟春，下浣薄，游斯台，啜茗宴坐，悠然不觉尘襟之顿豁也。口占小律二首，并识岁月云。

一

政拙乐无事，春风吏散衙。
瀿台陈迹在，古寺夕阳斜。
树老疑龙跃，亭空任雀哗。
三年游始得，且问赵州茶。

二

云山遥合沓，烟水淡微茫。
地僻生幽趣，心闲闻妙香。
有诗题石辟，无法礼空王。
欲学陶元亮，君恩未敢忘。

瀼台感怀

赖允元

一拳秀石枕中流,古寺萧森汉代留。
老树嘶风清磬响,孤亭落日碧山秋。
问余家住红菱渡,此地幽于白鹭洲。
最忆小山同赤壁,廿年不泛月明舟。

又次韵二律

赵寿朋

巍峨天柱拥朱方，秀拔扶舆接昊苍。

万乘金銮勤汉帝，一缄玉册拜轩皇。

忠魂奠处风云咤，仙隐栖时日月长[1]。

故时即今嗟寂寞，真符亘古在淮阳。

曾对封禅见遗文，此日携筇挹紫氛。

湫挟蛟龙灵宛在，碣摩鱼豕篆难分。

千年树老终凌汉，[2] 万卷堂[3]开始冠军。

惆我系骖无暖席，袖间空带岭头云。

（赵寿朋　安徽合肥人，清朝霍山县学司训）

---

[1] 山有雷太保祠，左慈隐居处石窗洞。
[2] 旧传山有凌霄树，为汉武帝手植。
[3] 南宋六安焦焕状元读书处。

南岳联句十首

鲍倚云　程在嵘

霍山,一名天柱,古灊县地。《史记·封禅书》载,元封五年,登祀潜之天柱山,号曰南岳者是也。唐皮日休作《霍山赋》,称虞南巡,即燔柴于此。《洞山记》载,黄帝封五岳,惟衡山最远,以灊霍副之。俗遂称为副衡山。并邈无征,独汉帝移祀之说为近。山顶有天池、龙湫、风洞、百虎崖、试心崖、左慈丹灶、焦鼎[1]读书堂诸迹。山之北,浬水绕之,平冈迤逦,松柏蔚然,为三苏葬衣冠处。西望高峰插云青,入荆楚,则伊川先生子端中殉节墓在焉。东北有山,曰复览。谓汉武至是,回顾南岳也。当户一峰秀绝,曰指封。汉武登复览、指封,为霍岳之副。旧传龙湫旁有碧桃,有凌霄树。树结实如红豆,皆汉武手植。岳祠左室祀唐雷将军万春。尝有星陨,化为石,凹凸斑驳,摩挲可喜。今在神座前。山口土石相杂,烁烁有光。余来自扬州,问讯山灵,搜抉奇奥,觉古人勒天角地,状乃不虚。遂与

---

[1]《六安州志》记为焦焕。

程十在嵘联句,成五律十章,以著维岳之胜,释考古之疑,俾后之论霍山者,或有取焉。乾隆丁巳年(1737年)九月,新安鲍倚云。

一

平生梦五岳,此地小图南。
龙护天池水,山停汉帝骖。
元封移望祀,千载有精蓝。
想象当时好,钟声万谷酣。

二

一步一回首,众山何惭低。
白云横瀑布,丹壑近天梯。
果熟老僧饷,人来幽鸟啼。
周遭寻故迹,秋草半蓁迷。

三

名山空屼嵂,祭典已元虚。
不信《洞天记》,犹存《封禅书》。
皖江浑莫辩,湘水竟何如。
残碣模糊甚,同来证豕鱼。

四

万卷书难破,千秋事莫追。
虞巡空泥古,唐赋亦传疑。
安得云汉手,为垂金石词。
指封与复览,樵牧有人知。

五

古殿空仙佛,经台久寂寥。
大星凄落日,奇树失凌霄。
帘卷孤城小,门开万壑朝。
我来淮水上,西望楚天遥。

六

元放已仙去,焦生可复来。
衣冠理洛蜀,风雨泣南雷。
村社鸡豚约,松楸猿狖哀。
不堪临眺处,古意一低徊。

七

何当鸠木石,四面画图新。
殿阁开层巘,泉刀动万缗。
壮观知不易,佳境恐长湮。
山有金银气,其如瘠土民。

八

山深花信晚，桂发近重阳。
拔地七千丈，高秋一片香。
题名新岁月，滴翠古庭墙。
招隐吾无隐，何领礼晦堂。

九

一酌泻空翠，故交情孔殷。
不辞峰顶醉，来叩洞中云。
山响学人语，草香经麝薰。
扪萝探绝险，好事过诸君。

十

人散四山动，夕阳随我归。
御风天半下，排袖鸟群飞。
谷口鏁灵秘，峰腰揖翠微。
举头月在树，香雾霭霏霏。

（鲍倚云　安徽歙县人，清朝国子监优贡；程在嵘　字冠云，号鹤岑，安徽霍山人，清朝乾隆年间进士）

灉台纪胜

李居一

一

久坐弹丸风日间，烟云缭绕过西湾。
清心喜见围峰水，乘兴重来涌镜山。
凿壁新添亭槛影，开筵争识墨痕班。
鸣琴遗响今何在？敢谓徽音寄此间。

二

灵邱宛在碧潺湲。镜里湘娥结一鬟。
鹭岭鳌擎盂水定，鲛宫龙出岛云环。
峰头阁敞人凭槛，渡口船收僧闭关。
暂借山川酬吏隐，簿书偷得几时闲。

（李居一　陕西岐山人，清初霍山县令）

灉台偶憩

吴学山

汉时遗迹重灉台,古寺苍茫向日开。
二水分流环锦带,双山遥峙露珠胎。
径盘古壁丹萝引,庭拂乔柯翠鸟来。
不觉坐移修竹影,绿浮茗碗更徘徊。

(吴学山 字静思,江西高安人,清朝乾隆年间霍山县令)

清明雨中渼水泛舟

程在嵘

一

连霄密雨阻征车,南浦东风换物华。
柳意渐浓莺渐闹,留人春色到桃花。[1]

二

山环春水水环城,买得吴艭似叶轻。
诗兴正豪尊又满,不妨风雨作清明。

三

风织波纹縠练微,拱城门外水初肥。
一篙点破粘天碧,鹨鹈鸬鹚踏浪飞。

四

野云笼水湿模糊,十里青山淡欲无。
几点渔帆一帘影,和人都入米颠图。

五

处处山村逗小红,裙腰一带草迷。

---

[1] 时将有燕台之游。

最怜狮子桥西路，万树燕支细雨中。

六

赤壁矶头锦浪纷，轻朱抹雾粉烘云。
不须狼藉花前醉，望里沈酣已十分。

七

雨里兰桡不受尘，明珠翠羽照春津。
可知珍重看花约，不独清狂我辈人。

八

暮色催人兴末阑，归帆无那卸河干。
中流灯火谁家舫，犹按红芽拨紫檀。

秋日送王化卿之霍山

左光斗

天空一雁渡檐阴,执手河道送客心。
奔走为怜高马骨,姓名无那重鸡林。
云源正值归途背,霜叶偏从去路深。
莫谓桐云浑不念,故园还有白头吟。

(左光斗 字遗直,一字拱之、共之,号浮丘,又号苍屿,安徽合肥人。明末"东林六君子"之一,水利专家)

听叶丞斋谈霍之胜,书此为寻幽之约

张 庚

结庐南岳下,耳目饱幽胜。
一雨百泉鸣,高秋众山静。
地僻无浇风,居人葆真性。
听谈未及终,吾心已瀁泳。
请为来期歌,再作诛茅订。

(张庚 原名焘,字溥三,号瓜田逸史,浙江嘉兴人。清代画家,长古文词,精鉴别。此诗出自《湖海诗传》)

南岳山歌

潘际云

《尔雅》："霍山为南岳。"注即天柱山。《尚书大传》："舜五月南巡狩，祀大交[1]霍山，贡两伯之乐。"《史记·封禅书》："元封五年，上南巡南郡，至江陵而东，登礼灊之天柱山，号曰南岳。"《宋书》："孝武帝大明七年，巡南豫州，遣使致祭，亦以霍山为南岳。至隋开皇九年，始定衡山为五岳之一，而祝融之祀，不属于霍。"然考《周礼·大宗伯》郑注："五岳南曰衡山。"贾疏引《尔雅》"霍山为南岳"，又引《地理志》"扬州霍山为南岳者"，今在庐江。又《王制》孔疏引《尔雅》"霍山为南岳"郑注，在衡阳湘南县南，今在庐江灊县西。汉武帝以衡山辽旷，因谶纬皆以霍山为南岳，故移其神于此。其土俗人皆呼为南岳。南岳本自两山，为名非从近也。如郭此言，则南岳衡山自有两名，一名衡山，一名霍山。自汉武以来，始徙南岳之神于庐江霍山耳。孔疏辨之甚晰。余承乏兹土，与宾僚登览，作歌纪之。

---

[1] 大交即南交。

我不知洪荒以前山如何，虞巡至此平南讹。四千年来旧明月，照见山色常嵯峨。又不知汉武旌旗映山麓，白云昼起封中多。枞阳盛唐一驻跸，万古南岳名难磨。至今唯见一峰插天表，群山环拱森相罗。幕烟苍苍接楚甸，天风瑟瑟回淮波。一城斗大在山脚，寸人豆马肩相摩。举头每讶日月近，嘘气已觉烟云和。汉时辇道春草合，但有鹿迹粘青莎。天池风洞景犹昔，云狮雨虎[1]山之阿。碧桃[2]遗迹在何处，读书台圮[3]惟平坡。山僧汲泉瀹新茗，宾僚倚槛时吟哦。松涛乍起杂细丽，阴廊黯黯迷烟螺。登高作赋岂吏治，缁尘藉浣频来过。岳神昔为一方镇，禋祀岁举陈牺献。出云降雨有专责，庇此一邑无烦疴。余本湖南一末吏[4]，恩移霍邑勤催科。未登岣嵝望岳色，风缘来此攀藤萝。何当衡岳绝顶一瞻眺，较量两山大小高下为长歌。

（潘际云　江苏溧阳人，清朝翰林，清嘉庆年间两任霍山县令）

[1] 虫名。
[2] 碧桃为汉武手植，详见吴兰《南岳记》。
[3] 六安状元焦蕌（《六安州志》为焦焕）读书处。
[4] 潘际云初选授湖南石门县令。

调寄百字令：南岳

彭虎文

　　梯云而上望遥空，身去青天一握。片片晴霞飞脚底，屐齿踏残寒。绿星石逃离，龙湫莽荡，何处寻仙篆。汉时封禅，惟余绕径松竹。

　　此地吴楚分疆，江淮划界，旧迹堪穷目。日射沙洲黄似雪，洲外人烟漠漠。一带城楼千重翠，岭曲洞，波流束。丛祠金碧吟声，随磬吹落。

（彭虎文　清代文人）

登南岳

程正台

移封岳祀副南山，玉简金泥礼特颁。
天柱峰头曾驻辇，汉皇遗迹尚斑斑。

百步阶

百步连阶费企攀，举头天外定开颜。
霁时四面云涛合，明灭阴晴顷刻间。

天池

潋滟天池水一湾，无波无浪自淙潺。
平铺镜面清如许，龙抱珠眠梦亦闲。

凌霄树

擘取灵根密处删，汉皇手植重千钚。
凌霄已共寒星落，红豆千秋色尚殷。

万卷堂

万卷堂开屋数间,森然丹桂植云圞,
书声莫共钟声歇,猿鹤清吟月正弯。

左公洞

洞口霞明火一般,丹成九转色斓斓。
左公一去无消息,却向何人觅火还。

(程正台　安徽霍山人,清朝国子监贡生)

指封山

汪 洪

汉皇南狩驻和銮,为喜云峰紫盖盘。
一自传来天语后,至今人唤指封山。

(汪洪 清代文人)

复览山

尤 松

但觉松杉近,浑忘登顿长。
山狱传汉帝,塔已认前王。
撒手貔貅散,归心龙象忙。
空余旧栽树,霜骨自苍苍。

(尤松 清代文人)

南岳

程正国

耸翠排青霄汉间,武皇西去白云闲。
漫寻玉检征封禅,自是淮南第一山。

(程正国　安徽霍山人,清朝国子监生员)

复览山

戴正源

驻跸遥传武帝踪,卜龟山复览衡峰。
灵泉味溢天池水,惊鹤声高石臼松。
路入仙源迷甲帐,林藏古寺出神钟。
为停玉辇留芳轨,名号无须羡指封。

(戴正源　安徽霍山人,清朝秀才)

南岳记

吴兰

南岳山即霍山，一名天柱。汉武帝南巡狩，至盛唐，以衡山远阻，即古南岳而祀焉。国初附于六，为故埠镇巡检司。宏（弘）治间改县，岳因在境内，巅有岳祠。东一祠祀雷万春。万春，睢阳名将，于霍事无可考。祠之北为万卷堂，相传焦氏鼐尝读书于此。后掇第，遗址尚存。堂东天池，方数丈，灵泉渊渊，旱弗竭，有祷立应。循岳而下，东西数百步，峭壁相望，各数千尺。东白虎崖，西试心崖。向南窄径，蹬足处不容徙。历数十步，石窍深窈，容五六人，可坐可卧，以息游者，为风洞。北向径亦窄，穿出平旷数百步，灵湫幽沉，乔木郁翳，为龙井。井旁树高数百尺，为碧桃与？祠中树叶如桂而细，实如小豆而赤，为凌霄者，传自汉武手植。碧桃如故，凌霄岁久，只存其根荄，云穷岳之原。由少室而东，与桐栢相属，脉络绵延，不远千里，分合迤逦。万峰罗列若儿孙然。左顾指峰翠削当一面，复览蹲踞如兽。北溪澄静如练，右则梅尖笏植，松岭牓悬，野溪环带，潜台砥柱，而九公如画。尤淮南之奇观也。子尝枕岳构庐，冀以徜徉终老。信宿之夕，神飚飒然。势若奔马，掀雷制电。须臾风止雨如注，一沛三朝。兹山之灵，杳冥不可测如此。於戏！名山大川，孕秀毓奇。古传尼印诞孔，凫峄诞孟。培塿且然，而况于岳耶？圣贤而下，若河南二程、蜀西三苏。贤豪之生，类非偶尔。今其流裔，并寄吾霍。继自今日安知无若人者？钟灵兹岳，为天下之英迈乎？予耄矣，重有望于将来。

（吴兰　字卿佩，号东石，安徽霍山人，嘉靖戊戌年进士，官至礼部主事兼翰林院典籍。此文原载《六安州志》）

枕流亭记

徐致觉

霍邑之有灊台，前此无闻也。曷以无闻乎？曰无人焉以重之也。霍之南有山，曰南岳。峰无五老，曲非九嶷，藏无金简之书，耳无弦歌之异。而得名曰岳，以轩辕氏曾副之，故名也；以汉武曾封禅之，故名也。然则灊台亦何不幸而无人焉以重之也？公下车，披图览胜，辄为忧然。曰山水何言哉？吾逸少也。兹则其兰亭矣。公尝官蜀，蜀之山，古称巉嵯而窊空。然而奇无此峭，秀无此孤。蜀之峡水迅激而喷薄，然曾不若兹山之水。迅激似之而清漪可狎，喷薄似之而潺湲堪听也。公志固无难成此，然而霍自兵燹后，征鸿未集，民亦劳止。公宵旦卒瘏，遑汲汲于此哉？亭之成，盖已在公报政之年也。亭落成而予适至，因相与纵观其上。见其两峰对峙，横流直下。旧传有苏氏墓在，故得名曰"双眉"，亦犹南山之得名曰"岳"也。流稍东，有古渡焉。樵苏径仄，阒若无人。宿鹭争栖，野舟留系。再下即台之石壁晃翠也。水激之而成怒，萦绕回互，分流而出，是名燕尾。公构亭其巅，颜曰"印波"。只月南揖，衡峰北瞰。绝涧万山，拥护清泉。环绕望之，不啻金焦之宛在中央也。循崖而下，凿石蹬茵。修篁古树当槛，危峰侧立，听其下奔。涛冲激，飒飒然。又不啻庐瀑之飞来万仞也。人坐其间，如卧于贯月槎上，恍即有飞仙欲挟之而俱去。亭曰"枕流"。子荆岂谬我哉？亭成而台传矣，台传而公之志亦传矣。灊台亦何幸？而得公志以传也？

昔欧阳氏守嘉州，尝语人曰："吾于青山绿水中为二千石，作诗饮酒为风月主人。岂不甚佳？"然则公今日之志，是盖常在乎山水之间也。然以公之构此亭也，鸠工庀材，不伤民力。携琴载鹤，动辄以随。客至则解囊沽酒，相与咏歌于其下。适馆授餐，略无倦色。公之意盖欲使四方之人，闻风而至者。负笈携橐，适此都如乐土也。霍民不益有赖乎？孰谓此亭之成，独有神于灉台之山水哉？是公之志虽在乎山水之间，而又不仅在乎山水之间也。记成，爰与诸同人赋诗，以道其盛。时康熙乙巳（1665年）菊月。

（徐致觉　安徽六安人，清朝翰林院编修）

后记

2022年3月底,安徽省政协主席唐良智同志一行莅临霍山考察调研,当了解到汉武帝曾巡狩霍山并在当地有诸多传说时,讲到应该重视、挖掘、整理霍山厚重的历史文化遗产,大力弘扬优秀传统文化。在此倡导下,我们着手编纂《汉武帝与霍山》一书。花了一年多时间,经过酝酿筹划、征集稿件、编辑核审,本书终于与读者见面了。

元封五年(前106年)西汉孝武帝刘彻南巡以及登礼祭祀霍山南岳,是历史上非常重要的大事件,经久流传,影响深远。编纂过程中,我们以此为线索,广征博引,采用多位深耕历史学的知名学者对霍山南岳的考证,广泛征集霍山文史界人士多年研究的成果,落实专人重新整理编撰与汉武帝有关的历史传说和诗文史籍的工作,收录历代咏叹汉武帝巡狩霍山的经典文赋,以及部分霍山考古和出土文物资料,力求把丰富的霍山历史文化遗产展现给读者。对于书中收录的古文赋,我们在多个版本的基础上进行了认真地甄别和校注,选择了我们认为最为可靠的记载。

我们还沿着汉武帝当年的足迹,先后到六安市裕安区、铜陵市枞阳县、湖北省黄梅县等地，对南巡中的重要节点进行了走访调查，深入了解了汉武帝南巡古南岳的历史事实，进一步挖掘梳理了霍山作为历史文化名城的变迁史，记述了一些霍山历史名人轶事。

初稿出来后，我们得到了省政协文史资料研究室陈永同志的大力帮助。他不仅亲自校对、修改书稿，而且专门撰写了审稿报告，提出了许多专业性宝贵意见，为成书夯实了基础。曾任省政协秘书长的车敦安同志欣然应允为本书作序，省政协文化文史和学习委员会副主任王先俊同志专门发来首肯本书的信件。本书凝聚了许多同志的心血，这使我们深受感动和激励。

中共霍山县委、霍山县人民政府高度重视此书的编纂工作，专门听取汇报，并将其作为霍山文化建设的一件实事来办，解决了本书出版中遇到的许多问题。霍山县政协经常研讨此书的编纂工作，在人力物力上给予充分保障，县政协主要领导亲自推动，大大促进了编纂工作。同时，此书成书过程中也得到了县内其他部门和同志的极力支持，县委史志室、县文旅局、县融媒体中心、县文联、迎驾集团、南岳山风景区管理处和有关乡镇等给予了协助，县文物局、县作家协会、县摄影家协会、县博物馆、县图书馆等提供了大量资料，在此一并致以衷心感谢！

书中难免会有错误和不足之处，欢迎读者批评指正。

编者

2023 年 11 月